FRAGEN & ANTWORTEN

555 FRAGEN UND ANTWORTEN

MENSCH, NATUR UND WISSENSCHAFT

Parragon Books Ltd
Queen Street House
4 Queen Street
Bath BA1 1HE, UK

Autoren: John Farndon, Anita Ganeri, Jen Green, Lucinda Hawksley, Ian James, Jinny Johnson, Claudia Martin, Malcolm Penny, Joyce Pope, Angela Royston, Philip Steele, John Stidworthy und Martin Walters

Berater: Sarah Durant, Benjamin Robinson, Ade Scott Colson, Tony Sizer und Astrid Wingler

Realisation der deutschen Ausgabe: trans texas publishing, Köln
Übersetzung: Lisbeth Müller, München; Petra Schmitz, Köln
Lektorat: Ralf Burau, Möchengladbach

ISBN 978-1-4075-9231-2

Printed in China

FRAGEN & ANTWORTEN

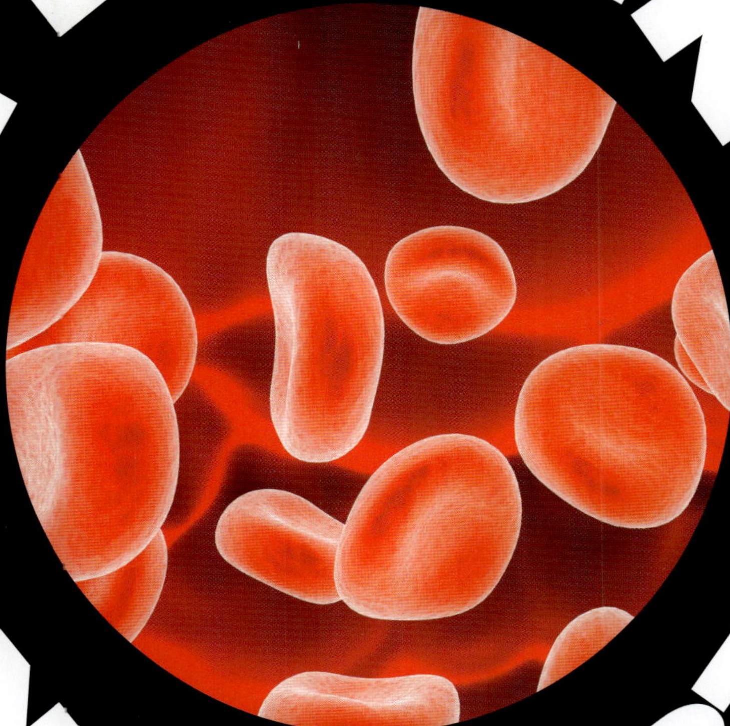

555 FRAGEN UND ANTWORTEN
MENSCH, NATUR UND WISSENSCHAFT

Parragon

Bath • New York • Singapore • Hong Kong • Cologne • Delhi
Melbourne • Amsterdam • Johannesburg • Auckland • Shenzhen

Inhalt

WARUM LAUFEN KRABBEN SEITWÄRTS?
WARUM SINGEN VÖGEL?
WO WERDEN STE
WIE GROSS SIND ATO
WIE HÄLT UNS DIE SCH
WIE GEHT BROT AUF?
WEL
WIE LANGE KANN MAN D
WARUM MACHEN UNSERE OHREN *PLOPP*?
WELCHER FISCH
WIE ALT IST DIE SONNE?

WELCHE FARBE HAT DER NEPTUN?

WAS WAR DER URKNALL?

E GEBOREN?

?

ERKRAFT AM BODEN?

WAS IST EINE OASE?

EN NUTZEN HAT DER REGENWALD?

ATEM ANHALTEN?

WAS SIND GENE?

ANN AN LAND GEHEN?

Einleitung

Hast Du Dich schon einmal gefragt, ob es Leben auf anderen Planeten gibt? Oder wie sich Schwarze Löcher bilden? Wolltest Du immer schon einmal wissen, welches die trockenste Wüste ist? Oder welcher Hai der gefährlichste Raubfisch ist? In diesem Buch findest Du die Antwort auf 555 interessante Fragen, die Du schon immer stellen wolltest – hier wird alles angesprochen von Atomen bis zu Röntgenstrahlen, von fliegenden Fischen bis zu flugunfähigen Vögeln, von Würgfeigen bis zu Lebenden Steinen, von der Zunge bis zum Verdauungssystem.

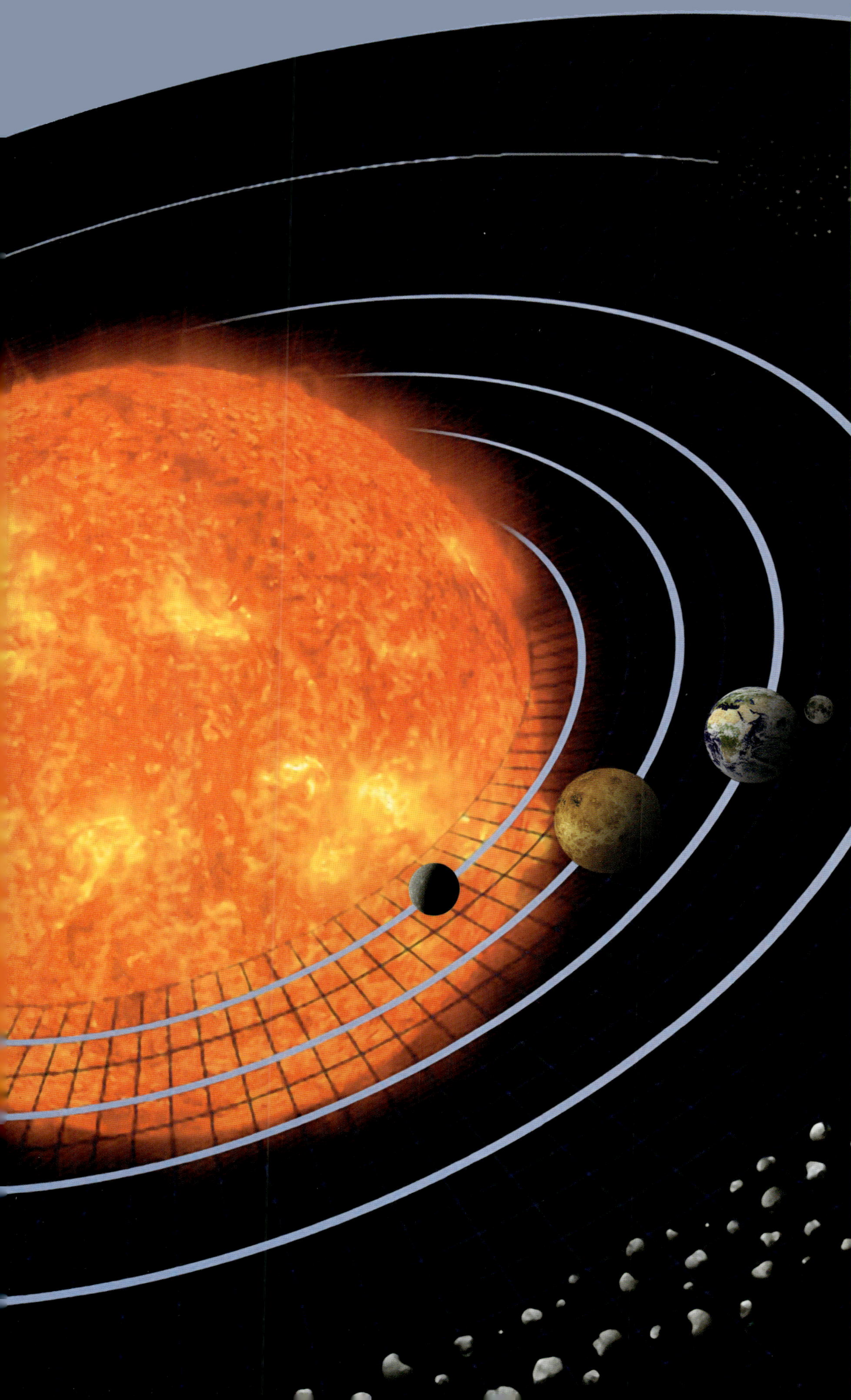

Das Sonnensystem

Entstehung der Erde

Die Erde ist ein relativ junger Planet. Wissenschaftler schätzen das Alter des Universums auf 13,7 Milliarden Jahre. Aber die Erde wurde – zusammen mit dem Rest unseres Sonnensystems – erst vor rund 4,6 Milliarden Jahren geboren.

RÄTSELFRAGE

WIE IST DIE ERDE ENTSTANDEN?

Vor rund 4,6 Milliarden Jahren kreiste eine Wolke aus Gas und Staub um unsere neu gebildete Sonne. Mit der Zeit ballten sich die Staub- und Gasteilchen durch die Schwerkraft zusammen. Daraus bildeten sich die Planeten unseres Sonnensystems.

PLANETENGEBURT

Galaxien entstehen aus Gas- und Staubwolken.

SONNENSYSTEM

So entstand unser Sonnensystem: Um die Sonne im Zentrum bildeten sich die Planeten.

WIE GROSS IST DIE ERDE?

Satellitenmessungen zufolge beträgt der Umfang der Erde am Äquator 40 074 Kilometer, ihr Durchmesser dort 12 755 Kilometer. Der Abstand zwischen den Polen ist um rund 43 Kilometer geringer.

WIE SAH DIE JUNGE ERDE AUS?

Die junge Erde war ein Feuerball. Es dauerte 500 Millionen Jahre, bis die Oberfläche abkühlte und eine Kruste bildete. Dabei gab die Erde Gase und Wasserdampf ab, aus denen sich die Atmosphäre bildete.

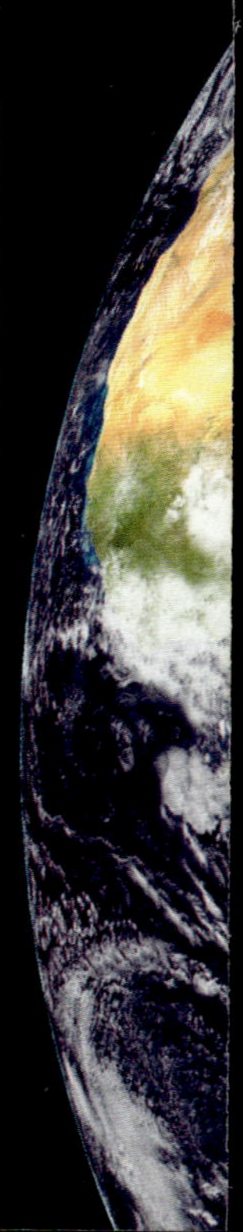

WORAUS BESTEHT DIE ERDE?

Der Erdkern besteht vorwiegend aus Eisen, das Gestein der Erdkruste hauptsächlich aus Sauerstoff und Silizium. Dazwischen liegt der weitgehend flüssige, heiße Erdmantel, der aus Metallsilikaten, Sulfiden und Oxiden besteht.

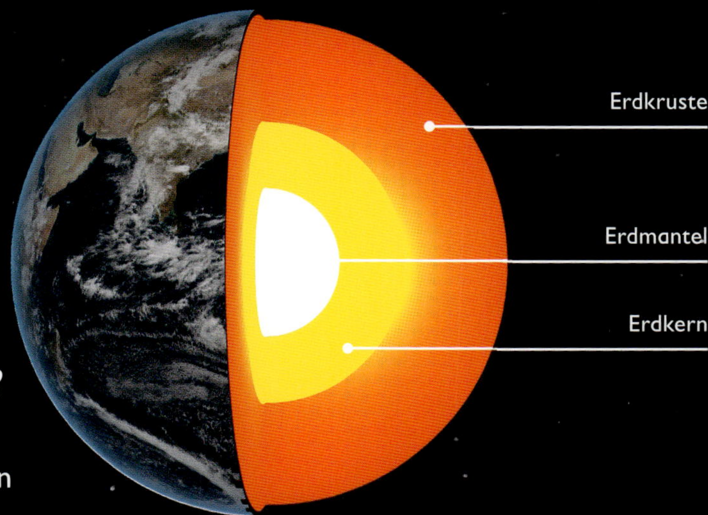

WELCHE FORM HAT DIE ERDE?

Die Erde ist keine perfekte Kugel. Die Erddrehung führt dazu, dass sich am Äquator ein Wulst bildet. Wissenschaftler bezeichnen die Form der Erde als „geoid", was nichts anderes als „erdförmig" bedeutet. Die Pole bilden die Achse, um die die Erde sich dreht.

WIE ALT SIND DIE MEERE?

Die Meere bildeten sich vor 4,2–3,8 Milliarden Jahren. Als die Erde abkühlte, verdichteten sich Dampfwolken zu Wasser und schufen die Ozeane.

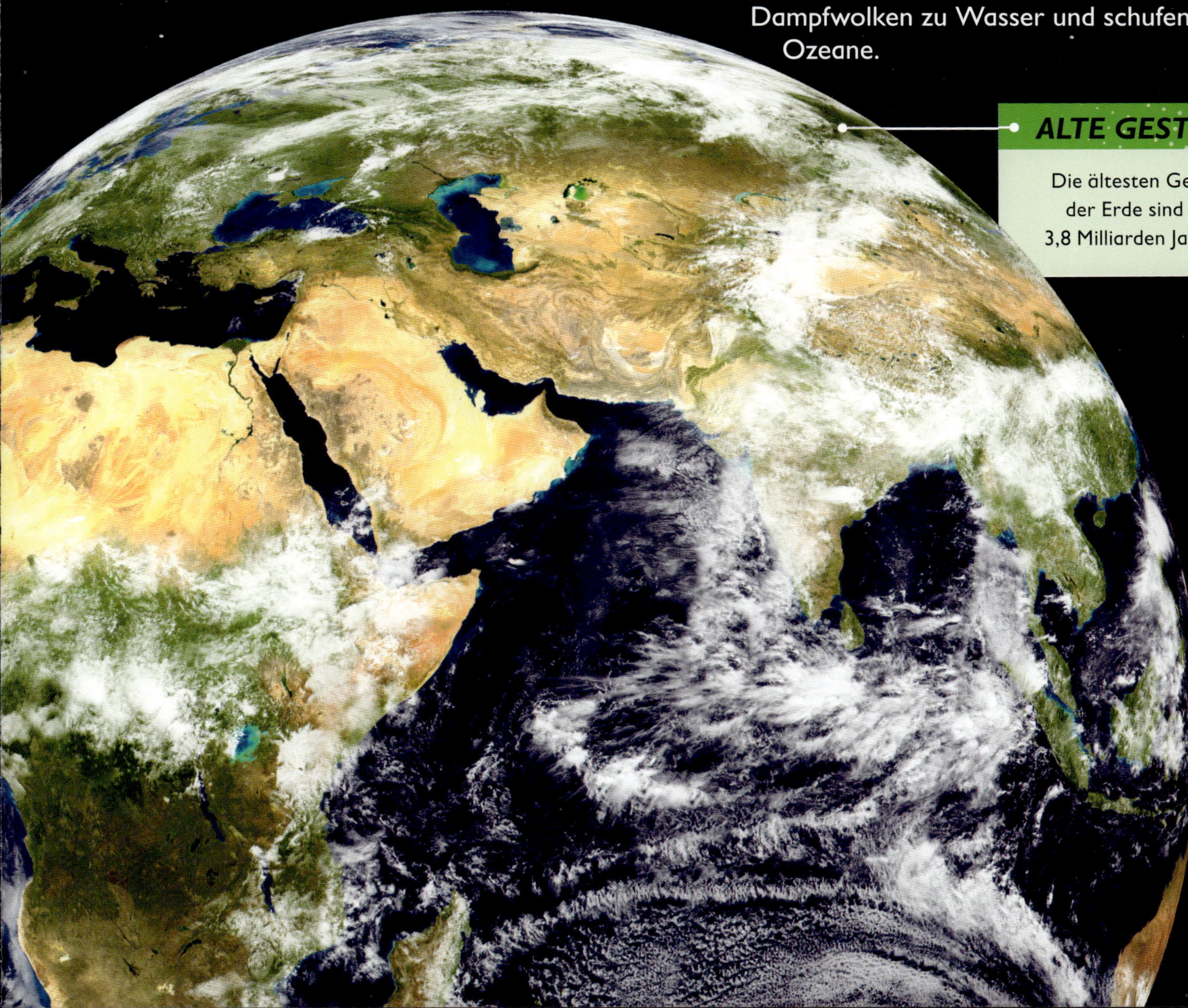

ALTE GESTEINE

Die ältesten Gesteine der Erde sind rund 3,8 Milliarden Jahre alt.

Unser Planet Erde

Die Erde ist der größte der vier inneren Planeten, die der Sonne am nächsten sind. Diese vier Planeten sind Merkur, Venus, Erde und Mars, wobei unser Planet, von der Sonne gezählt, der dritte ist. Die Erde ist der einzige Planet im Sonnensystem, auf dem es nachweislich Leben gibt.

DREHT SICH DIE ERDE?

Die Erde dreht sich einmal pro Tag um ihre Achse. Der Umlauf um die Sonne dauert ein Jahr.

WIE LANG IST EIN TAG?

Ein Tag ist die Zeitspanne, in der sich die Erde einmal um ihre eigene Achse dreht. Dies dauert exakt 23 Stunden, 56 Minuten und 4,09 Sekunden. Unser Tag (Sonnentag) ist 24 Stunden lang, weil die Erde um die Sonne kreist und einen zusätzlichen Winkelgrad zurücklegen muss, damit die Sonne wieder an derselben Stelle am Himmel steht.

SOMMER UND WINTER

Während die Erde die Sonne umkreist, herrscht auf derjenigen Erdhalbkugel Sommer, die der Sonne zugeneigt ist.

WIE LANG IST EIN JAHR?

Die Erde braucht für eine Umrundung der Sonne 365,24 Tage, was unser Kalenderjahr mit seinen 365 Tagen bestimmt. Um die zusätzlichen 0,24 Tage zu berücksichtigen, fügen wir alle vier Jahre einen zusätzlichen Tag ein; diese Jahre nennt man „Schaltjahre".

WAS IST BESONDERS AN DER ERDE?

Die Erde ist der einzige Planet mit flüssigem Wasser an der Oberfläche. Zudem ist sie der einzige Planet mit Sauerstoff in der Atmosphäre. Wasser und Sauerstoff sind nötig, damit Leben existieren kann.

WAS IST DIE ATMOSPHÄRE?

Die Atmosphäre der Erde ist eine Hülle aus Gasen, darunter Stickstoff, Sauerstoff, Argon und Kohlendioxid, die den Planeten umgibt.

WER WAR KOPERNIKUS?

Im 16. Jahrhundert glaubten die meisten Menschen, die Erde stehe unbeweglich im Mittelpunkt des Weltalls, während Sonne und Sterne um sie kreisten. Nikolaus Kopernikus (1473–1543) war ein polnischer Astronom, der als Erster zeigte, dass sich die Erde um die Sonne bewegt.

SONNENUNTERGANG

Durch die Drehung der Erde sieht es so aus, als gehe die Sonne im Osten auf, bewege sich über den Himmel und gehe im Westen unter.

Der Mond

Der Mond ist der natürliche Trabant (Begleiter) der Erde. Natürliche Trabanten oder Monde sind Objekte, die einen Planeten oder Stern umkreisen. Unser Mond wird von der Anziehungskraft der Erde auf seiner Umlaufbahn gehalten.

WIE IST DER MOND ENTSTANDEN?

Der Mond enstand vermutlich bei einem Zusammenstoß eines Himmelskörpers mit der Erde. Die Energie des Aufpralls war so gewaltig, dass nichts von dem Himmelskörper übrig blieb bis auf einige Brocken, die zurück in den Weltraum geschleudert wurden. Diese ballten sich zusammen und bildeten den Mond.

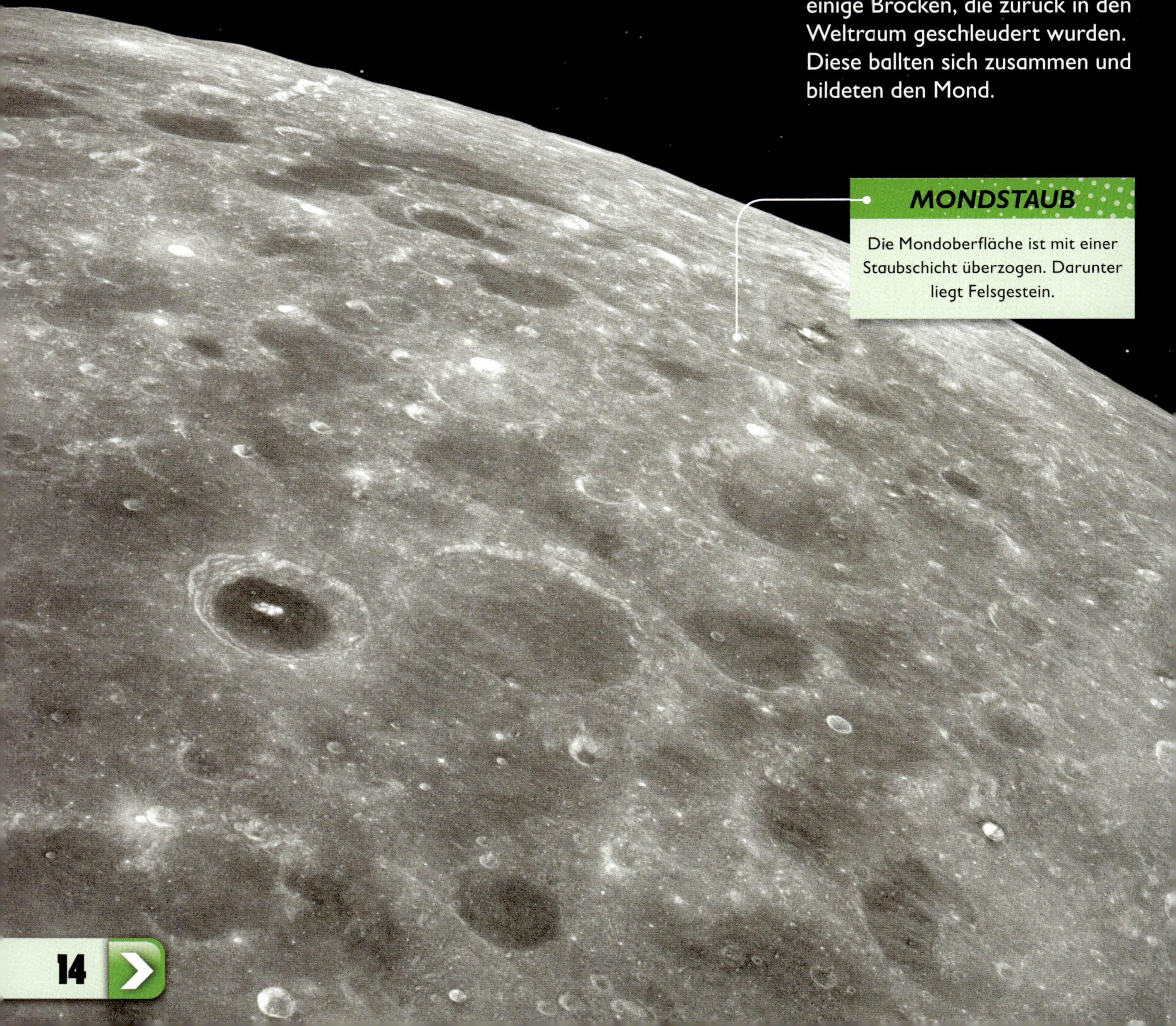

MONDSTAUB

Die Mondoberfläche ist mit einer Staubschicht überzogen. Darunter liegt Felsgestein.

GIBT ES NOCH ANDERE MONDE?

An die 240 Himmelskörper in unserem Sonnensystem werden von Astronomen als Monde bezeichnet. Wahrscheinlich haben auch andere Sterne ihre Planeten.

WAS IST MONDLICHT?

Der Mond ist das hellste Objekt am Nachthimmel. Aber er erzeugt selbst kein Licht. Mondlicht ist nichts anderes als Sonnenlicht, das von der Staubschicht auf der Mondoberfläche reflektiert wird.

RÄTSELFRAGE

WAS SIND GEZEITEN?

Gezeiten entstehen dadurch, dass die Wassermassen auf der Seite der Erde, die dem Mond zugewandt ist, von der Schwerkraft des Mondes angezogen werden. Auf der gegenüberliegenden Seite der Erde wird das Wasser nicht angezogen, und Zentrifugalkräfte können stärker wirken. Das führt zu einem Wasserwulst auf beiden Seiten der Erde.

GEZEITEN

Die Anziehungskraft des Mondes verursacht die Gezeiten der Meere.

MONDMEERE

Früher dachte man, die dunklen Flecken seien voller Wasser, doch heute wissen wir, dass sie aus Lava bestehen.

WARUM HAT DER MOND KRATER?

Die Oberfläche des Mondes ist von Einschlagkratern übersät. Diese Krater bilden sich, wenn Asteroiden und Kometen auf den Mond prallen. Die meisten dieser Krater sind vor 3–4 Milliarden Jahren entstanden.

WAS SIND MONDMEERE?

Die dunklen Flecken auf der Mondoberfläche werden als „Meere“ bezeichnet. Sie bildeten sich vor rund 3 Milliarden Jahren, als Lava aus dem Inneren des Mondes in riesige Krater floss und dort erstarrte.

Unser nächster Nachbar

MENSCHLICHE BESUCHER

Dieser Fußabdruck auf dem Mond entstand während der Apollo-11-Mission.

Als hellstes Objekt im Nachthimmel hat der Mond die Menschen schon von jeher fasziniert. Es wurden Geschichten erfunden, um sein Dasein zu erklären, und Fernrohre gebaut, um ihn zu beobachten. Der Mond ist der einzige Himmelskörper, auf dem Menschen gelandet sind.

WER WAREN DIE ERSTEN MENSCHEN AUF DEM MOND?

Die ersten Menschen auf dem Mond waren Neil Armstrong und Buzz Aldrin. Sie landeten dort am 20. Juli 1969. Als Armstrong seinen Fuß auf den Mond setzte, sagte er: „Das ist ein kleiner Schritt für einen Menschen, aber ein gigantischer Sprung für die Menschheit.“

MONDFINSTERNIS

Wenn der Mond den Erdschatten passiert, wird der blaue Anteil des Sonnenlichts von der Atmosphäre stark gestreut. Nur das verbleibende rote Licht gelangt in den Erdschatten und lässt den Mond rot erscheinen.

MONDPHASEN

Der Mond scheint zu wachsen und zu schrumpfen, weil wir seine beleuchtete Seite aus unterschiedlichen Winkeln sehen.

WAS IST EIN ZUNEHMENDER MOND?

In der ersten Hälfte des Mondmonats sehen wir immer mehr von der hellen Seite des Mondes, bis zum Vollmond. Man nennt dies den „zunehmenden“ Mond.

RÄTSELFRAGE

WAS IST NEUMOND?

Der Mond scheint im Lauf des Monats seine Form zu verändern, weil wir seine sonnenbeschienene Seite auf seiner Reise um die Erde aus einem jeweils anderen Blickwinkel sehen. Bei Neumond befindet sich der Mond zwischen Sonne und Erde und ist daher mit bloßem Auge nicht zu sehen.

WIE LANG IST EIN MONAT?

Der Mond braucht 27,3 Tage, um die Erde zu umkreisen, aber von einem Vollmond bis zum nächsten dauert es 29.53 Tage, weil sich die Erde ebenfalls bewegt. Ein Mondmonat (Lunarmonat) folgt daher einem Zyklus von 29,53 Tagen. Unsere Kalendermonate sind vollkommen willkürlich gewählt.

WAS IST EINE MONDFINSTERNIS?

Wenn der Mond um die Erde kreist, gerät er manchmal in den Kernschatten der Erde, in den kein Sonnenlicht fällt. Dann kommt es zu einer Mondfinsternis. Dabei kann man sehen, wie der Erdschatten als dunkle Scheibe über den Mond wandert.

WAS IST EIN ERNTEMOND?

Der Erntemond ist der Vollmond, der der Tag-und-Nacht-Gleiche im September zeitlich am nächsten ist. Dieser Mond steht mehrere Abende lang hell über dem Horizont und bietet den Bauern genügend Licht, um zu ernten.

Die Sonne

Die Sonne steht im Zentrum unseres Sonnensystems. Die anderen Planeten umkreisen die Sonne, die 99 Prozent der gesamten Masse unseres Sonnensystems in sich vereinigt. Ohne Sonne gäbe es kein Leben auf der Erde.

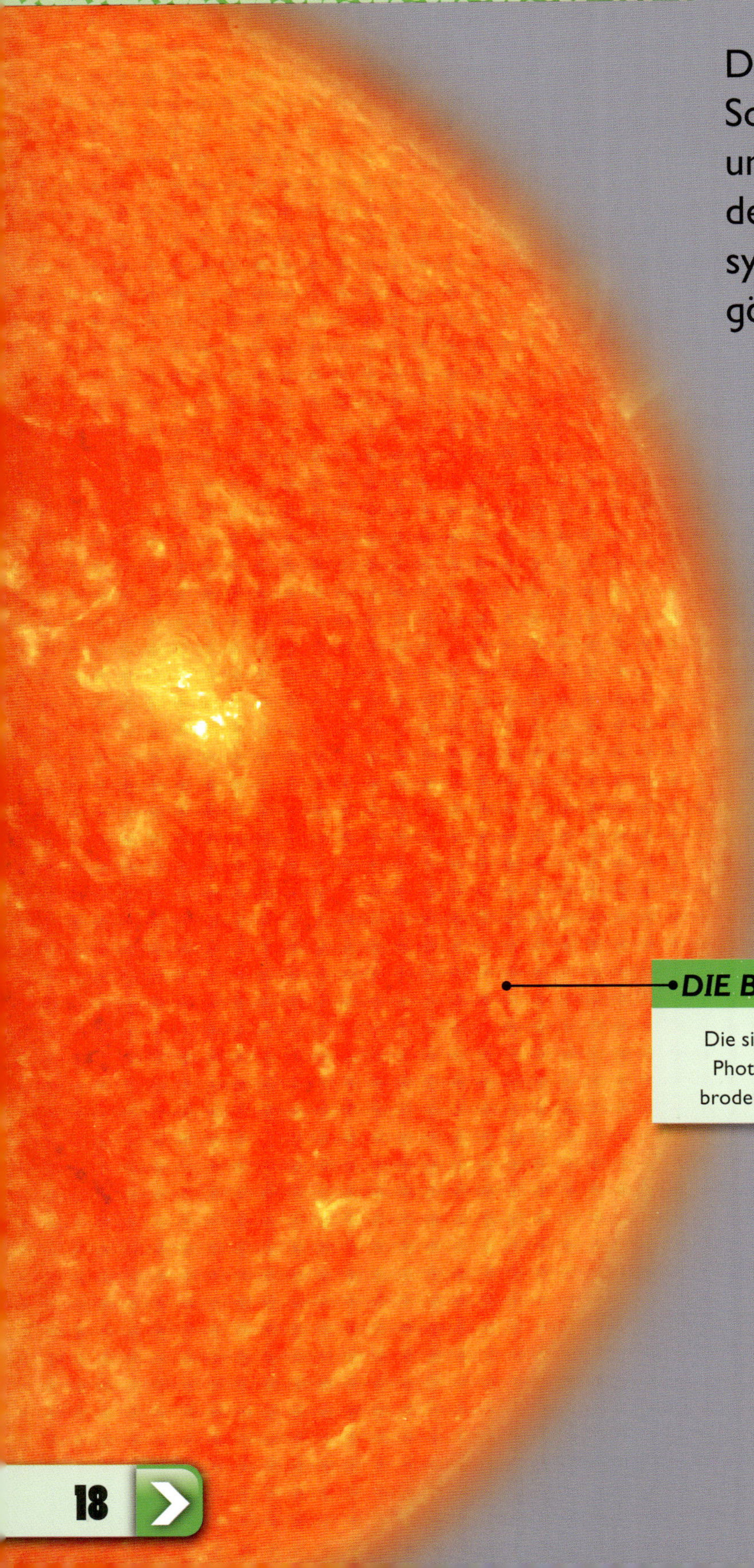

DIE BRODELNDE OBERFLÄCHE

Die sichtbare Oberfläche der Sonne wird als Photosphäre bezeichnet. Diese Schicht aus brodelndem Gas strahlt Licht und Wärme ab.

WAS IST DIE SONNE?

Die Sonne hat sich aus einer Staub- und Gaswolke sowie Materie gebildet, die von einem oder mehreren explodierenden Sternen ausgeworfen wurde. Nun, da unsere Sonne in mittlerem Alter ist, brennt sie gelblich und recht ruhig – sie schenkt der Erde Tageslicht und relativ konstante Temperaturen. Neben Wärme und Licht sendet die Sonne auch tödliche Gamma-, Röntgen- sowie Ultraviolettstrahlung aus, zudem Infrarotstrahlung und Radiowellen.

WAS BRINGT DIE SONNE ZUM BRENNEN?

Die Sonne verdankt ihre Hitze der Kernfusion. Hoher Druck tief im Inneren der Sonne zwingt die Kerne von Wasserstoffatomen dazu, miteinander zu Helium zu verschmelzen, wobei riesige Mengen an Energie freigesetzt werden.

WAS IST EINE SONNENFINSTERNIS?

Eine Sonnenfinsternis tritt auf, wenn sich der Mond (wie links zu sehen) zwischen Sonne und Erde schiebt und einen mehrere Hundert Kilometer breiten Schatten auf die Erde wirft.

WIE GROSS IST DIE SONNE?

Die Sonne ist ein kleiner bis mittelgroßer Stern mit einem Durchmesser von 1,4 Millionen Kilometer. Sie wiegt knapp unter 2200 Billionen Billionen Tonnen.

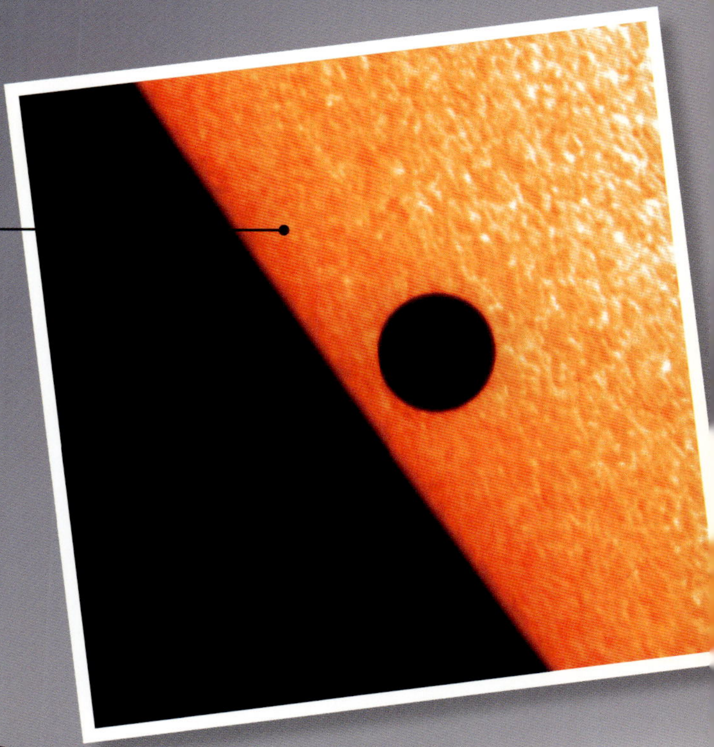

MERKURTRANSIT

Der letzte Transit des Merkurs fand am 8. November 2006 statt.

WAS IST EIN TRANSIT?

Merkur und Venus sind die beiden Planeten, die sich näher an der Sonne befinden als die Erde. Gelegentlich kann man sehen, wie sie über die Sonnenscheibe ziehen; das nennt man einen Durchgang oder Transit.

WAS IST DIE SONNENKORONA?

Die Korona der Sonne ist ihre glühend heiße Atmosphäre. Wenn die Sonnenscheibe während einer Sonnenfinsternis vom Mond abgedeckt wird, erscheint sie als Hof (Halo).

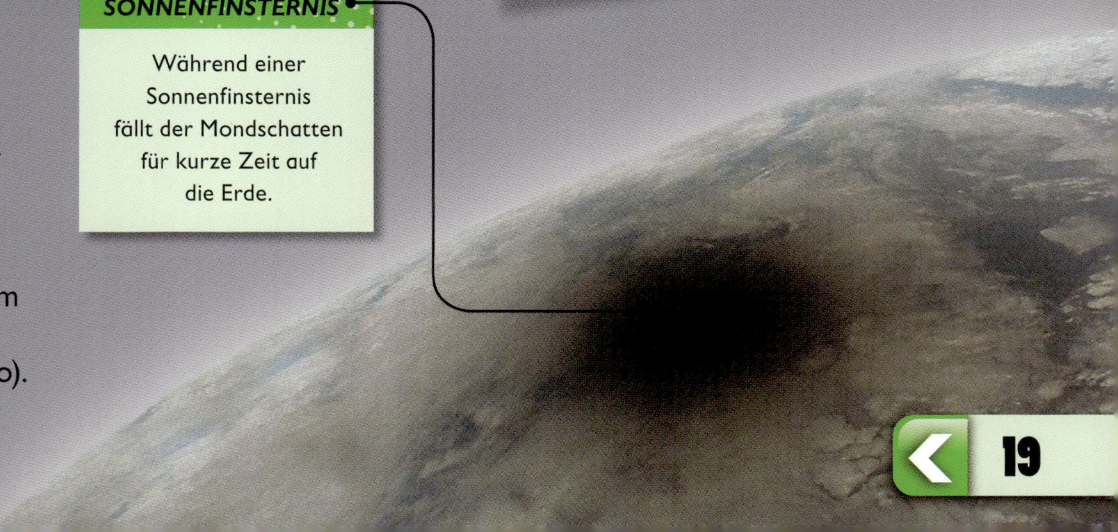

SONNENFINSTERNIS

Während einer Sonnenfinsternis fällt der Mondschatten für kurze Zeit auf die Erde.

Feuerball

Unser Sonnensystem kreist um das Zentrum unserer Galaxie, der Milchstraße. Dabei bewegt sich die Sonne mit einer Umlaufgeschwindigkeit von 220 Kilometer pro Sekunde. Das ganze Sonnensystem braucht etwa 225–250 Millionen Jahre, um das Zentrum der Milchstraße einmal zu umkreisen.

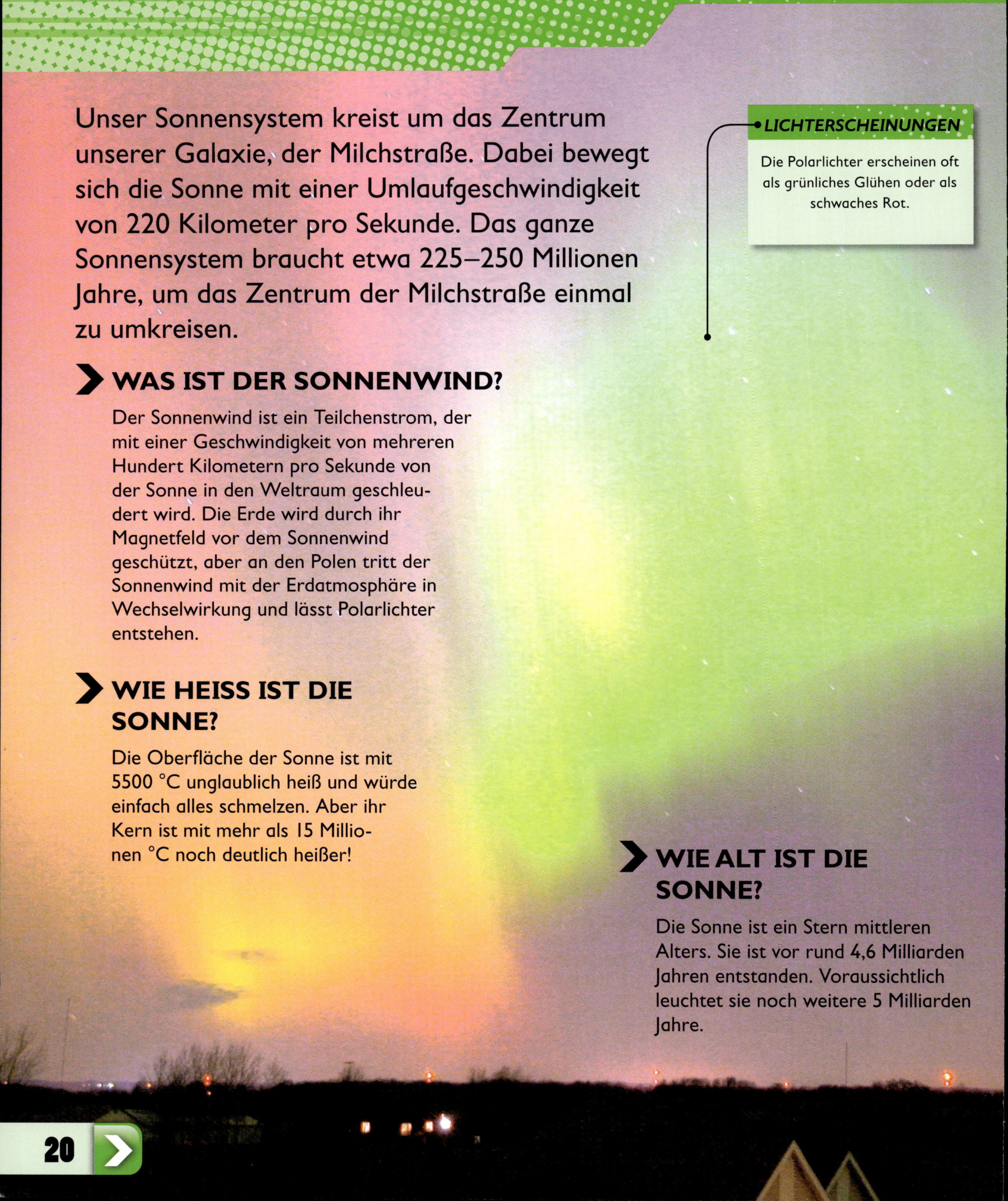

LICHTERSCHEINUNGEN

Die Polarlichter erscheinen oft als grünliches Glühen oder als schwaches Rot.

WAS IST DER SONNENWIND?

Der Sonnenwind ist ein Teilchenstrom, der mit einer Geschwindigkeit von mehreren Hundert Kilometern pro Sekunde von der Sonne in den Weltraum geschleudert wird. Die Erde wird durch ihr Magnetfeld vor dem Sonnenwind geschützt, aber an den Polen tritt der Sonnenwind mit der Erdatmosphäre in Wechselwirkung und lässt Polarlichter entstehen.

WIE HEISS IST DIE SONNE?

Die Oberfläche der Sonne ist mit 5500 °C unglaublich heiß und würde einfach alles schmelzen. Aber ihr Kern ist mit mehr als 15 Millionen °C noch deutlich heißer!

WIE ALT IST DIE SONNE?

Die Sonne ist ein Stern mittleren Alters. Sie ist vor rund 4,6 Milliarden Jahren entstanden. Voraussichtlich leuchtet sie noch weitere 5 Milliarden Jahre.

WAS SIND SONNENFLECKEN?

Sonnenflecken sind dunkle Flecken auf der Sonnenoberfläche (rechts). Sie haben einen Durchmesser von mehreren Tausend Kilometern und treten gewöhnlich paarweise auf. Sonnenflecken erscheinen dunkel, weil sie etwas kühler als die übrige Sonnenoberfläche sind. Während die Sonne sich dreht, wandern sie langsam über ihre Oberfläche – in rund 31 Tagen am Sonnenäquator und 27 Tagen an den Polen.

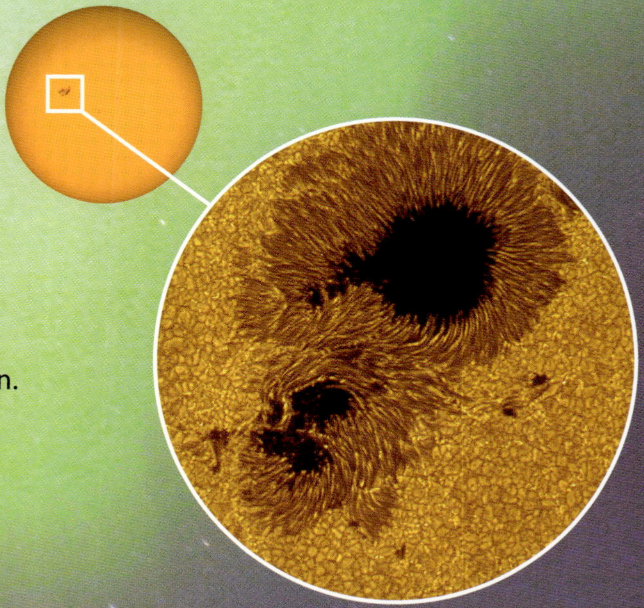

WAS IST EIN SONNENZYKLUS?

Offenbar erreicht die durchschnittliche Anzahl von Sonnenflecken und -eruptionen alle elf Jahre einen Höhepunkt. Einige Wissenschaftler vermuten, dass vermehrte Sonneneruptionen stürmischeres Wetter auf der Erde verursachen.

RÄTSELFRAGE

WAS SIND SONNENERUPTIONEN?

Sonneneruptionen sind Ausbrüche an der Sonnenoberfläche, die riesige Energiemengen in den Raum schleudern. Sonnenprotuberanzen sind gigantische Flammenzungen aus heißem Wasserstoff, die sich mehr als 30 000 Kilometer tief in den Raum erstrecken.

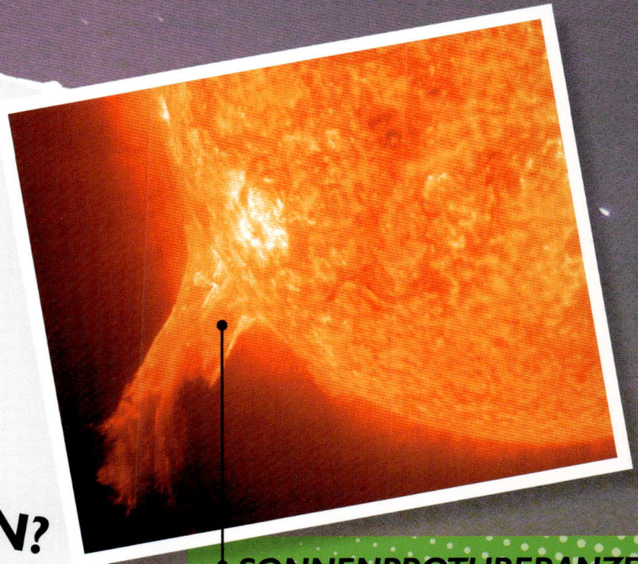

SONNENPROTUBERANZEN

Protuberanzen bilden sich innerhalb eines Tages und können mehrere Monate dauern.

Venus und Merkur

Zusammen mit Erde und Mars bilden Venus und Merkur die inneren Planeten. Diese Planeten besitzen alle eine Atmosphäre, aber sie unterscheiden sich deutlich voneinander.

VENUS

Die Venus ist das zweithellste Objekt am Nachthimmel.

WORAUS BESTEHEN DIE INNEREN PLANETEN?

Die inneren Planeten sind alle ähnlich wie ein Ei aufgebaut – mit einer harten „Schale“ oder Kruste aus Gestein, einem „Eiweiß“ oder Mantel aus halbflüssigem Gestein und einem „Eigelb“ oder Kern aus heißem, oft geschmolzenem Eisen oder Nickel.

VENUS-OBERFLÄCHE

Dieses Bild wurde anhand von Daten erstellt, die von einer Raumsonde gesammelt wurden.

WIE IST DIE ATMOSPHÄRE AUF DER VENUS?

Die Venusatmosphäre wäre für Menschen tödlich. Sie ist sehr mächtig, daher herrscht am Boden ein außerordentlich hoher Druck. Die Atmosphäre besteht vorwiegend aus giftigem Kohlendioxid und ist zudem angefüllt mit Schwefelsäurewolken.

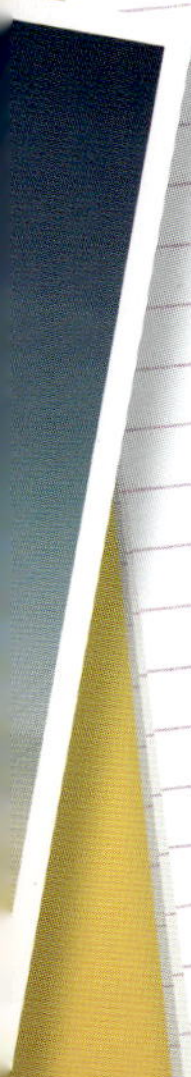

RÄTSELFRAGE

WARUM WIRD DIE VENUS ABENDSTERN GENANNT?

Die Venus reflektiert das Sonnenlicht sehr gut. Da sie sich nahe an der Sonne befindet, können wir sie direkt nach dem Sonnenuntergang sehen.

KÖNNTE MAN AUF DEM MERKUR ATMEN?

Nicht ohne mitgebrachten Sauerstoffvorrat. Der Merkur hat fast keine Atmosphäre – nur ein wenig Natrium –, weil alle Gase von der nahen Sonne verbrannt werden.

WIE HEISS IST DER MERKUR?

Die Temperaturen auf dem Merkur schwanken extrem, weil seine Atmosphäre zu dünn ist, um ihn zu isolieren. Tagsüber steigen die Temperaturen auf rund 430 °C, nachts fallen sie auf etwa –170 °C.

SIND SCHON RAUMSCHIFFE AUF MERKUR GELANDET?

Nur zwei unbemannte Raumsonden sind dem Merkur nahe gekommen. Es ist schwierig, sich dem Planeten zu nähern, weil er der Sonne so nahe ist.

MERKUR

Die Merkuroberfläche ist von Kratern überzogen. Sie weist zudem Gebirge und Täler auf.

Mars

Der vierte der inneren Planeten ist der Mars, der zum Umrunden der Sonne 687 Tage braucht. Er wird wegen seines rötlichen Aussehens auch „Roter Planet“ genannt. Die Temperaturen auf dem Mars schwanken zwischen 20 °C und –140 °C.

WARUM IST DER MARS ROT?

Der Mars ist rot, weil er rostig ist. Die Oberfläche enthält einen hohen Anteil an Eisenstaub, und dieser ist von kleinen Sauerstoffmengen in der Atmosphäre oxidiert worden.

GIBT ES LEBEN AUF DEM MARS?

In den 1970er-Jahren fanden unbemannte Viking-Raumsonden keinerlei Lebensspuren. 1996 entdeckte man dann in einem Gesteinsbrocken vom Mars mikroskopisch kleine Fossilien, bei denen es sich um Miniviren gehandelt haben könnte. Aber schließlich stellten sich diese Funde doch nicht als Lebensnachweis heraus.

MARSBODEN

Der Boden auf dem Mars ähnelt demjenigen auf der Erde. Der Staub wird jedoch häufig zu großen Staubstürmen emporgewirbelt.

VALLES MARINERIS

Als der Mars erkaltete, entstanden diese Schluchten.

WER HAT DIE MARS-MONDE ENTDECKT?

Im Jahr 1877 beobachtete der amerikanische Astronom Asaph Hall den Mars. Dabei entdeckte er die beiden Monde dieses Planeten. Nach den Begleitern des römischen Kriegsgottes Mars nannte er sie Phobos und Deimos.

WELCHER CANYON IST GRÖSSER ALS DER GRAND CANYON?

Ein Canyon auf dem Mars! Der Planet weist einen tiefen Graben auf, der von der Raumsonde Mariner 9 entdeckt wurde und als Valles Marineris bezeichnet wird. Dieses Grabenbruch-system ist rund 4000 Kilometer lang und viermal tiefer als der Grand Canyon. Es ist der größte bekannte Graben im ganzen Sonnensystem.

WERDEN AUF DEM MARS MENSCHEN LANDEN?

Die USA und die Europäische Raumfahrt-agentur haben angekündigt, dass sie innerhalb der nächsten 30 Jahre bemann-te Missionen zum Mars schicken wollen.

WO BEFINDET SICH DER GRÖSSTE VULKAN?

Auf dem Mars befindet sich der Vulkan Olympus Mons, der mehr als 27 Kilometer hoch ist – dreimal höher als der Mount Everest.

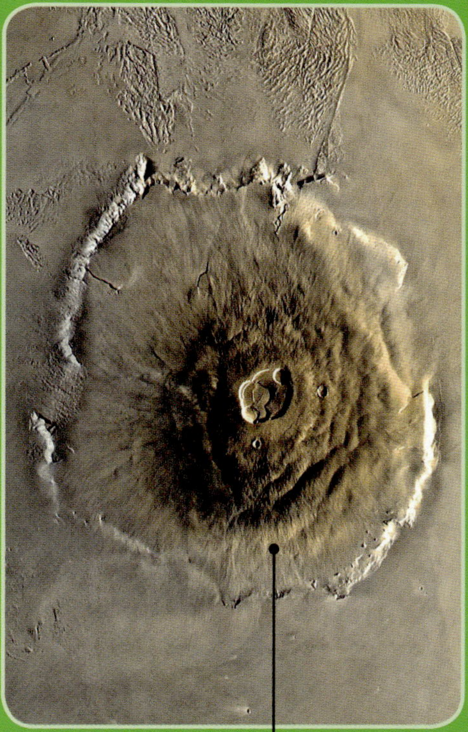

OLYMPUS MONS

Dieser Vulkan ist der höchste Berg im Sonnensystem und nur einer der vielen Vulkane auf dem Mars.

Jupiter

JUPITER

Die Oberfläche des Jupiters wird von heftigen Winden aufgewühlt, die Wolkenbänder in der Atmosphäre entstehen lassen.

DIE MONDE

Zwei der größten Jupitermonde – Io und Europa – sind auf ihrer Umlaufbahn zu sehen. Sie sind beide etwa so groß wie der Erdmond.

Jupiter ist der größte Planet im Sonnensystem. Genauso wie Saturn, Uranus und Neptun wird Jupiter als Gasriese bezeichnet. Gasriesen haben keine feste Oberfläche, weil sie nicht aus Gestein oder anderen harten Substanzen bestehen.

WIE VIELE MONDE HAT DER JUPITER?

Der Jupiter hat mindestens 63 Monde. Viele von ihnen sind sehr klein – 47 haben einen Durchmesser von weniger als zehn Kilometern. Die vier größten sind Io, Europa, Ganymed und Callisto.

WIE GROSS IST JUPITER?

Sehr groß. Er wiegt 320-mal mehr als die Erde und hat einen Durchmesser von 143 800 Kilometern.

WORAUS BESTEHT DER JUPITER?

Im Gegensatz zu den felsigen inneren Planeten bestehen die Gasriesen vornehmlich aus Gas. Beim Jupiter sind es überwiegend Wasserstoff und Helium.

KÖNNTE MAN AUF DEM JUPITER LANDEN?

Nein. Selbst wenn ein Raumschiff dem gewaltigen Druck widerstehen würde, gibt es keine Oberfläche, auf der es landen könnte – die Jupiteratmosphäre geht direkt in die Ozeane aus flüssigem Wasserstoff über.

WIE SCHNELL DREHT SICH JUPITER?

Trotz seiner Größe dreht sich Jupiter in nur 9 Stunden und 55 Minuten einmal um sich selbst. Das heißt, dass sich die Oberfläche mit einer Geschwindigkeit von fast 45 000 Kilometern pro Stunde bewegt!

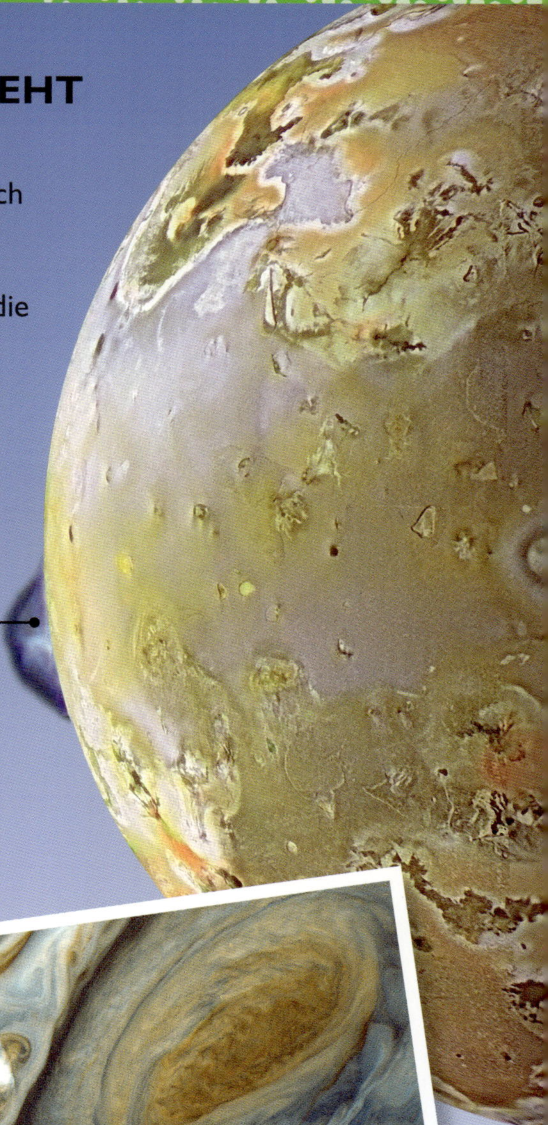

IO

Io hat mehr als 300 Vulkane, was den Mond zum geologisch aktivsten Ort im Sonnensystem macht. Hier ist ein Vulkanausbruch zu sehen.

RÄTSELFRAGE

WAS IST DER „ROTE FLECK" DES JUPITERS?

Der Große Rote Fleck ist ein riesiger Wirbelsturm in der Jupiteratmosphäre. Er hat einen Durchmesser von 256 000 Kilometern und existiert seit mindestens 330 Jahren.

DER GROSSE ROTE FLECK

Raumsonden haben Bilder von dem Sturm mit dem roten Zentrum und den gekräuselten Wolken gemacht.

Saturn

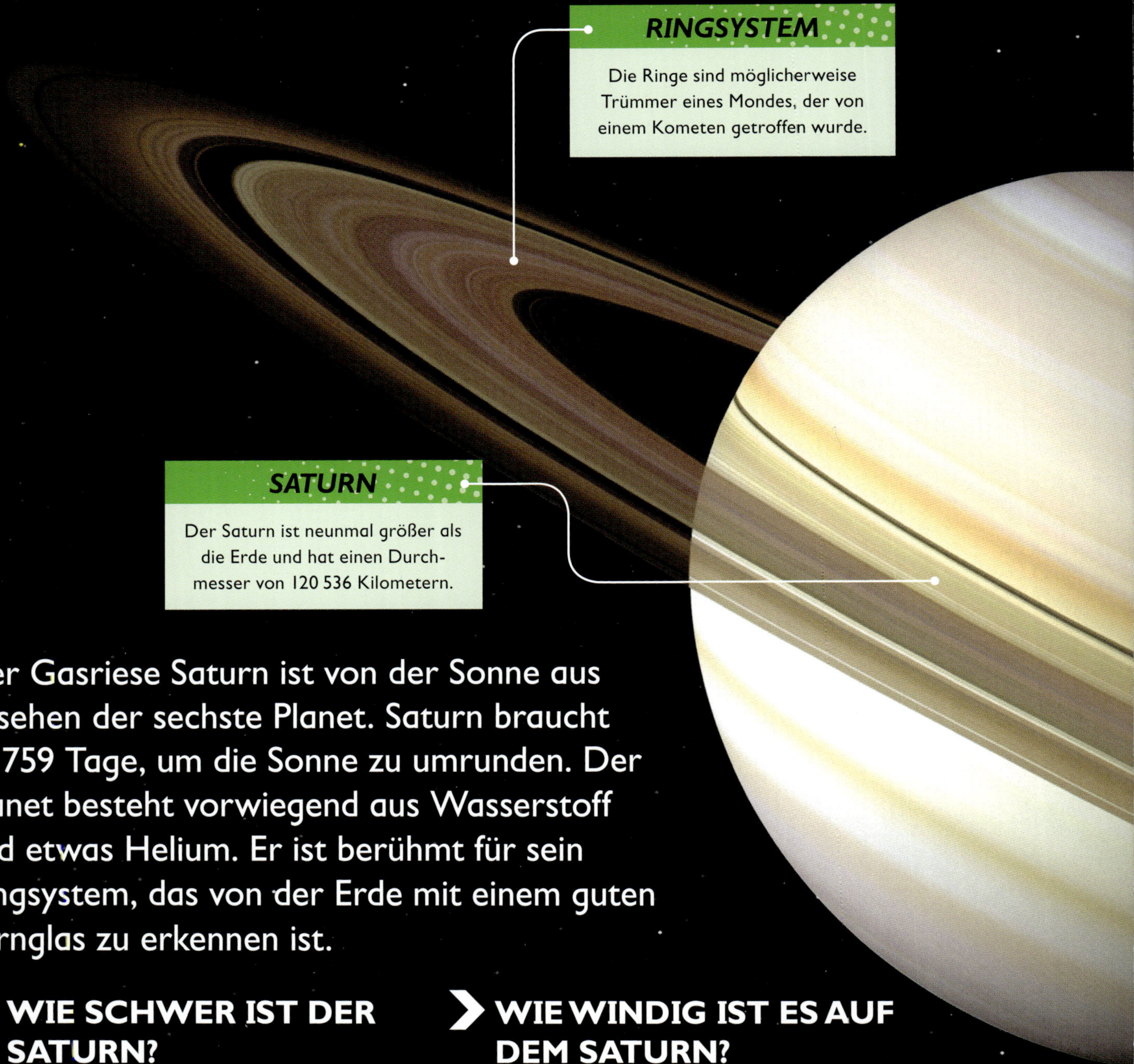

Der Gasriese Saturn ist von der Sonne aus gesehen der sechste Planet. Saturn braucht 10 759 Tage, um die Sonne zu umrunden. Der Planet besteht vorwiegend aus Wasserstoff und etwas Helium. Er ist berühmt für sein Ringsystem, das von der Erde mit einem guten Fernglas zu erkennen ist.

WIE SCHWER IST DER SATURN?

Der Saturn mag groß sein, doch da er hauptsächlich aus Wasserstoff besteht, ist er bemerkenswert leicht; seine Masse beträgt 660 Milliarden Billionen Tonnen. Er könnte auf Wasser schwimmen.

WIE WINDIG IST ES AUF DEM SATURN?

Die Winde auf dem Saturn können Geschwindigkeiten von mehr als 1700 Kilometer pro Stunde erreichen. Aber auf dem Neptun sind die Winde mit 2000 Kilometer pro Stunde noch heftiger!

WIE VIELE MONDE HAT DER SATURN?

Der Saturn hat mindestens 18 Monde, darunter Iapetus, der auf einer Seite dunkel und auf der anderen hell ist.

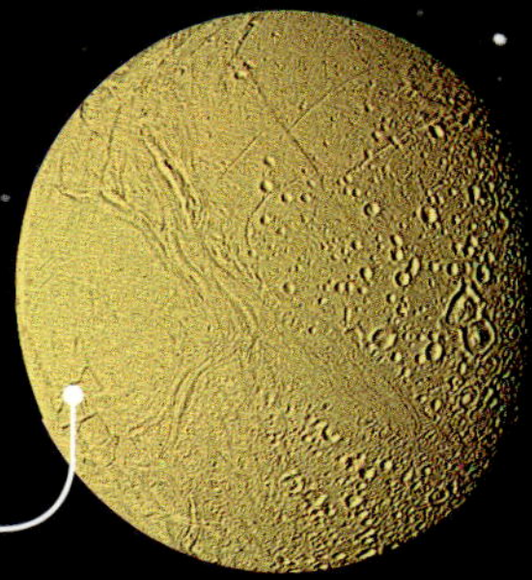

ENCELADUS

Der Saturnmond Enceladus besteht aus Eis und Felsgestein.

WAS IST DIE CASSINISCHE TEILUNG?

Die Ringe des Saturns werden mit den Buchstaben A bis G bezeichnet. 1675 entdeckte der Astronom Cassini eine Lücke zwischen Ring A und B. Diese Lücke wird als Cassinische Teilung bezeichnet.

WAS SIND DIE SATURNRINGE?

Die Ringe des Saturns bilden den leuchtenden Hof (Halo) des Planeten; sie wurden von Galileo Galilei (1564–1642) entdeckt. Die Ringe sind außerordentlich dünn – in vielen Bereichen nur wenige Hundert Meter dick –, dennoch reichen sie fast 1 Million Kilometer in den Weltraum hinein.

EISBROCKEN

Die Ringe bestehen aus Eisbrocken und Gesteinsklumpen.

WARUM FINDEN ASTRONOMEN DEN TITAN SO INTERESSANT?

Der Saturnmond Titan hat als einziger Mond im Sonnensystem eine dichte Atmosphäre, wie sie für die Existenz von Leben unerlässlich ist.

Neptun und Uranus

Neptun und Uranus sind die beiden Planeten, die am weitesten von der Sonne entfernt sind. Wie Jupiter und Saturn bestehen sie überwiegend aus Gas. Neptun und Uranus werden manchmal als Eisriesen bezeichnet, weil sie große Mengen an Wassereis, Methan und Ammoniak enthalten.

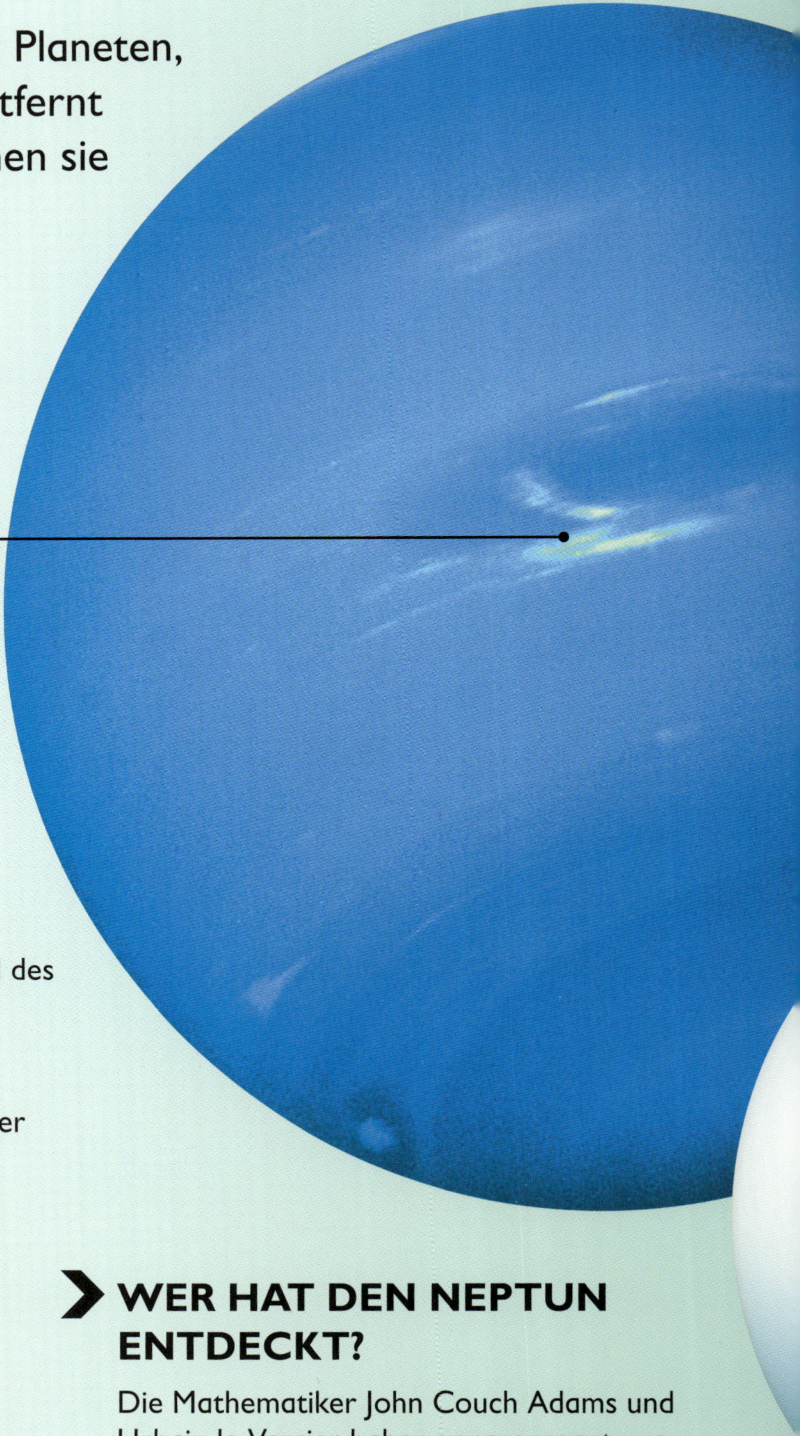

NEPTUN

Die Masse des Neptuns ist 17-mal höher als die der Erde; damit ist Neptun etwas schwerer als Uranus, der die 15-fache Erdmasse hat.

WELCHE FARBE HAT NEPTUN?

Der Neptun erscheint wegen des Methangases in seiner Atmosphäre blaugrün. Dieses Gas absorbiert (verschluckt) den roten Anteil des Lichtspektrums, sodass der Neptun blaugrün erscheint. Denselben Effekt kann man beim Uranus beobachten, dessen Atmosphäre ebenfalls viel Methan enthält, auch wenn dieser Planet viel heller und türkisblau erscheint.

WIE LANG IST EIN JAHR AUF DEM NEPTUN?

Neptun ist so weit von der Sonne entfernt – rund 4500 Millionen Kilometer –, dass sein Umlauf fast 165 Erdenjahre dauert. Daher entspricht ein Jahr auf dem Neptun 165 Erdenjahren.

WER HAT DEN NEPTUN ENTDECKT?

Die Mathematiker John Couch Adams und Urbain le Verrier haben vorausgesagt, wo Neptun zu finden ist, und zwar anhand der Art und Weise, wie seine Schwerkraft die Umlaufbahn des Uranus beeinflusst. Johann Galle entdeckte ihn am 23. September 1846.

NEPTUNS WINDE

Raumsonden haben die Stürme auf dem Neptun fotografiert.

RÄTSELFRAGE

HAT DER URANUS RINGE?

Wie die anderen Gasriesen hat der Uranus ein Ringsystem (unten). Bisher sind 13 Ringe entdeckt worden.

WANN WURDE DER URANUS ENTDECKT?

Der Uranus wurde 1781 von dem Astronomen William Herschel entdeckt. Zuerst hielt er ihn für einen Kometen, aber bald stellte sich heraus, dass der Uranus tatsächlich ein Planet war.

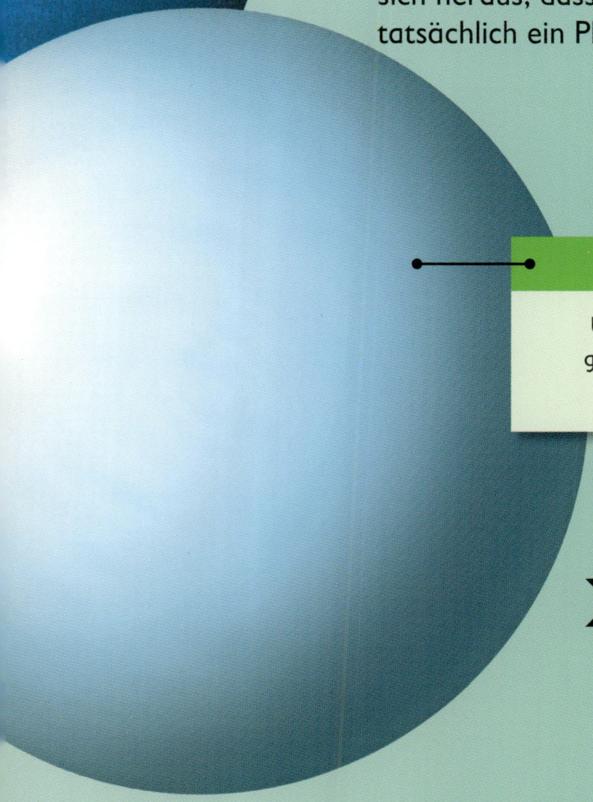

URANUS

Uranus ist nach dem griechischen Gott des Himmels benannt.

WAS IST SELTSAM AM URANUS?

Im Gegensatz zu den anderen Planeten ist die Drehachse des Uranus nicht nur leicht gegen seine Bahnebene geneigt, sondern völlig gekippt, sodass der Uranus wie eine riesige Bowlingkugel auf der Seite liegend um die Sonne kreist.

Andere Objekte

Neben den Planeten und den 240 bekannten Monden gibt es im Sonnensystem Zwergplaneten, Asteroiden, Meteoroiten, Kometen und Staubteilchen.

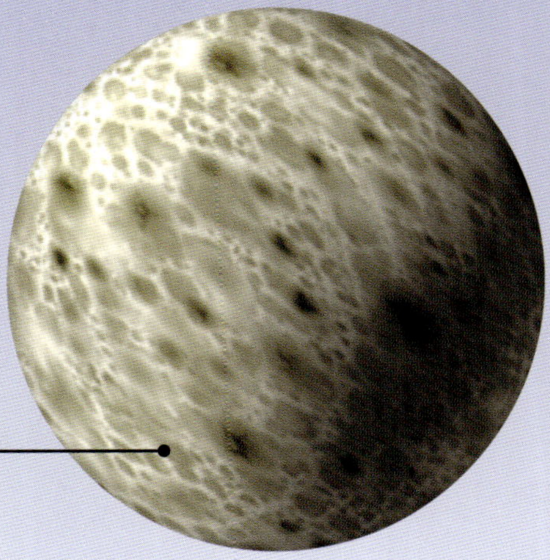

PLUTO

Pluto galt früher als Planet, doch nun wird er als Zwergplanet eingestuft.

WAS IST DER KUIPERGÜRTEL?

Eine Region im Sonnensystem mit Tausenden von kleinen, eisigen Objekten, die gemeinsam um die Sonne kreisen; sie liegt jenseits des Neptuns.

WAS IST EIN ASTEROID?

Als Asteroiden bezeichnet man die vielen Felsbrocken, die in einem großen Band zwischen Mars und Jupiter um die Sonne kreisen; einige davon findet man jedoch auch außerhalb dieser Zone. Asteroiden bestehen größtenteils aus Gestein und Metall. Bisher sind mehr als 5000 Asteroiden identifiziert worden.

WAS SIND ZWERGPLANETEN?

Gegenwärtig sind fünf Zwergplaneten im Sonnensystem bekannt: Pluto, Ceres, Makemake, Haumea und Eris. Diese Himmelskörper sind so groß, dass sie aufgrund ihrer eigenen Schwerkraft annähernd kugelförmig sind, aber nicht groß genug, um ihre Umlaufbahn von anderen Körpern freizuräumen.

METEOR CRATER

Der Meteor Crater in Arizona stammt von einem Meteoriten von etwa 50 Meter Durchmesser.

KERN

Der Kern des Kometen besteht aus Eis und Gestein; sein Durchmesser beträgt nur einige Kilometer.

WAS IST EIN KOMET?

Kometen sind schmutzige Eisbälle. Sie kreisen im äußeren Sonnensystem. Aber von Zeit zu Zeit wird einer von ihnen ins Innere des Sonnensystems abgelenkt. Während der Komet auf die Sonne zurast, reißt der Sonnenwind Material von der Oberfläche des Kometen. Man kann dies als Kometenschweif am Nachthimmel sehen.

WIE LANG IST EIN KOMETEN-SCHWEIF?

Er kann Millionen von Kilometern lang sein. Wenn die Bahn des Kometen die der Erde kreuzt, können Bruchstücke als Sternschnuppen sichtbar werden.

WAS IST EIN METEORIT?

Meteoriten sind Gesteinsklumpen aus dem All, die so groß sind, dass sie den Erdboden erreichen, ohne in der Atmosphäre zu verglühen.

METEORIT

Bisher sind auf der Erde mehr als 32 000 Meteoriten gefunden worden. Einige sind kleiner als Murmeln.

Sterne und Galaxien

Die Geburt des Universums

Wissenschaftler definieren das Universum als die Gesamtheit von allem, was physisch existiert. Man nimmt an, dass das Universum durch den Urknall geschaffen wurde und aus einem winzigen Punkt erwuchs, in dem alle Materie und Energie vereint war.

WIE SAH DAS UNIVERSUM ZU BEGINN AUS?

Das frühe Universum war sehr klein, aber es enthielt sämtliche Materie und Energie des heutigen Universums. Es war eine dichte und chaotische Masse winziger Teilchen und Kräfte. Aber dieses ursprüngliche Universum bestand nur für den Bruchteil einer Sekunde – nur drei Billionstel eines Billionstels eines Billionstels einer Sekunde.

WAS WAR VOR DEM UNIVERSUM?

Das weiß niemand. Manche Forscher nehmen an, dass es einen unvorstellbaren Ozean möglicher Universen jenseits von Raum und Zeit gab, die ständig entstanden und vergingen. Unser Universum war erfolgreich.

KÖNNEN WIR DEN URKNALL SEHEN?

Astronomen beobachten, dass die Galaxien noch immer in allen Richtungen vom Urknall wegstreben. Sie können auch das Nachglühen des Urknalls sehen – eine Mikrowellenstrahlung, die man als kosmische Hintergrundstrahlung bezeichnet.

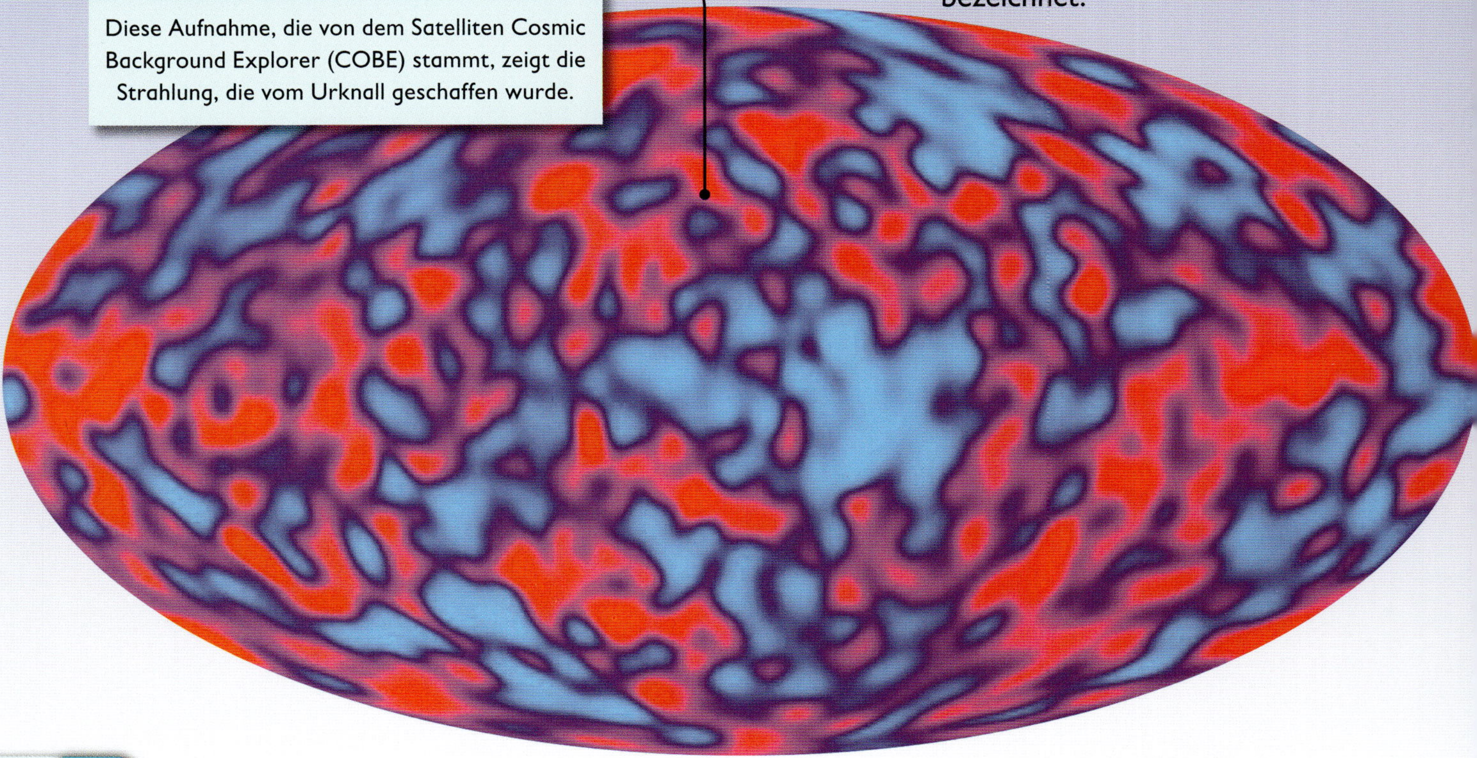

KOSMISCHE STRAHLUNG

Diese Aufnahme, die von dem Satelliten Cosmic Background Explorer (COBE) stammt, zeigt die Strahlung, die vom Urknall geschaffen wurde.

DAS JUNGE UNIVERSUM

Diese Darstellung zeigt, wie das junge Universum ausgesehen haben könnte, als erste Sterne geboren wurden.

NEUE GALAXIE

Bei ihrer Entstehung vor 13,6 Milliarden Jahren könnte unsere Galaxie so ausgesehen haben.

RÄTSELFRAGE

WAS WAR DER URKNALL?

Anfangs war das gesamte Universum in einem unvorstellbar kleinen, heißen, dichten Ball zusammengepresst. Zum Urknall kam es, als sich dieser Ball plötzlich explosionsartig ausdehnte, sodass sich Energie und Materie bilden konnten. Seitdem dehnt sich das Universum ständig weiter aus.

WOHER WISSEN WIR, WIE DAS FRÜHE UNIVERSUM AUSSAH?

Sogenannte Teilchenbeschleuniger können die Zustände im frühen Universum nachbilden, indem sie Teilchen mithilfe von Magneten stark beschleunigen und sie dann zusammenstoßen lassen.

WIE HEISS WAR DER URKNALL?

Als das Universum wuchs, kühlte es sich von einer unendlich hohen Temperatur auf 18 Milliarden Milliarden Milliarden °C ab.

Das wachsende Universum

Seit dem Urknall dehnt sich das Universum weiter aus. Wissenschaftler sind sich nicht sicher, ob es über den Zeitraum hinaus, den wir beobachten können, ewig weiterwachsen wird oder ob das Universum wieder zusammenstürzen wird.

WAS BEDEUTET INFLATIONÄRES UNIVERSUM?

Das ist die Phase, in der sich das Universum nach dem Urknall ausdehnte und abkühlte.

RÄTSELFRAGE

WIE HABEN SICH DIE ERSTEN GALAXIEN GEBILDET?

Sie haben sich aus Wasserstoff- und Heliumwolken gebildet, die sich durch die Schwerkraft verdichteten. Die jüngste bekannte Galaxie (rechts) ist erst 500 Millionen Jahre alt und typisch für die Galaxien des jungen Universums.

WIRD SICH DAS UNIVERSUM STÄNDIG AUSDEHNEN?

Das hängt davon ab, wie viel Materie es enthält. Wenn mehr als die „kritische Dichte" vorhanden ist, wird die Schwerkraft die Ausdehnung bremsen, und das Universum könnte sich wieder zusammenziehen.

WELCHE FORM HAT DAS UNIVERSUM?

Das wissen wir noch nicht. Vielleicht ist das Universum flach, vielleicht weist es eine Krümmung auf, vielleicht ist es aber auch eine Kugel.

AUSEINANDERDRIFTEN

Das Universum dehnt sich aus, und die Galaxien in ihm bewegen sich ständig voneinander fort.

WOHER WISSEN WIR, DASS SICH DAS UNIVERSUM AUSDEHNT?

Wir wissen, dass das Universum immer größer wird, weil sich ferne Galaxien rasch von uns entfernen. Aber die Galaxien selbst bewegen sich nicht – der Raum zwischen ihnen dehnt sich aus.

WIE ALT IST DAS UNIVERSUM?

Wir wissen, dass sich das Universum mit einer bestimmten Geschwindigkeit ausdehnt, weil wir beobachten können, wie rasch ferne Galaxien von uns fortstreben. Daraus können wir berechnen, wie lange es gedauert hat, den heutigen Zustand zu erreichen. Demnach ist das Universum rund 13,7 Milliarden Jahre alt.

FERNE GALAXIEN

Da das Licht ferner Galaxien lange Zeit braucht, um uns zu erreichen, sehen wir diese Galaxien so, wie sie in der Vergangenheit waren.

Materie und Teilchen

Materie ist alles, was Masse hat und Raum einnimmt. Sämtliche Materie besteht aus winzigen Teilchen, wie Protonen, Neutronen und Elektronen. Dies sind die Grundbausteine des Universums.

WIE SIND DIE ATOME ENTSTANDEN?

Wasserstoff- und Heliumatome sind bei der Geburt des Universums entstanden. Alle anderen Atome haben sich gebildet, als Atome durch den hohen Druck im Inneren von Sternen miteinander verschmolzen.

WORAUS BESTEHT DAS UNIVERSUM?

Die Sterne und Wolken im All bestehen fast zu 100 Prozent aus Wasserstoff und Helium, den leichtesten und einfachsten Elementen. Alle anderen Elemente sind recht selten. Aber einige, wie Kohlenstoff, Sauerstoff, Silizium, Stickstoff und Eisen, können sich in hohen Konzentrationen ansammeln, zum Beispiel auf Gesteinsplaneten wie der Erde, wo Eisen, Sauerstoff und Magnesium zu den häufigsten Elementen gehören.

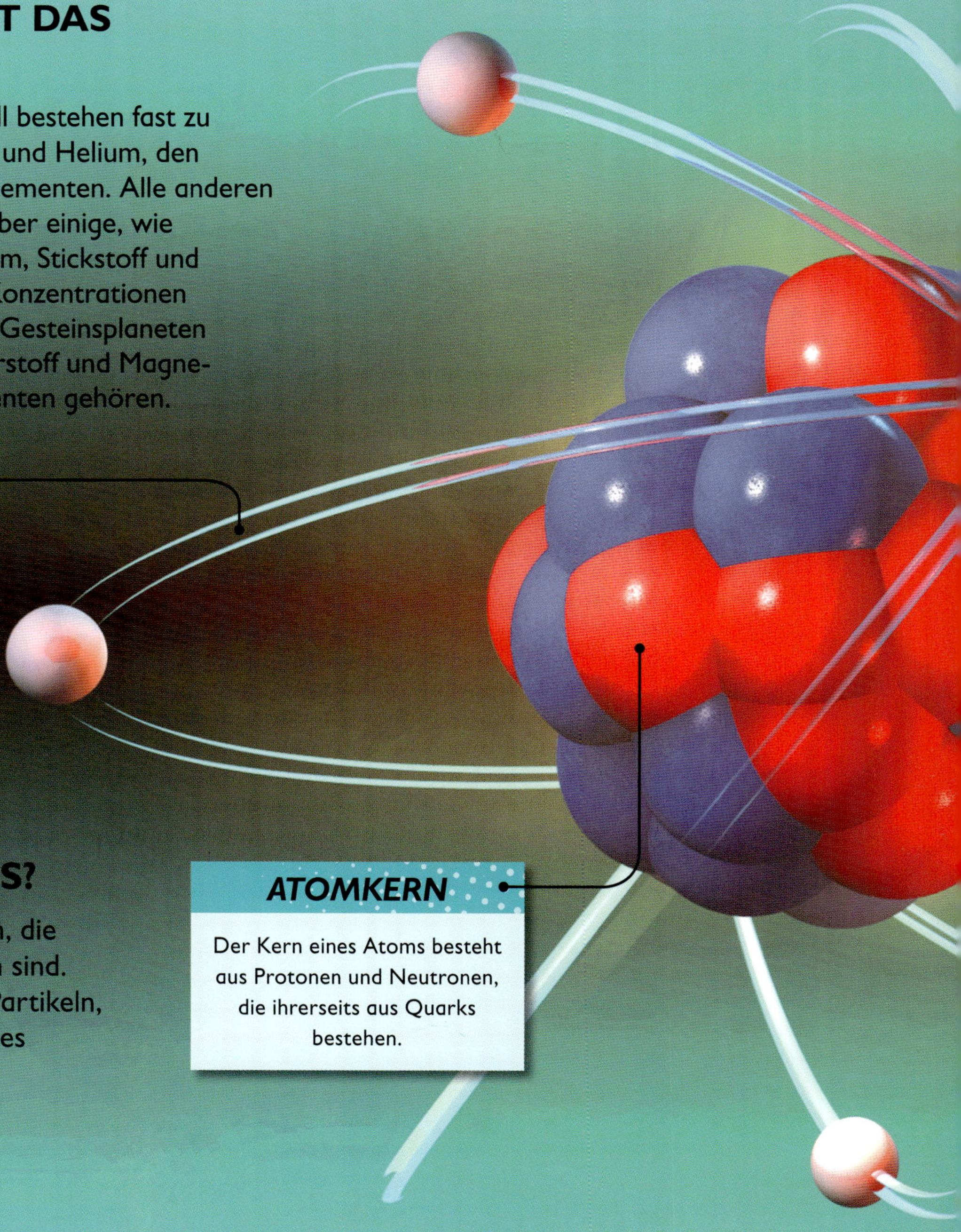

WAS SIND QUARKS?

Quarks sind winzige Teilchen, die sehr viel kleiner als ein Atom sind. Sie gehörten zu den ersten Partikeln, die sich bei der Entstehung des Universums gebildet haben.

TEILCHENBESCHLEUNIGER

Im Teilchenbeschleuniger stoßen Teilchen bei hohem Tempo zusammen. So können ihre Eigenschaften untersucht werden.

WAS IST DAS KLEINSTE TEILCHEN?

Das kleinste Teilchen im Atomkern ist das Quark. Es hat einen Durchmesser von rund 10^{-18} Meter, d. h., eine Reihe von zehn Milliarden Milliarden Quarks wäre kürzer als ein normaler Fuß.

WAS SIND TEILCHEN?

Teilchen oder Partikel sind die Grundbausteine der Materie. Es gibt Hunderte unterschiedlicher Teilchensorten, aber alle, abgesehen von Atomen und Molekülen, sind zu klein, um sie mit einem Mikroskop zu sehen.

WAS IST ANTIMATERIE?

Antimaterie ist das Spiegelbild der normalen Materie. Wenn Materie und Antimaterie aufeinandertreffen, zerstören sie einander. Zum Glück gibt es auf der Erde keine Antimaterie.

GESTREUTE TEILCHEN

Nach dem Zusammenstoß von Elementarteilchen kann man die Bahnen subatomarer Teilchen erkennen.

Die Geburt von Sternen

Sterne sind riesige glühende Gasbälle. Sie brennen über einen Zeitraum von einigen Millionen bis zu vielen Milliarden Jahren. Der Stern, der unserer Erde am nächsten ist, ist die Sonne.

WIE ENTSTEHEN STERNE?

Sterne werden geboren, wenn sich Gaswolken im All aufgrund ihrer Schwerkraft zusammenballen und die Mitte so stark zusammengepresst wird, dass die Temperaturen im Inneren 18 Millionen °C erreichen, sodass eine Kernreaktion in Gang kommt.

WO WERDEN STERNE GEBOREN?

Durch das All ziehen sich riesige Wolken aus Staub und Gas, die als Nebel bezeichnet werden. Diese Wolken bestehen zu 99 Prozent aus Wasserstoff und Helium und winzigen Mengen an kosmischem Staub. Sterne werden in den größten dieser Nebel geboren.

ADLERNEBEL

Im Adlernebel, der vom Hubble-Weltraumteleskop aufgenommen wurde, bilden sich Sterne.

STERNENGEBURT

Eine leuchtende Wolke neu entstandener Sterne.

WIE NAHE SIND DIE STERNE?

Der nächste Stern abgesehen von der Sonne ist rund 40 Billionen Kilometer weit entfernt. Die Sterne sind so weit weg, dass wir sie nur als winzige Lichtpunkte am Nachthimmel sehen.

KÖNNEN WIR VON DER ERDE AUS NEBEL SEHEN?

Einige Nebel kann man durch Teleskope sehen, weil sie Sternenlicht reflektieren. Andere, die man dunkle Nebel nennt, erscheinen als tintenschwarze Flecken. Einige Nebel glühen, weil sie von nahe gelegenen Sternen aufgeheizt werden.

WIE KOMMT ES, DASS EIN STERN UNUNTERBROCHEN BRENNT?

Bei mittelgroßen Sternen wie unserer Sonne treibt die Hitze im Inneren Gas ebenso stark nach außen, wie die Schwerkraft es nach innen zieht; daher brennt der Stern Milliarden Jahre lang.

WELCHER NEBEL IST DER ERDE AM NÄCHSTEN?

Das ist der Orionnebel (unten rechts), der 1350 Lichtjahre oder 12 825 Millionen Millionen Kilometer von uns entfernt ist.

NEBEL

Nebel treten in vielen Formen auf. Von links nach rechts sind der Kegelnebel, der Pferdekopfnebel und der Orionnebel abgebildet.

Leuchtende Sterne

Die Menschheit hat die Sterne seit Jahrtausenden beobachtet; die älteste bekannte Sternkarte ist 3500 Jahre alt. Auch heute dienen uns die Positionen der Sterne noch immer zum Navigieren.

ORION

Das Sternbild Orion ist eines der hellsten am Nachthimmel.

WAS SIND STERNBILDER?

Sternbilder sind kleine Anordnungen von Sternen am Himmel. Oft sind sie nach Objekten oder Figuren benannt, an die sie uns erinnern, wie Kreuz oder Löwe. Unterschiedliche Kulturen entdeckten am Himmel unterschiedliche Sternbilder. In Wirklichkeit sind die Sterne in einem Sternbild unter Umständen gar nicht eng benachbart – von der Erde aus gesehen, scheint uns dies nur so.

WO STEHT DER POLARSTERN?

Der Polarstern ist ein heller Stern, der direkt über dem Nordpol steht. Weil die Erde sich dreht, sieht es bei einer langen Belichtungszeit so aus, als kreisten die Sterne rund um den Polarstern (oben).

RÄTSELFRAGE ?

WO BEFINDET SICH DER JÄGER?

Das Sternbild Orion sieht wie ein Jäger aus, der ein Schwert hält. Zu sehen sind Kopf, Schultern, Gürtel mit drei Sternen, Beine und Schwert des Jägers.

WIE HEISS IST EIN STERN?

Die Oberflächentemperatur der kühlsten Sterne liegt unter 6300 °C, die der heißesten und hellsten Sterne über 70 000 °C.

WELCHE FARBEN HABEN STERNE?

Das hängt von ihrer Temperatur ab. Die Färbung mittelgroßer Sterne variiert längs einer schmalen Linie in einem Diagramm, der sogenannten Hauptreihe, von heißen und hell blauweißen Sternen bis zu kühlen und schwach leuchtenden roten Sternen.

WAS LÄSST STERNE LEUCHTEN?

Sterne leuchten, weil der enorme Druck in ihrem Inneren Kernfusionen auslöst, bei denen Wasserstoffatome miteinander verschmelzen, wobei riesige Energiemengen freigesetzt werden.

Riesen- und Zwergsterne

VERÄNDERLICHER STERN

Der Stern Eta Carinae wird abwechselnd heller und dunkler.

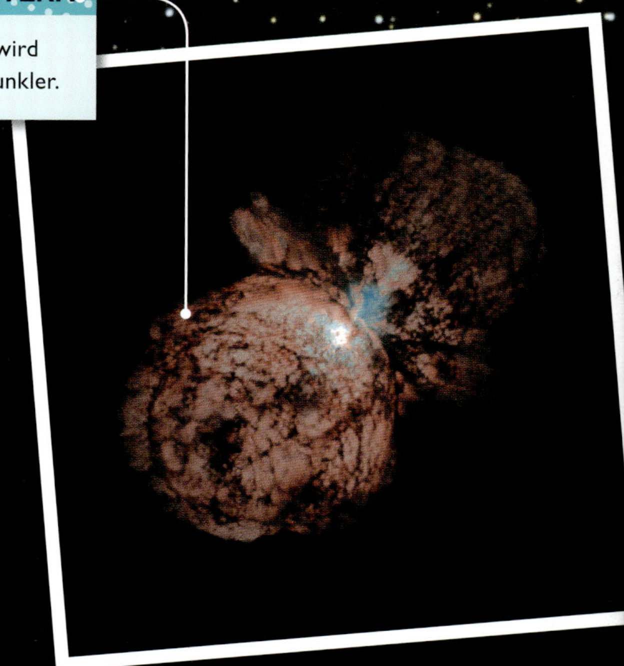

Sterne werden nach Größe und Leuchtkraft klassifiziert. Große Sterne verbrennen ihren Brennstoff sehr rasch und haben ein kurzes Leben. Kleine Sterne können Milliarden Jahre überdauern.

WIE VIELE STERNE GIBT ES?

Es lässt sich nur schwer sagen, wie viele Sterne es im Universum gibt – die meisten sind viel zu weit weg, um sie zu sehen. Aber Astronomen schätzen, dass es rund 200 Milliarden Milliarden Sterne gibt.

WAS IST EIN ROTER ZWERG?

Ein Roter Zwerg ist ein kleiner und recht kühler Stern mit einer Masse von weniger als 40 Prozent unserer Sonne. Vermutlich sind die meisten Sterne Rote Zwerge.

WELCHE STERNE PULSIEREN?

Das Licht von einigen großen alten Sternen wird abwechselnd stärker und schwächer. Diese Schwankungen können Stunden oder Wochen dauern.

PERSEUS

Das Sternbild Perseus enthält einen veränderlichen Stern namens Algol. Sein hellster Stern ist ein Überriese namens Mirfak.

STERNGRÖSSEN

Die Größe von Sternen wird in Sonnenmassen gemessen – also wie viele Massen unserer Sonne ein Stern umfasst.

RÄTSELFRAGE

WAS IST EIN ROTER RIESE?

Ein Stern am Ende seines Lebenszyklus, der seinen Brennstoff fast aufgebraucht hat und sich auf das Fünfzigfache seiner normalen Größe aufgebläht hat.

WAS LÄSST STERNE BLINKEN?

Sterne blinken, weil die Erdatmosphäre ständig in Bewegung ist, und die Luft wabert. Das Licht von nahe gelegenen Planeten wird nicht so stark verzerrt, daher blinken sie nicht.

WELCHER STERN IST DER GRÖSSTE?

Die größten Sterne sind die Überriesen. Antares ist 700-mal größer als die Sonne. Möglicherweise gibt es im Epsilon-System im Sternbild Auriga einen Stern, der 4000-mal größer ist als unsere Sonne.

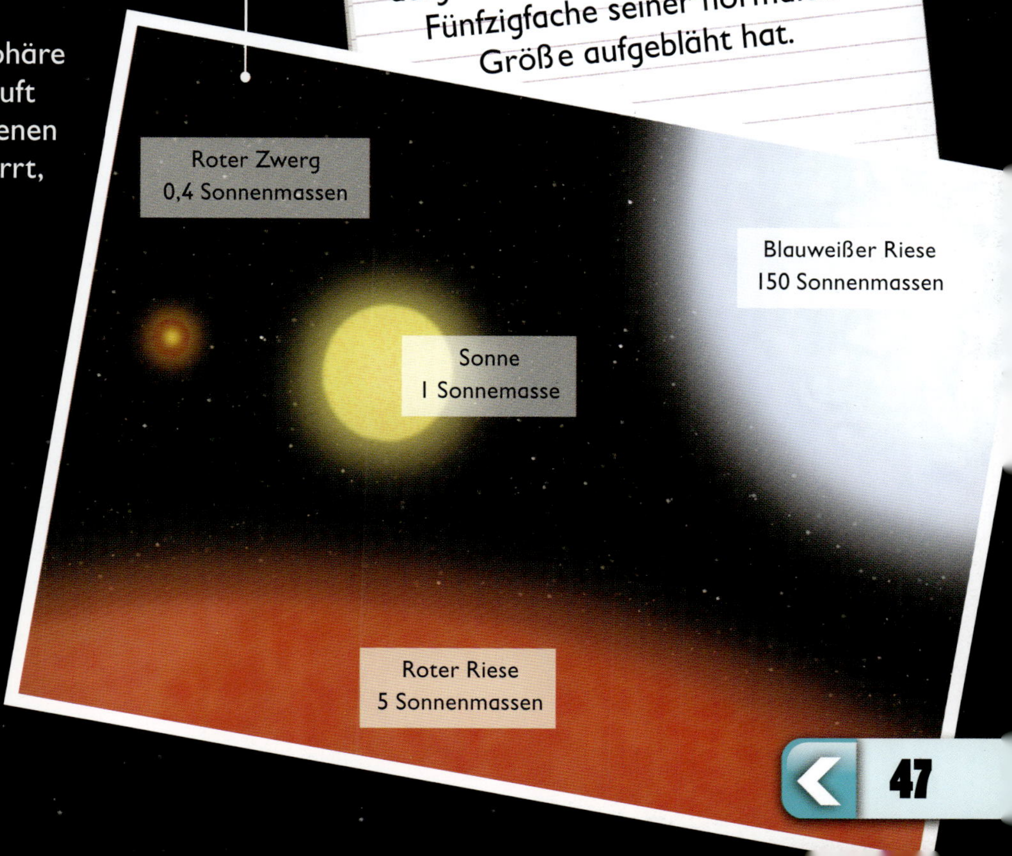

Der Tod von Sternen

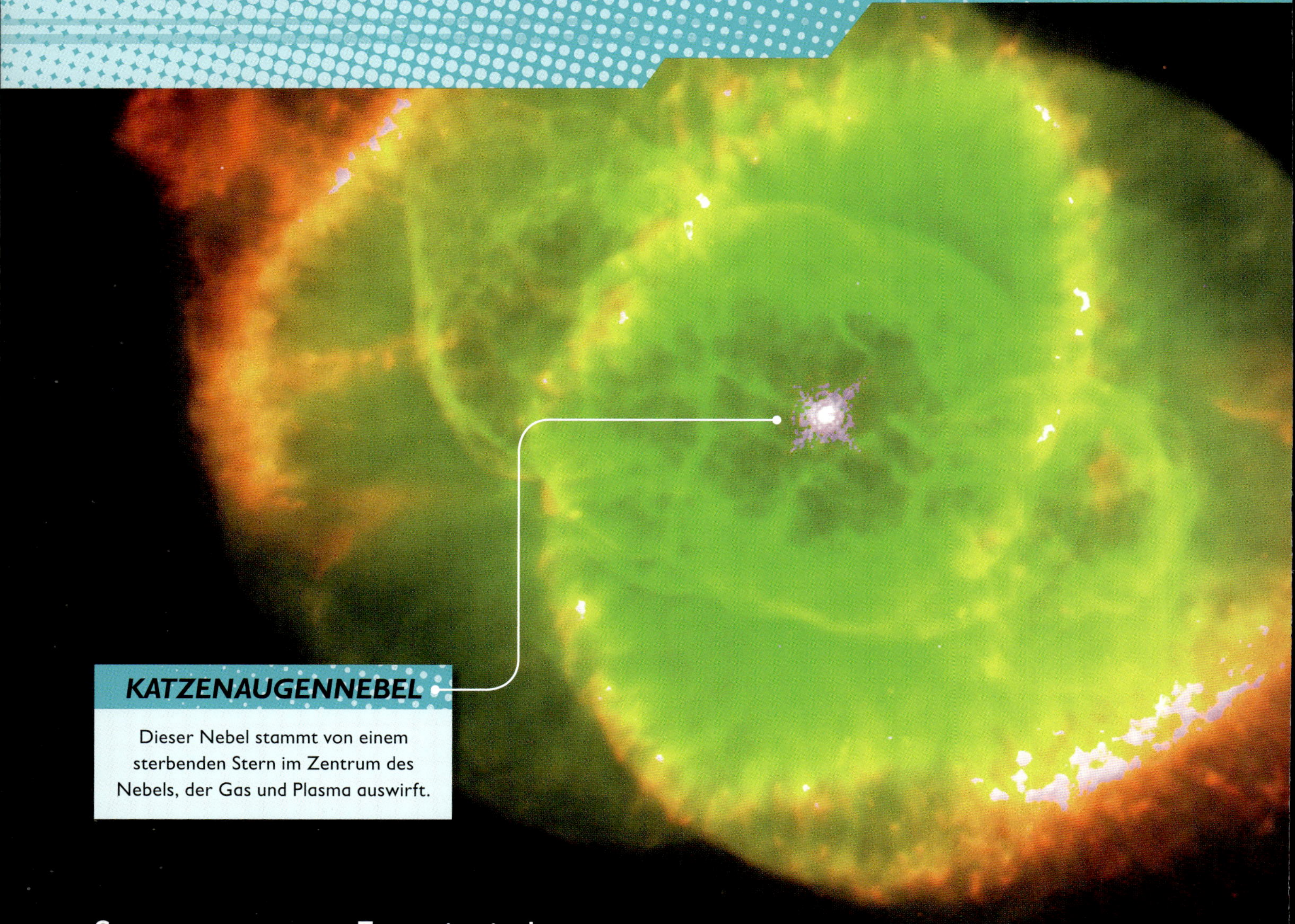

KATZENAUGENNEBEL

Dieser Nebel stammt von einem sterbenden Stern im Zentrum des Nebels, der Gas und Plasma auswirft.

Sterne erzeugen Energie, indem sie Wasserstoff in Helium umwandeln. Wenn sämtliche Energievorräte erschöpft sind, stirbt der Stern.

WIE ALT SIND STERNE?

Ständig sterben Sterne, und ständig werden neue geboren. Große, helle Sterne leben nur rund 10 Millionen Jahre. Mittelgroße Sterne wie unsere Sonne haben eine Lebensdauer von 10 Milliarden Jahren.

WAS PASSIERT, WENN STERNE STERBEN?

Hat ein Stern seine Energievorräte verbraucht, dehnt er sich entweder aus, schrumpft, kühlt ab oder wird zu einem Schwarzen Loch. Wie lange er brennt, hängt von seiner Größe ab. Die größten Sterne verbrauchen ihren Brennstoff rasch und sterben jung. Die kleinsten Sterne verfügen über nur wenig Kernbrennstoff, sind aber sparsamer und leben länger.

WIE WIRD DIE SONNE STERBEN?

Die Sonne wird ihren Wasserstoffvorrat in rund 4 Milliarden Jahren aufgebraucht haben. Dann wird ihr Kern sich so stark erhitzen, dass sich die Heliumatome entzünden. Die Sonne bläht sich zu einem Roten Riesen auf. Die äußeren Schichten werden abgesprengt und bilden einen planetarischen Nebel, während der Kern der Sonne zurückbleibt.

WAS IST EIN PULSAR?

Pulsare sind sich rasch drehende Sterne, die in sehr kurzen Abständen intensive Radiopulse aussenden. Man nimmt an, dass es sich um sehr dichte, sterbende Sterne handelt, die als Neutronensterne bezeichnet werden.

WAS IST EIN WEISSER ZWERG?

Weiße Zwerge sind kleine dichte Sterne, die sich bilden, wenn die äußeren Schichten eines Sterns in den letzten Phasen des Rote-Riesen-Stadiums abgesprengt werden.

EXPLODIERTER STERN

Diese Teleskopaufnahme zeigt nach einer Supernova-Explosion die Überreste eines Sterns.

SUPERNOVA

Die Supernova-Explosion, die als Cassiopeia A bekannt ist, fand rund 11 000 Lichtjahre entfernt in der Milchstraße statt.

RÄTSELFRAGE

WAS IST EINE SUPERNOVA?

Eine Supernova ist eine Explosion, in der ein Riesenstern oder Überriese sein Ende findet. Ein paar Minuten lang leuchtet die Supernova mit der Leuchtkraft von Milliarden Sonnen auf. Gewöhnlich kann man Supernovae nur durch ein Teleskop erkennen. Aber 1987 war eine Supernova mit bloßem Auge zu sehen.

Sterngruppen

Neben Einzelsternen gibt es auch Gruppen aus mehreren Sternen, die umeinanderkreisen. Zudem treten größere Gruppen auf, sogenannte Sternhaufen. Sterne verteilen sich nicht gleichmäßig im Raum. Normalerweise sind sie in Galaxien angeordnet.

BINÄRSTERNE

Der Stern Sirius A hat einen Begleiter namens Sirius B.

WAS SIND STERNHAUFEN?

Sterne bilden Gruppen, die man als Haufen bezeichnet. Kugelhaufen sind groß und rund, offene Sternhaufen sind klein und formlos.

WAS SIND DOPPELSTERNE?

Unsere Sonne weilt allein im Raum, doch viele Sterne haben einen oder zwei nahe Begleiter. Doppelsterne werden als Binärsterne bezeichnet.

RÄTSELFRAGE

WAS SIND DIE PLEJADEN?

Die Plejaden sind eine Gruppe von 400 Sternen, die sich in derselben Staub- und Gaswolke gebildet haben. Diese Sterne werden durch die Schwerkraft in einem lockeren Verbund zusammengehalten.

DIE MILCHSTRASSE

Wenn wir unsere Galaxie von oben sehen könnten, würden wir feststellen, dass die Milchstraße eine riesige Spirale ist.

WAS IST EINE GALAXIE?

Unsere Sonne ist einer von rund 200 Milliarden Sternen, die in Form eines Spiegeleies mit einem Durchmesser von 100 Lichtjahren angeordnet sind. Diese Sterngruppe bildet unsere Galaxie, die wiederum nur eine von Milliarden anderer, im Raum verteilter Galaxien ist.

WAS IST DIE MILCHSTRASSE?

Unsere Galaxie wird als Milchstraße bezeichnet. Ihr Name kommt daher, dass sie wie ein körniges weißes Band aussieht, das sich über den Nachthimmel zieht. Da dies die erste Sternansammlung war, die die Astronomen untersuchten, prägten sie für alle derartigen Sternansammlungen den Begriff „Galaxie“, abgeleitet von dem griechischen Wort für „Milch“.

WAS IST DAS GRÖSSTE OBJEKT IM UNIVERSUM?

Die größte Struktur im Universum ist die *Sloan Great Wall*, die 1,32 Milliarden Lichtjahre lang ist. Sie ist etwa 1 Milliarde Lichtjahre von der Erde entfernt.

Galaxientypen

Eine Galaxie ist ein System von Sternen, Gas und Staub. Galaxien werden nach ihrer Form klassifiziert; sie können spiralförmig, elliptisch oder unregelmäßig sein. Gelegentlich kommt es vor, dass Galaxien kollidieren.

SPIRALGALAXIE

Diese Spiralgalaxie M81 weist vom Zentrum ausgehende Spiralarme auf.

WAS SIND SPIRALGALAXIEN?

Spiralgalaxien sind sich drehende Galaxien, deren Arme sich vom Zentrum ausbreiten wie bei einem Windrad. Unsere Milchstraße ist wahrscheinlich eine Balkengalaxie, bei der die Arme von einem hellen Balken im Zentrum ausgehen.

WAS IST EINE UNREGELMÄSSIGE GALAXIE?

Eine unregelmäßige oder irreguläre Galaxie hat keine bestimmte Form.

WO BEFINDET SICH DIE ERDE?

Die Erde liegt außen auf einem Spiralarm der Milchstraße, rund 30 000 Lichtjahre vom Zentrum entfernt. Unser Sonnensystem kreist mit einer Geschwindigkeit von rund 1 000 000 Kilometer pro Stunde ums Zentrum.

IRREGULÄRE GALAXIE

Die meisten irregulären Galaxien waren einst spiralförmig oder elliptisch, sind jedoch später auseinandergerissen worden.

ELLIPTISCHE GALAXIE

Diese elliptische Galaxie namens Fornax A liegt am Rand eines Galaxienhaufens, der als Fornax-Haufen bezeichnet wird.

WAS SIND ELLIPTISCHE GALAXIEN?

Elliptische Galaxien weisen die Form eines Eis oder eines Rugbyballs auf. In einer solchen Galaxie gibt es weder Gas noch Staub, daher können sich keine neuen Sterne bilden.

BILDEN GALAXIEN GRUPPEN?

Ja! Die meisten Galaxien bilden Haufen, die ihrerseits größere Gruppen, sogenannte Superhaufen, bilden können. Superhaufen ordnen sich zu flächigen und fadenartigen Strukturen an, zwischen denen riesige Leerräume liegen.

WIE VIELE GALAXIEN GIBT ES?

Nach heutigen Schätzungen gibt es rund 125 Milliarden Galaxien im Universum, aber es könnten auch viel mehr sein.

Schwarze Löcher

Ein Schwarzes Loch ist ein Bereich, in dem die Schwerkraft einen so starken Sog entwickelt, dass alles in der Nähe wie in das Loch eines Trichters hineingezogen wird. Nicht einmal das Licht kann entkommen, darum erscheint das Loch schwarz.

WIE ENTSTEHT EIN SCHWARZES LOCH?

Wenn ein großer Stern explodiert, wird sein Zentrum stark zusammengepresst. Das Zentrum wird immer dichter, bis es auf einen winzigen Punkt unendlich großer Dichte zusammenschrumpft. Die enorme Schwerkraft saugt den umliegenden Raum in das Schwarze Loch.

WIE KÖNNEN WIR EIN SCHWARZES LOCH ERKENNEN?

Das Schwarze Loch enthält so viel Materie auf so kleinem Raum, dass sein Schwerkraftsog sogar das Licht verschluckt. Wenn Sterne von einem Schwarzen Loch verschluckt und in Stücke gerissen werden, senden sie starke Strahlung aus, die die Lage des Schwarzen Lochs verrät.

GALAKTISCHES ZENTRUM

Man nimmt an, dass die Galaxie Centaurus A wie viele Galaxien in ihrem Zentrum ein Schwarzes Loch aufweist.

WAS PASSIERT IN EINEM SCHWARZEN LOCH?

Alles, was ein Schwarzes Loch verschluckt, wird von der enormen Schwerkraft zerquetscht.

WIE VIELE SCHWARZE LÖCHER GIBT ES?

Das kann niemand sagen. Weil sie Licht verschlucken, sind sie schwer zu entdecken. Aber allein in der Milchstraße könnte es zahlreiche weitere Schwarze Löcher geben.

WIE GROSS IST EIN SCHWARZES LOCH?

Als Größe eines Schwarzen Lochs wird meist die Größe des Raumvolumens angesehen, aus dem kein Licht entkommen kann. Das Schwarze Loch im Zentrum unserer Galaxie könnte die Größe des Sonnensystems haben.

SCHWARZES LOCH

Künstlerische Darstellung eines Schwarzen Lochs im Zentrum einer Galaxie.

WAS IST SCHWERKRAFT?

Dies ist die gegenseitige Anziehung, die zwischen allen Materieteilchen im Universum herrscht. Je mehr Masse ein Objekt aufweist und je näher es sich an einem anderen Objekt befindet, desto stärker ist die Anziehung. Die Sonne ist so schwer, dass ihre Anziehungskraft viele Millionen Kilometer weit in den Raum hinausreicht.

Entfernungen im Universum

Entfernungen im weiter entfernten Teil des Universums können von der Erde aus nicht direkt gemessen werden. Astronomen haben jedoch Wege gefunden, um die Entfernungen zu entlegenen Sternen zu bestimmen.

NÄCHSTER STERN

Proxima Centauri ist so nahe, dass sich sein Durchmesser berechnen lässt: Er beträgt ein Achtel des Sonnendurchmessers.

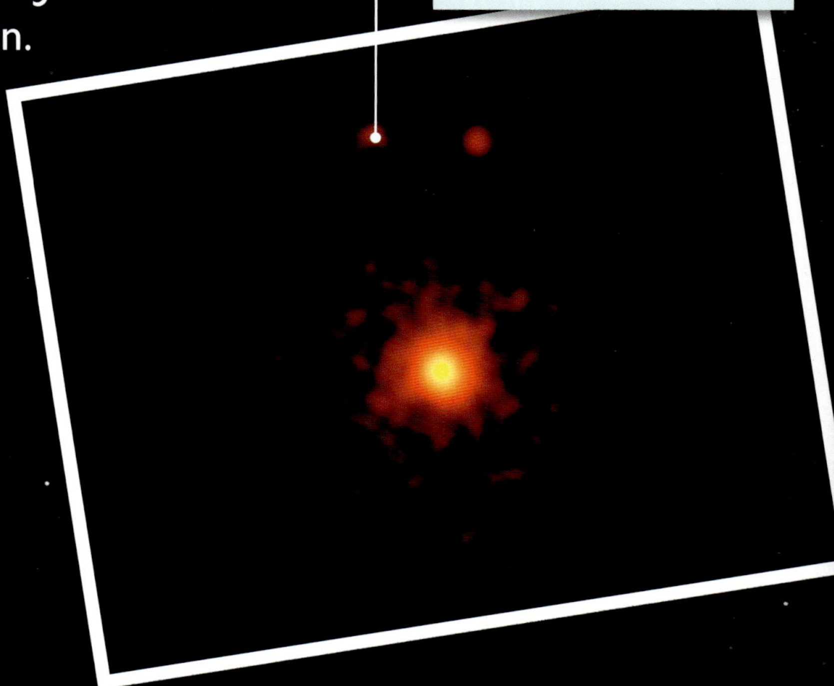

WAS IST EIN LICHTJAHR?

Licht legt in einer Sekunde 300 000 Kilometer zurück. Ein Lichtjahr umfasst 9,5 Billionen Kilometer.

WIE NAH IST DER NÄCHSTE STERN?

Der nächste Stern ist Proxima Centauri, der 4,2 Lichtjahre oder 40 Billionen Kilometer weit weg ist.

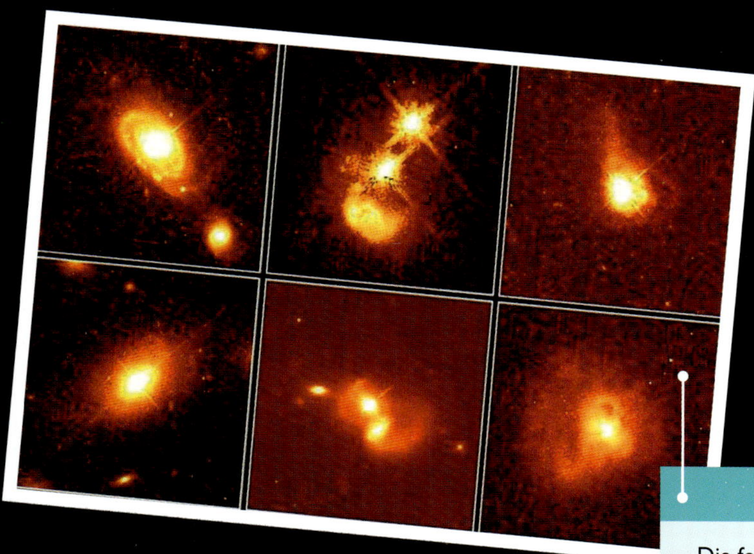

WAS SIND STANDARDKERZEN?

Wenn Astronomen die Distanz zu Sternen bestimmen wollen, vergleichen sie seine Helligkeit mit derjenigen von Sternen bekannter Helligkeit, den sogenannten Standardkerzen. Je schwächer der Stern leuchtet, desto weiter ist er entfernt.

QUASARE

Die fernsten Objekte, die wir kennen, sind Quasare, die etwa 13 Milliarden Lichtjahre entfernt sind. Wahrscheinlich ordnen sich Quasare rund um Schwarze Löcher an.

WAS IST DAS FERNSTE OBJEKT, DAS WIR SEHEN KÖNNEN?

Das fernste Objekt, das mit dem Auge zu erkennen ist, ist die Andromeda-Galaxie in rund 2,5 Millionen Lichtjahren Entfernung. Man kann diese Galaxie als schwachen Fleck am Nachthimmel sehen.

WAS IST EIN PARSEC?

Ein Parsec entspricht einer Entfernung von 3,26 Lichtjahren. Diese Entfernungen werden geometrisch aus den leichten Verschiebungen der scheinbaren Position eines Sterns bestimmt, die sich aus dem Umlauf der Erde um die Sonne ergeben.

WAS IST EINE ROTVERSCHIEBUNG?

Wenn sich eine Galaxie von uns fortbewegt, werden die Lichtwellen gedehnt und wirken röter. Hierdurch kann die Geschwindigkeit bestimmt werden.

Leben im Universum

Soweit wir wissen, ist die Erde der einzige Planet im Universum, auf dem es Leben gibt. Aber vielleicht gibt es auch in anderen Galaxien Planeten, die einen Stern umkreisen, wie die Erde die Sonne umkreist.

WIE IST DAS LEBEN ENTSTANDEN?

Experimente haben gezeigt, dass Blitze aus den gelösten Substanzen und Gasen der jungen Erde Aminosäuren geschaffen haben könnten, die chemischen Grundbausteine des Lebens. Aber niemand weiß, wie diese chemischen Verbindungen sich selbst kopieren konnten. Das ist der Schlüssel zum Leben – bisher bleibt er ein Geheimnis.

WORAUS BESTEHT LEBEN?

Leben basiert auf Verbindungen des Elements Kohlenstoff. Diese Verbindungen verknüpfen sich und bilden Eiweiße (Proteine), aus denen sich lebende Zellen aufbauen.

WAS IST SETI?

SETI ist ein Projekt zur Suche nach außerirdischer Intelligenz, das ständig nach Radiosignalen aus dem All sucht, die ein Hinweis für eine fremde Intelligenz wären.

SUCHE NACH LEBEN IM ALL

Diese riesigen Radioteleskope in den USA suchen das Universum ständig nach Radiowellen ab.

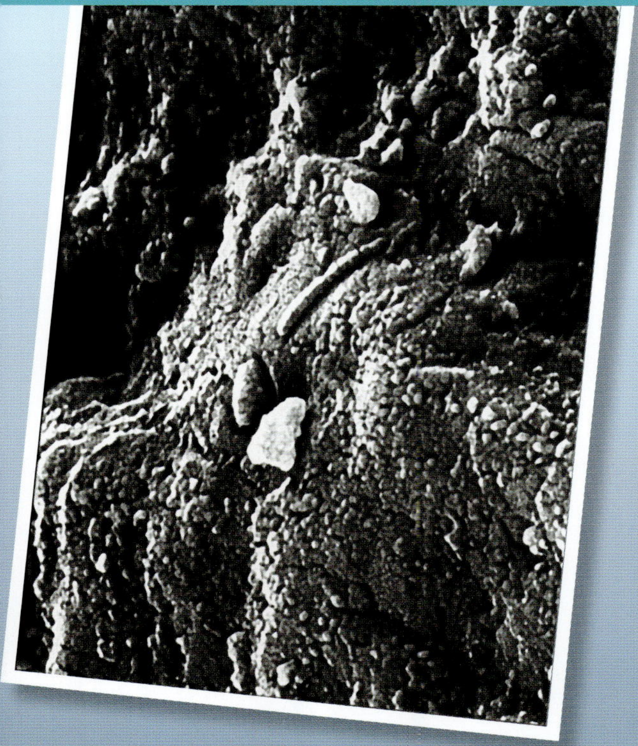

WOHER KAMEN DIE BAUSTOFFE DES LEBENS?

Früher nahm man an, alle organischen Verbindungen seien auf der Erde entstanden, doch inzwischen hat man viele komplexe organische Verbindungen in molekularen Wolken im Weltall entdeckt.

WIE SUCHEN WIR NACH AUSSERIRDISCHEM LEBEN?

Seit in einem Marsmeteoriten (oben), der 1996 auf der Erde gefunden wurde, mögliche Fossilien von Mikroorganismen entdeckt wurden, suchen Wissenschaftler in Gesteinen aus dem All nach weiteren Hinweisen auf Organismen.

MARS-ROVER

Robotersonden suchen nach Hinweisen, die belegen, dass es einst auf dem Mars Leben gab. Heute ist der Planet unbewohnbar.

RÄTSELFRAGE

GIBT ES LEBEN AUF ANDEREN PLANETEN?

Niemand weiß, ob das Leben auf der Erde durch einen einzigartigen Zufall entstanden ist oder ob es wahrscheinlich ist, dass so etwas unter den richtigen Voraussetzungen auch auf anderen Planeten vorkommt.

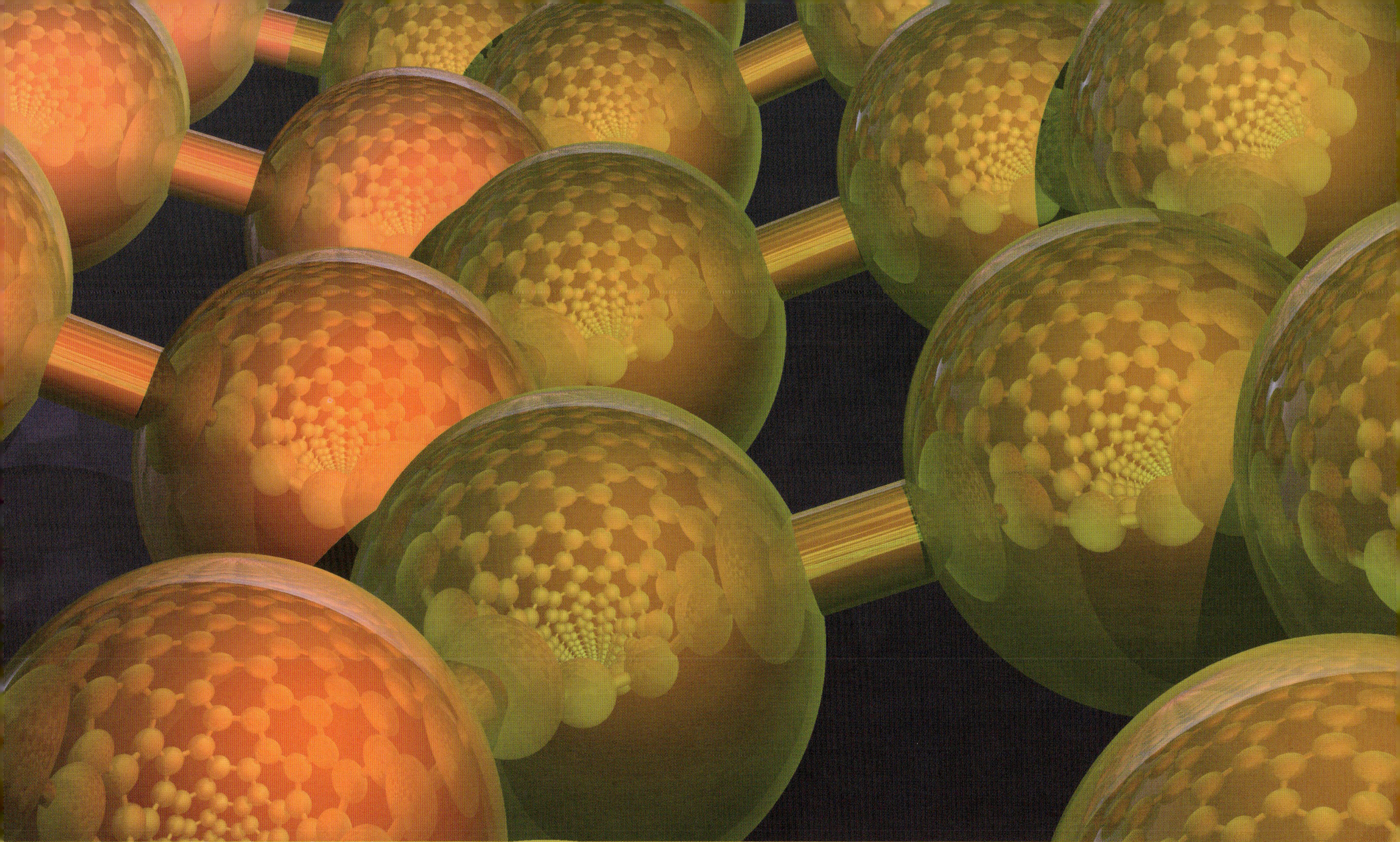

Elemente und Stoffe

Atome und Teilchen

Atome sind die Grundbausteine jeden Stoffes. Sie galten lange als kleinste Teilchen der Materie. Aber Atome bestehen vorwiegend aus leerem Raum und sind aus Energiepaketen aufgebaut.

WAS IST EIN ATOMKERN?

Der größte Teil eines Atoms besteht aus leerem Raum, aber in der Mitte gibt es einen winzigen Bereich, den Kern. Er enthält zwei Typen von Teilchen – Neutronen, die keine elektrische Ladung tragen, und Protonen mit einer positiven Ladung. Ein Wasserstoffatom enthält keine Neutronen und nur ein einziges Proton.

WIE GROSS SIND ATOME?

Atome haben einen Durchmesser von einem Zehnmillionstel Millimeter und wiegen ein Hundertbillionstel eines Billionstel Gramm.

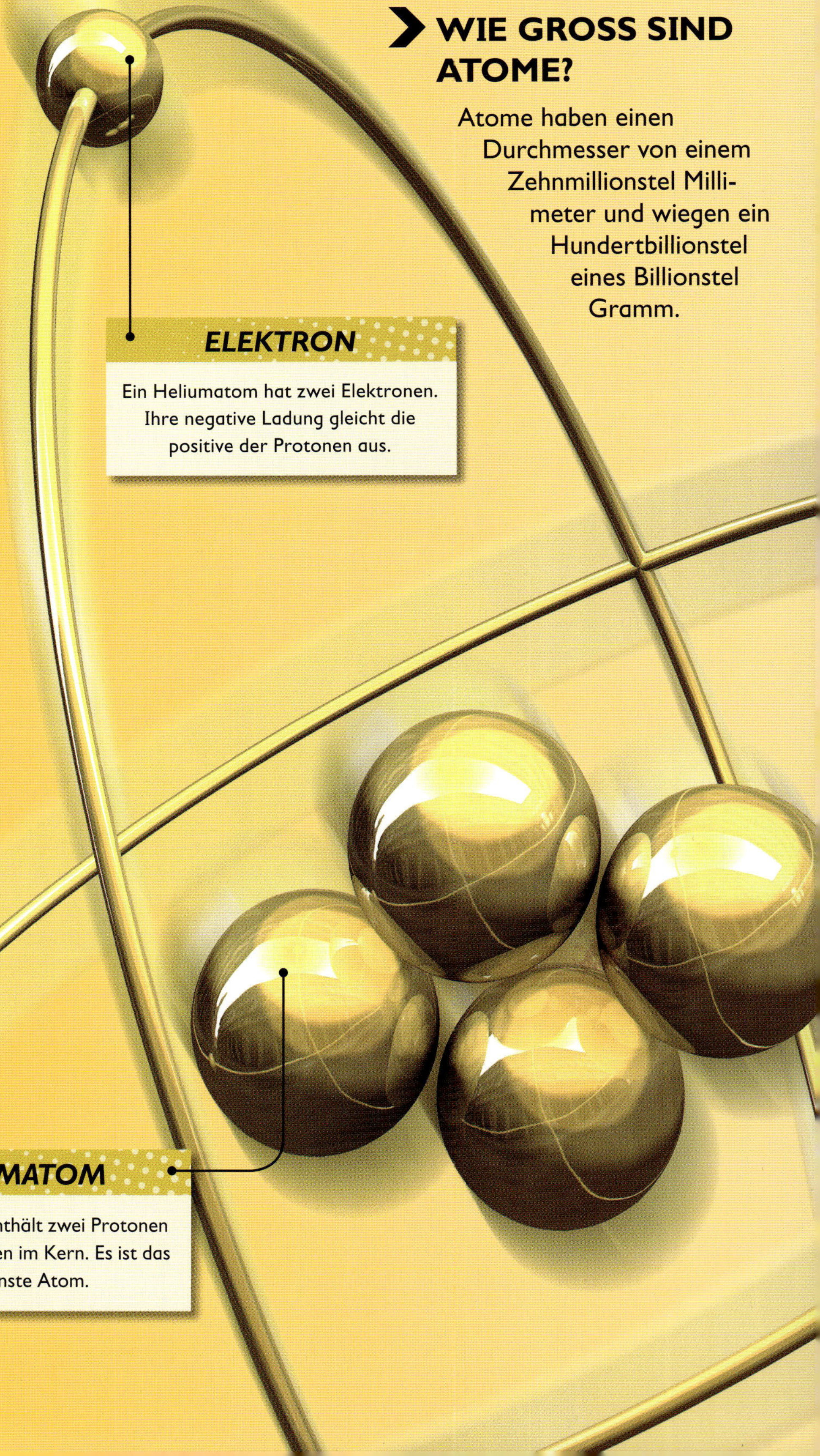

WAS IST DAS KLEINSTE TEILCHEN?

Das kann niemand sicher sagen. Atome bestehen aus Protonen, Neutronen und Elektronen. Diese wiederum bestehen aus noch kleineren Teilchen oder Partikeln – aus Quarks und Leptonen. Wissenschaftler kennen mehr als 200 subatomare Teilchen. Aber vielleicht werden eines Tages noch kleinere Teilchen entdeckt.

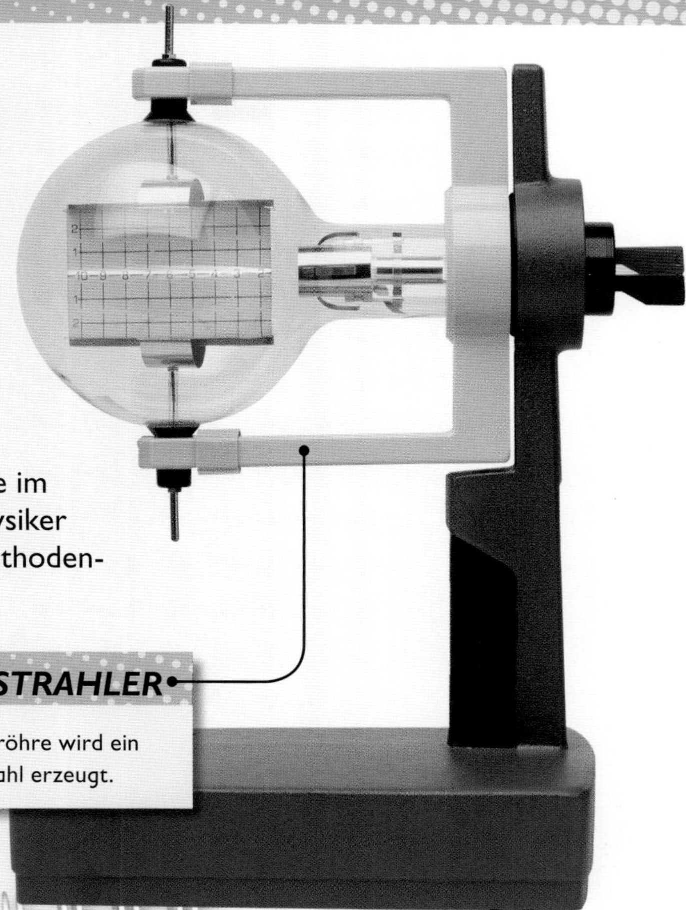

WAS SIND ELEKTRONEN?

Elektronen sind elektrisch negativ geladene Teilchen, die im Atom herumsausen. Sie wurden von dem englischen Physiker J. J. Thomson (1856–1940) bei einem Experiment mit Kathodenstrahlröhren entdeckt.

KATHODENSTRAHLER

In einer Vakuumröhre wird ein Elektronenstrahl erzeugt.

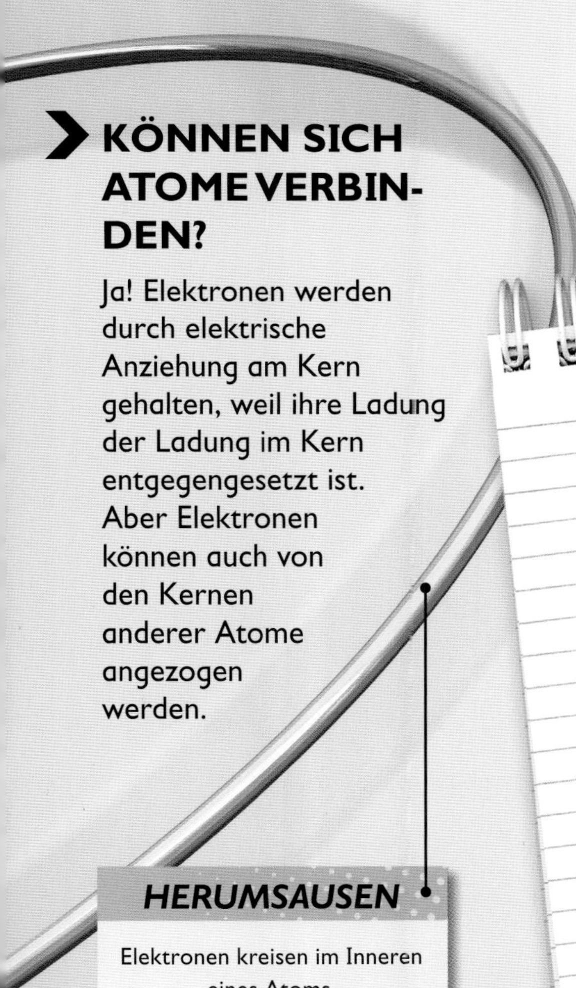

KÖNNEN SICH ATOME VERBINDEN?

Ja! Elektronen werden durch elektrische Anziehung am Kern gehalten, weil ihre Ladung der Ladung im Kern entgegengesetzt ist. Aber Elektronen können auch von den Kernen anderer Atome angezogen werden.

HERUMSAUSEN

Elektronen kreisen im Inneren eines Atoms.

RÄTSELFRAGE

WER SPALTETE ALS ERSTER DAS ATOM?

1919 gelang es dem Physiker E. Rutherford (rechts), Stickstoffatome in Wasserstoff und Sauerstoff zu zerlegen. 1932 gelang es J. Cockcroft und E. Walton, einen Atomkern zu spalten, indem sie ihn mit Protonen beschossen.

Elemente

Ein Element ist ein reiner, ungemischter Stoff. Wasser ist kein Element, weil es aus Sauerstoff und Wasserstoff besteht. Wasserstoff und Sauerstoff aber sind Elemente, weil sie sich durch chemische Verfahren nicht weiter zerlegen lassen.

WAS IST DIE ORDNUNGSZAHL?

Jedes Element hat seine eigene Atomzahl. Das ist die Zahl der Protonen in seinem Kern; sie wird von derselben Zahl Elektronen kompensiert. Wasserstoff mit einem einzigen Proton trägt die Ordnungszahl 1.

WAS SIND ELEKTRONENSCHALEN?

Elektronen verhalten sich, als hielten sie sich in verschiedenen Schichten rund um den Kern auf, die wie die Schalen einer Zwiebel aufgebaut sind. Diese Schichten bezeichnet man als Schalen, und jede bietet Platz für eine bestimmte Anzahl von Elektronen. Die Zahl der Elektronen in der äußeren Schale bestimmt, wie ein Atom mit anderen Atomen reagiert. Kohlenstoff hat vier Elektronen auf der Außenschale und Platz für vier weitere, daher verbindet sich Kohlenstoff leicht mit anderen Atomen.

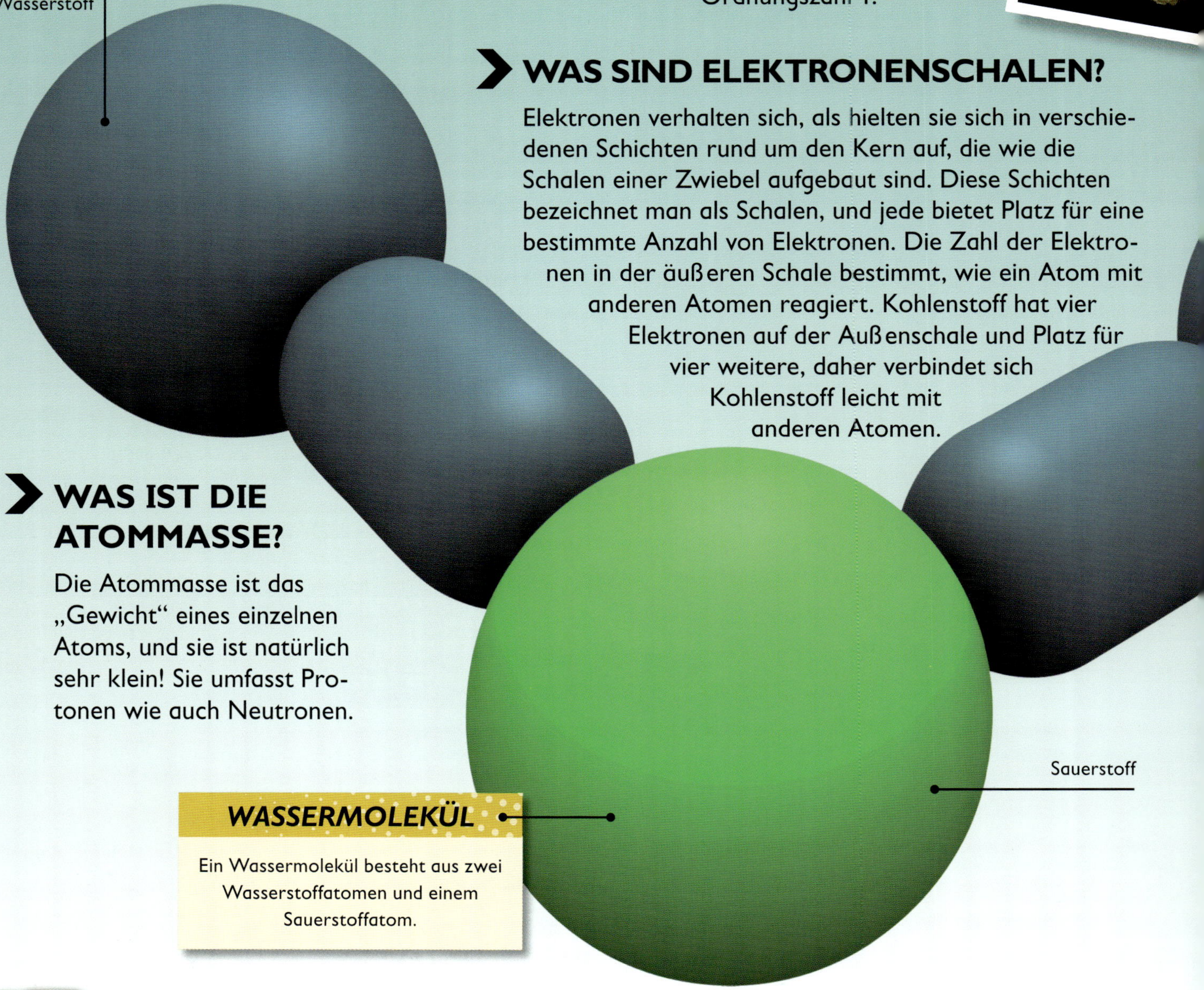

WAS IST DIE ATOMMASSE?

Die Atommasse ist das „Gewicht“ eines einzelnen Atoms, und sie ist natürlich sehr klein! Sie umfasst Protonen wie auch Neutronen.

WASSERMOLEKÜL

Ein Wassermolekül besteht aus zwei Wasserstoffatomen und einem Sauerstoffatom.

SCHWEFEL

Das Element Schwefel trägt die Ordnungszahl 16.

RÄTSELFRAGE

WAS IST DAS LEICHTESTE ELEMENT?

Das leichteste Element ist Wasserstoff. Sein Kern weist nur ein einziges Proton auf, und seine Atommasse beträgt 1. Wasserstoff ist das häufigste Element im Universum.

Wasserstoff

LUFTSCHIFF

Da Wasserstoff leichter ist als Luft, wurden Luftschiffe damit gefüllt.

WAS IST EIN MOLEKÜL?

Sehr oft verbinden sich Atome mit anderen Atomen – sei es mit Atomen vom selben Typ oder eines anderen Typs –, um chemische Verbindungen zu bilden. Ein Molekül ist die kleinste Einheit einer chemischen Verbindung, die allein existieren kann.

WIE VIELE ELEMENTE GIBT ES?

Bisher sind 118 Elemente entdeckt worden, doch gelegentlich werden noch neue Elemente identifiziert.

Das Periodensystem

Die Elemente werden nach dem Periodensystem geordnet. Die Spalten werden als Gruppen, die Reihen als Perioden bezeichnet. Elemente in einer Gruppe weisen auf der Außenschale ihrer Atome dieselbe Anzahl von Elektronen und ähnliche Eigenschaften auf.

WAS SIND ÜBERGANGSMETALLE?

Übergangsmetalle sind die Metalle in der Mitte des Periodensystems, wie Gold, Chrom und Silber (links). Sie sind gewöhnlich hart und glänzend, lassen sich aber leicht verformen.

WAS SIND EDELGASE?

Die Edelgase stehen in der Spalte am weitesten rechts im Periodensystem. Diese Gase reagieren nicht leicht mit anderen Elementen. Aber dennoch bilden Krypton, Radon und Xenon mit Fluor und Sauerstoff Verbindungen.

WARUM REAGIEREN EINIGE ELEMENTE SEHR LEICHT?

Elemente reagieren besonders leicht, wenn sie leicht Elektronen aufnehmen oder abgeben. Elemente, die links im Periodensystem stehen, die Metalle, geben sehr leicht Elektronen ab. Je weiter links sie stehen, desto reaktiver sind sie.

WAS IST METALL?

Ein Metall ist hart, dicht und glänzend. Zudem ist es ein guter Leiter von Elektrizität und Wärme. Chemiker definieren ein Metall als elektropositives Element, d.h., Metalle geben leicht Elektronen ab. Dank dieser abgegebenen, „freien" Elektronen sind Metalle gute elektrische Leiter.

Gruppe 1	Gruppe 2	Gruppe 3	Gruppe 4	Gruppe 5	Gruppe 6
1 H Wasserstoff					
3 Li Lithium	4 Be Beryllium				
11 Na Natrium	12 Mg Magnesium				
19 K Kalium	20 Ca Calcium	21 Sc Scandium	22 Ti Titan	23 V Vanadium	24 Cr Chrom
37 Rb Rubidium	38 Sr Strontium	39 Y Yttrium	40 Zr Zirconium	41 Nb Niob	42 Mo Molybdän
55 Cs Cäeium	56 Ba Barium		72 Hf Hafnium	73 Ta Tantal	74 W Wolfram
87 Fr Francium	88 Ra Radium		104 Rf Rutherfordium	105 Db Dubnium	106 Sg Seaborgium
			57 La Lanthan	58 Ce Cer	59 Pr Praseodym
			89 Ac Actinium	90 Th Thorium	91 Pa Protactinium

GRUPPE 2

Die Erdalkalien sind silberfarbene Metalle. Sie tragen auf ihrer Außenschale zwei Elektronen.

- Nichtmetall
- Alkalimetall
- Erdalkalimetall
- Übergangsmetall
- Lanthanoid/Actinoid
- Halbmetall
- Halogen
- Unbekannt
- Edelgas

WER HAT DAS RADIUM ENTDECKT?

Die polnisch-französische Physikerin Marie Curie (1867–1934, links) war die erste Frau, die nicht nur einen, sondern zwei Nobelpreise gewonnen hat. Der erste, 1903, galt ihrem Anteil an der Entdeckung der Radioaktivität, der zweite, 1911, ihrer Entdeckung der Elemente Polonium (Gruppe 16 im Periodensystem) und Radium (Gruppe 2).

WAS SIND LANTHANIDEN?

Die Lanthaniden sind eine Gruppe von 15 Elementen in der vorletzten Reihe des Periodensystems. Sie sind nach dem Element Lanthan benannt. Es handelt sich um glänzende, silbrige Metalle, die oft gemeinsam vorkommen. Sie alle tragen drei oder vier Elektronen auf der Außenschale.

GRUPPE 17

Halogene, wie Fluor und Brom, nehmen leicht Elektronen auf und sind giftig.

											2 He Helium
						5 B Bor	6 C Kohlenstoff	7 N Stickstoff	8 O Sauerstoff	9 F Fluor	10 Ne Neon
						13 Al Aluminum	14 Si Silizium	15 P Phosphor	16 S Schwefel	17 Cl Chlor	18 Ar Argon
25 Mn Mangan	26 Fe Eisen	27 Co Cobalt	28 Ni Nickel	29 Cu Kupfer	30 Zn Zink	31 Ga Gallium	32 Ge Germanium	33 As Arsen	34 Se Selen	35 Br Brom	36 Kr Krypton
43 Tc Technetium	44 Ru Ruthenium	45 Rh Rhodium	46 Pd Palladium	47 Ag Silber	48 Cd Cadmium	49 In Indium	50 Sn Zinn	51 Sb Antimon	52 Te Tellur	53 I Iod	54 Xe Xenon
75 Re Rherium	76 Os Osmium	77 Ir Iridium	78 Pt Platin	79 Au Gold	80 Hg Quecksilber	81 Tl Thallium	82 Pb Blei	83 Bi Bismut	84 Po Polonium	85 At Astat	86 Rn Radon
107 Bh Bohrium	108 Hs Hasslum	109 Mt Meitnerium	110 Ds Darmstadtium	111 Rg Roentgenium	112 Uub Ununbium	113 Uut Ununtrium	114 Uuq Ununquadium	115 Uup Ununpentium	116 Uuh Ununhexium	117 Uus Ununseptium	118 Uuo Ununoctium
60 Nd Neodym	61 Pm Promethium	62 Sm Samarium	63 Eu Europium	64 Gd Gadollnium	65 Tb Terbium	66 Dy Dysprosium	67 Ho Holmium	68 Er Erbium	69 Tm Thulium	70 Yb Ytterbium	71 Lu Lutetium
92 U Uran	93 Np Neptunium	94 Pu Plutonium	95 Am Americium	96 Cm Curium	97 Bk Berkelium	98 Cf Californium	99 Es Einsteinium	100 Fm Fermium	101 Md Meridelevium	102 No Nobelium	103 Lr Lawrencium
Gruppe 7	Gruppe 8	Gruppe 9	Gruppe 10	Gruppe 11	Gruppe 12	Gruppe 13	Gruppe 14	Gruppe 15	Gruppe 16	Gruppe 17	Gruppe 18

Festkörper und Flüssigkeiten

Stoffe können fest, flüssig oder gasförmig sein. Das sind die sogenannten Aggregatzustände der Materie. Stoffe können, wenn sie erhitzt oder gekühlt werden und die Energie ihrer Partikel steigt bzw. sinkt, von einem in den anderen Zustand übergehen.

WAS SIND FESTSTOFFE?

In Feststoffen sind die Teilchen fest miteinander verbunden, daher haben sie eine bestimmte Form und ein bestimmtes Volumen. In Flüssigkeiten haben die Teilchen mehr Bewegungsspielraum. In Gasen sausen die Teilchen in alle Richtungen, daher breiten sich Gase aus.

RÄTSELFRAGE

WELCHE STOFFE HABEN DEN HÖCHSTEN SCHMELZPUNKT?

Das Metall mit dem höchsten Schmelzpunkt ist Wolfram mit 3422 °C. Den höchsten bekannten Schmelzpunkt hat Kohlenstoff; er schmilzt bei 3650 °C.

EIS, WASSER UND DAMPF

An dieser heißen Quelle gibt es Wasser in drei Zuständen: fest, flüssig und gasförmig.

WAS IST SCHNEE?

Schnee besteht aus kleinen Eispartikeln. Die Partikel bilden sich, wenn Wassertropfen in einer Wolke so kalt werden, dass sie gefrieren. Die Eispartikel beginnen aneinanderzuhaften und bilden Schneeflocken. Wenn die Schneeflocken schwer genug geworden sind, fallen sie zu Boden.

FLÜSSIGES EISEN

Bei 1536 °C wird Eisen flüssig.

WANN GEFRIEREN STOFFE?

Stoffe gefrieren, wenn sie ihren Gefrierpunkt erreichen. Die meisten Stoffe ziehen sich zusammen, wenn sie gefrieren, weil die Teilchen näher aneinanderrücken. Wasser dehnt sich beim Gefrieren jedoch aus.

WANN SCHMELZEN STOFFE?

Stoffe schmelzen, wenn sie ihren Schmelzpunkt erreichen, der für jeden Stoff spezifisch ist. Wassereis schmilzt bei 0 °C, Blei bei 327,4 °C.

EIS UND WASSER

Gibt man Eiswürfel ins Wasser, nimmt das Eis aus dem Wasser Wärmeenergie auf, die Moleküle bewegen sich schneller, bis sie sich aus dem Festkörper lösen, und die Eiswürfel schmelzen.

WELCHER STOFF HAT DEN NIEDRIGSTEN GEFRIERPUNKT?

Quecksilber hat den niedrigsten Gefrierpunkt der Metalle, er liegt bei –38 °C. Helium hat mit rund –272 °C den niedrigsten Gefrierpunkt aller Stoffe; er liegt nicht einmal 2 °C über dem absoluten Nullpunkt.

Gase

Gas ist einer der Aggregatzustände. Ein Gas hat keine feste Form. Seine Teilchen befinden sich in zufälliger Bewegung. Gase können sich je nach Druck und Temperatur ausdehnen oder zusammenziehen; sie füllen einen Behälter jeder beliebigen Größe.

WAS PASSIERT BEI VERDUNSTUNG UND KONDENSATION?

Zur Verdunstung kommt es, wenn eine Flüssigkeit erhitzt wird und verdampft. Teilchen an der Oberfläche der Flüssigkeit schwingen so rasch, dass sie aus der Flüssigkeit als Dampf entweichen. Zu einer Kondensation kommt es, wenn Dampf (der gasförmige Zustand) abkühlt und flüssig wird. Verdunstung und Kondensation finden nicht nur am Siedepunkt statt, sondern auch schon bei weit geringeren Temperaturen.

WAS IST PLASMA?

Plasma ist der vierte Aggregatzustand. Er tritt dann auf, wenn ein Gas so heiß wird, dass seine Atome und Moleküle zusammenstoßen und freie Elektronen entstehen. Das passiert im Inneren der Sonne, bei Blitzen und in Röhren mit Neongas. Viele Fernsehgeräte haben Plasmaschirme, deren Plasmaschicht Licht aussendet.

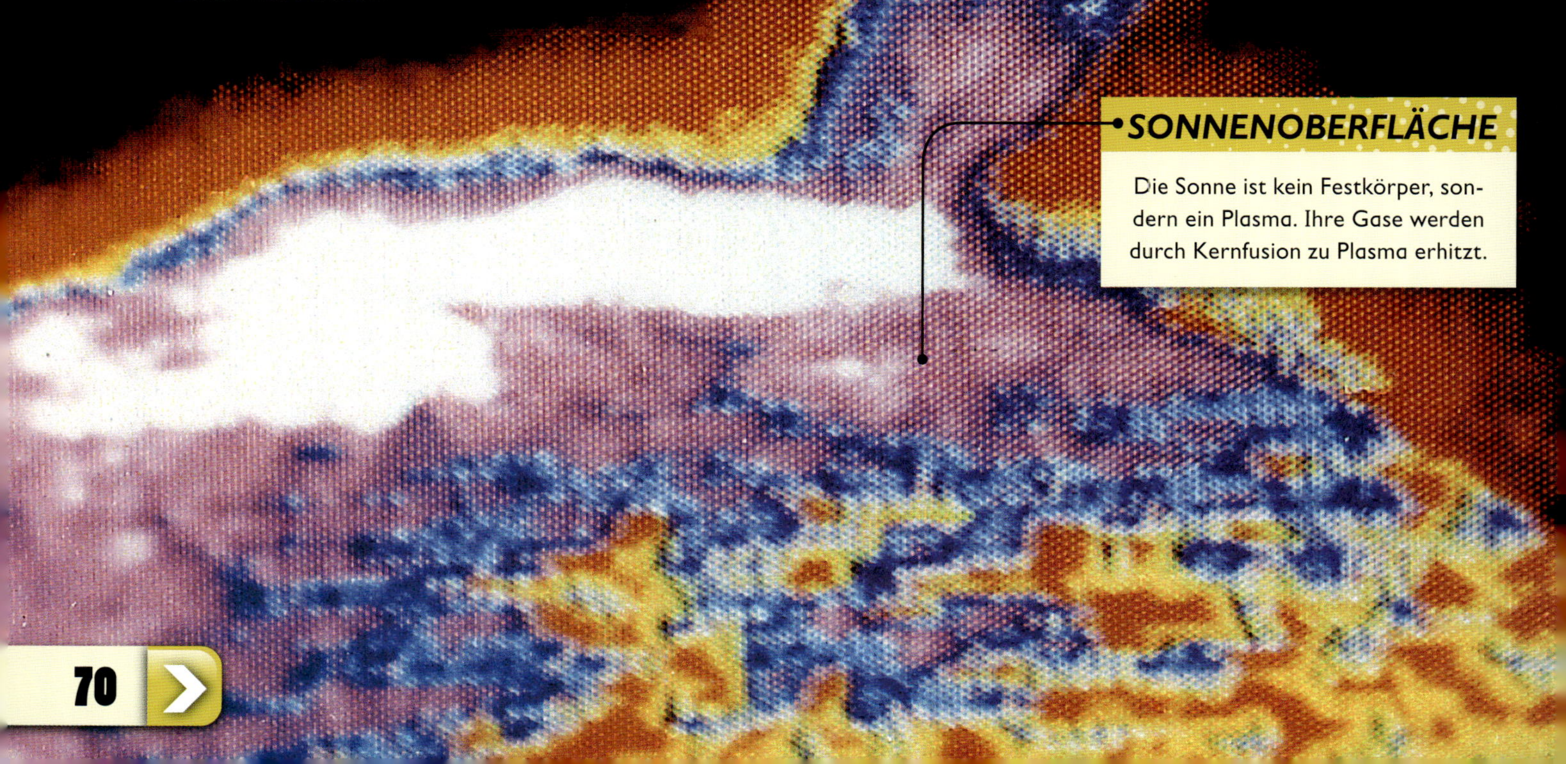

SONNENOBERFLÄCHE

Die Sonne ist kein Festkörper, sondern ein Plasma. Ihre Gase werden durch Kernfusion zu Plasma erhitzt.

WANN KOCHEN STOFFE?

Stoffe kochen, d. h., sie gehen vom Flüssig- in den Gaszustand über, wenn sie den Siedepunkt erreichen, die maximale Temperatur, die eine Flüssigkeit erreichen kann. Wasser kocht bei 100 °C.

WAS IST DRUCK?

Druck ist die Menge an Kraft, die auf eine Fläche drückt. Luftdruck ist die Kraft, mit der die Luft gegen etwas drückt. Urheber der Kraft sind die sich bewegenden Luftteilchen.

BAROMETER

Ein Barometer misst den Luftdruck, der je nach Wetter steigt und fällt.

WIE ÄNDERT SICH DRUCK?

Wenn man ein Gas auf die Hälfte seines Volumens zusammenpresst, verdoppelt sich der Druck (solange die Temperatur dieselbe bleibt). Das ist das Boyle'sche Gesetz. Wenn man ein Gas erhitzt, steigt der Druck proportional an (solange das Volumen dasselbe bleibt). Das ist das Druckgesetz.

WAS SIND WOLKEN?

Wolken bilden sich, wenn warme Luft von der Sonne aufgeheizt wird und nach oben steigt. Während des Aufstiegs kühlt sich die warme Luft ab, bis sie schließlich so kühl geworden ist, dass der Wasserdampf in ihr zu Wassertropfen kondensiert, die man als Wolken sehen kann.

Mischen von chemischen Stoffen

Die Elemente existieren nicht immer in reiner Form. Oft reagieren chemische Elemente mit anderen und bilden Verbindungen aus zwei oder mehr Elementen. Elemente können sich auch in anderen Elementen lösen oder sich mit ihnen mischen, ohne Verbindungen zu bilden.

WIE REAGIEREN CHEMISCHE STOFFE?

Wenn Stoffe chemisch reagieren, wirken ihre Atome, Ionen und Moleküle aufeinander und bilden neue Kombinationen. Fast alle chemischen Reaktionen sind mit einer Energieveränderung verbunden; meist wird Wärme frei oder muss aufgewendet werden, wenn sich die Bindungen zwischen Teilchen lösen und neu gebildet werden.

WAS SIND VERBINDUNGEN?

Verbindungen sind Stoffe, die aus mehreren chemischen Elementen bestehen; wir bezeichnen diese Stoffe auch als Moleküle. Jedes Molekül besteht immer aus derselben Kombination von Atomen. Natriumchlorid beispielsweise besteht aus einem Natrium- und einem Chloratom. Verbindungen haben andere Eigenschaften als die Atome, aus denen sie bestehen. Natrium zischt zum Beispiel, wenn man es in Wasser gibt, und Chlor ist ein Gas. Aber Natriumchlorid ist normales Kochsalz!

ZUCKER

Das Zuckermolekül ist eine Verbindung aus Kohlenstoff, Wasserstoff und Sauerstoff.

SALZABLAGERUNGEN

Das Tote Meer ist der salzigste Wasserkörper der Welt. An seichten Stellen verdunstet Wasser und lässt Salzablagerungen zurück.

WAS IST EIN GEMISCH?

Gemische enthalten mehrere chemische Elemente oder Moleküle, die zwar gemischt sind, aber keine chemische Verbindung eingegangen sind. Die chemischen Stoffe reagieren nicht miteinander und lassen sich mit einer geeigneten Technik oft voneinander trennen.

WAS IST EIN ION?

Ein Ion ist ein Atom, das ein oder mehrere Elektronen verloren hat, sodass es positiv geladen ist (Kation), oder ein oder mehrere Elektronen aufgenommen hat, sodass es negativ geladen ist (Anion).

ZERLAUFENDE TINTE

Wenn Tinte in Wasser tropft, verteilt sie sich, bis das Wasser gleichmäßig gefärbt ist.

RÄTSELFRAGE ?

WIE LÖSEN SICH FESTE STOFFE?

Wenn sich Festkörper in einer Flüssigkeit lösen, scheint es, als würde der Festkörper verschwinden. Seine Atome, Ionen oder Moleküle bleiben jedoch intakt – sie sind nur getrennt und haben sich in der Flüssigkeit verteilt.

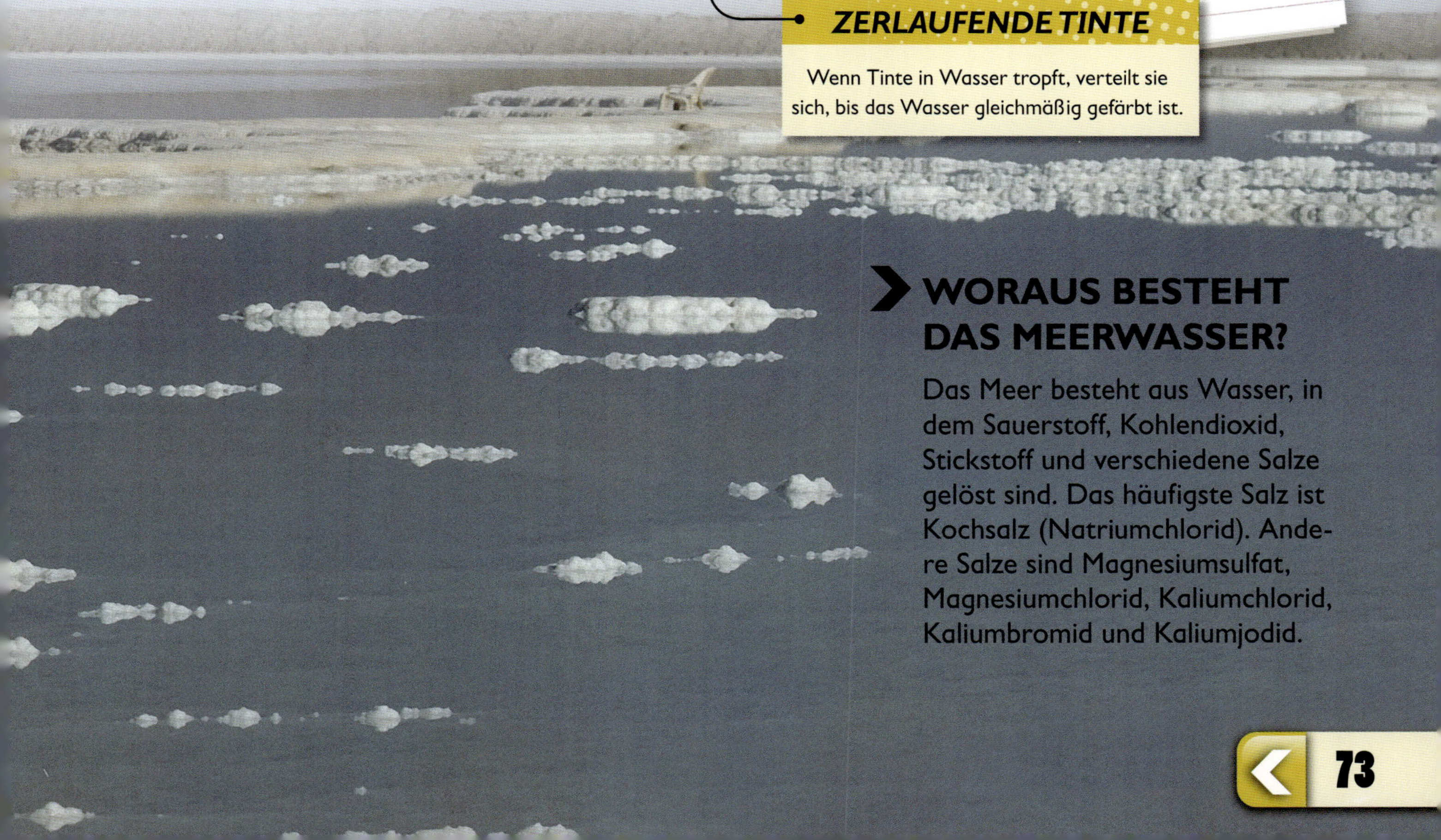

WORAUS BESTEHT DAS MEERWASSER?

Das Meer besteht aus Wasser, in dem Sauerstoff, Kohlendioxid, Stickstoff und verschiedene Salze gelöst sind. Das häufigste Salz ist Kochsalz (Natriumchlorid). Andere Salze sind Magnesiumsulfat, Magnesiumchlorid, Kaliumchlorid, Kaliumbromid und Kaliumjodid.

Chemische Reaktionen

Überall gibt es chemische Reaktionen – und viele davon sind aus unserem Alltag nicht wegzudenken. Es gibt sie im Feuer, in Batterien oder beim Kochen.

WAS IST FEUER?

Feuer ist eine chemische Reaktion, bei der ein Stoff so heiß wird, dass er eine Verbindung mit dem Luftsauerstoff eingeht. Die Flammen, die wir sehen, sind die Wärme und die Strahlungsenergie, die bei dieser Reaktion frei werden.

FEUER

Ein Feuer brennt so lange, wie Sauerstoff, Hitze und Brennmaterial vorhanden sind.

WAS IST EINE ELEKTROLYSE?

Mit der Elektrolyse kann man Verbindungen trennen, indem man elektrischen Strom durch sie hindurchschickt. Das führt dazu, dass sich positive Ionen zum negativen Pol und negative Ionen zum positiven Pol bewegen.

WAS IST EINE CHEMISCHE FORMEL?

Eine chemische Formel ist eine Kurzschreibweise für ein Atom, ein Ion oder ein Molekül. Gewöhnlich steht der Anfangsbuchstabe für das Atom; eine kleine Zahl gibt an, wie viele dieser Atome beteiligt sind. Die chemische Formel für Wasser ist H_2O, weil jedes Wassermolekül aus zwei Wasserstoff- und einem Sauerstoffatom besteht.

LUFT

Die Luft in der Erdatmosphäre ist eine Mischung verschiedener Gase.

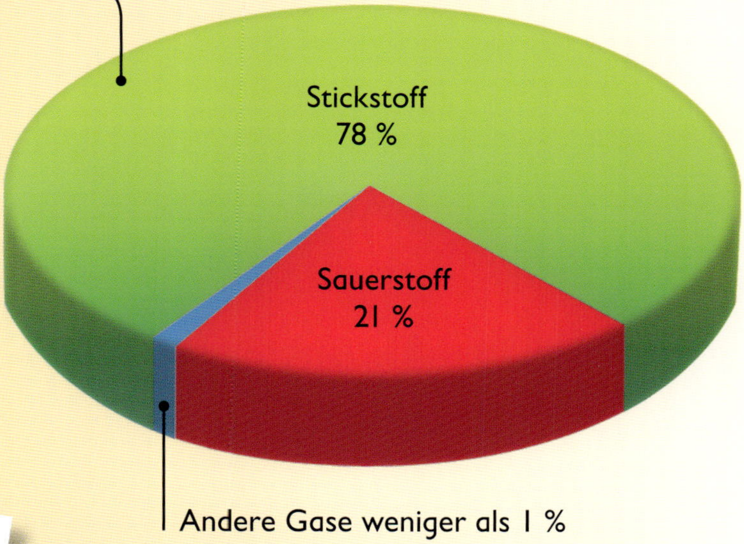

IST LUFT EINE CHEMISCHE VERBINDUNG?

Nein. Luft ist ein Gemisch. Sie enthält 78 Prozent Stickstoff und 21 Prozent Sauerstoff, zudem Spuren von Argon, Kohlendioxid, Helium, Neon, Krypton, Xenon und Radon.

BROTBACKEN

Hefe verarbeitet Zucker zu Kohlendioxid. Durch dieses Gas bläht sich der Teig auf.

WIE GEHT BROT AUF?

Der Bäcker gibt Hefe zum Teig, bevor er ihn in den Ofen schiebt. Wenn sich der Teig erwärmt, reagiert die Hefe mit dem Zucker im Teig, wobei Kohlendioxid frei wird. Dieses Gas bildet Blasen im Brot und führt dazu, dass es aufgeht.

WIE FUNKTIONIEREN BATTERIEN?

Batterien erzeugen aus der Reaktion zwischen zwei chemischen Stoffen, von denen eine die positive Elektrode und die andere die negative Elektrode bildet, elektrischen Strom. Die Reaktion schafft an der negativen Elektrode einen Überschuss an Elektronen und erzeugt auf diese Weise Strom.

Radioaktivität

Radioaktiv ist ein Atom dann, wenn sein Kern instabil ist, zerfällt und Strahlung in Form von Alpha-, Beta- oder Gammastrahlen aussendet. Diese hochenergetischen Strahlen können zu Verbrennungen führen und das Krebsrisiko erhöhen.

WAS VERURSACHT RADIOAKTIVITÄT?

Die Atome von Elementen können jeweils in mehreren verschiedenen Formen oder Isotopen auftreten. Jedes Isotop hat eine andere Zahl von Neutronen im Kern, was sich im Namen ausdrückt, wie in Kohlenstoff-12 oder Kohlenstoff-14. Die Kerne einiger dieser Isotopen – der sogenannten Radioisotopen – sind instabil und zerfallen, wobei radioaktive Strahlung frei wird.

WAS IST DIE HALBWERTSZEIT?

Niemand kann vorhersagen, wann ein Atomkern zerfällt. Aber man kann voraussagen, wie lang es dauert, bis die Hälfte der Atome eines radioaktiven Elements zerfallen ist. Das ist die Halbwertszeit. Francium-223 hat eine Halbwertszeit von 22 Minuten. Uran-238 hat eine Halbwertszeit von 4,5 Milliarden Jahren.

WELCHE ELEMENTE SIND STARK RADIOAKTIV?

Die Actiniden sind eine Gruppe von 15 Elementen in der untersten Reihe des Periodensystems, die ihren Namen dem Actinium verdanken. Zu dieser Gruppe gehören Uran sowie Plutonium – alle diese Elemente sind radioaktiv.

STRAHLUNGSSTÄRKE

Geigerzähler messen die Stärke radioaktiver Strahlung.

GEIGERZÄHLER

Ein Geigerzähler misst Radioaktivität, indem er Alpha-, Beta- und Gammastrahlen registriert.

RÄTSELFRAGE

WAS IST DAS TURINER GRABTUCH?

Das Turiner Grabtuch (unten) ist ein Tuch, von dem viele glauben, es trage die Abdrücke des Gesichts Jesu. Um festzustellen, ob das Tuch das richtige Alter dafür hat, wurde eine Kohlenstoffdatierung durchgeführt, doch sie ergab ein zu geringes Alter.

WAS IST URAN?

Uran ist ein radioaktives, metallisches Element. Es kann in seinem Kern zwischen 141 und 146 Neutronen aufweisen. Uran wird aus uranhaltigem Gestein gewonnen, wie Cuprosklodowskit (oben).

WIE KANN MAN MIT RADIOAKTIVITÄT ALTER BESTIMMEN?

Radioaktive Substanzen zerfallen mit einer regelmäßigen Rate. Indem man misst, wie viel von einer Substanz radioaktiv zerfallen ist, kann man ihr Alter bestimmen. Kohlenstoff-14 wird oft zur Datierung eingesetzt. Das nennt man Kohlenstoffdatierung.

Kernenergie

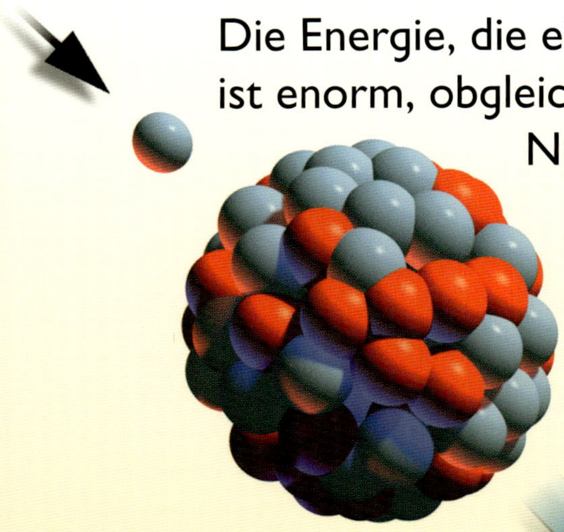

Die Energie, die einen Atomkern zusammenhält, ist enorm, obgleich der Kern so klein ist. Durch Nutzung dieser Energie lassen sich in Kernkraftanlagen mit wenigen Tonnen Kernbrennstoff sehr hohe Leistungen erzeugen.

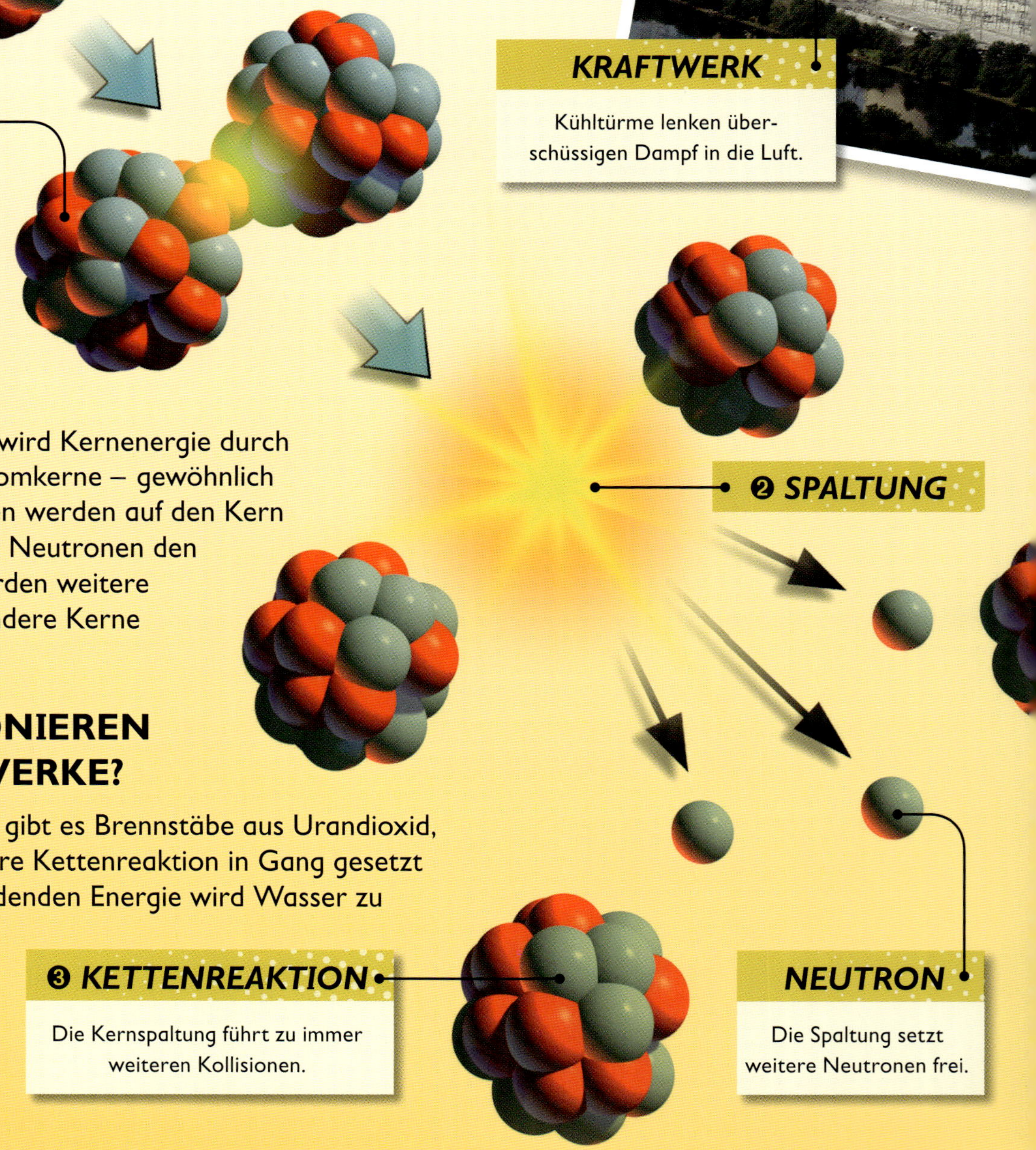

WAS IST KERNSPALTUNG?

Bei der Kernspaltung wird Kernenergie durch Spaltung schwerer Atomkerne – gewöhnlich Uran – frei. Neutronen werden auf den Kern geschossen. Wenn die Neutronen den Kern zerschlagen, werden weitere Neutronen frei, die andere Kerne teilen.

WIE FUNKTIONIEREN KERNKRAFTWERKE?

In einem Kernreaktor gibt es Brennstäbe aus Urandioxid, mit denen eine nukleare Kettenreaktion in Gang gesetzt wird. Mit der frei werdenden Energie wird Wasser zu Dampf erhitzt und werden Turbinen betrieben, die Elektrizität erzeugen.

WIE VIEL ELEKTRIZITÄT ENTSTEHT DURCH KERNKRAFT?

Kernkraft erzeugt rund 15 Prozent der Elektrizität weltweit. Dabei entsteht gefährlicher Abfall, da die Brennstäbe sehr radioaktiv sind und es schwierig ist, sie sicher zu entsorgen.

WAS IST EINE ATOMBOMBE?

Es gibt zwei Arten von Atombomben. Ein Typ basiert auf der explosiven Kernspaltung von Uran oder Plutonium. Wasserstoffbomben basieren auf der Fusion von Wasserstoffatomen und erzeugen Explosionen von unvorstellbarer Stärke. Eine einzige Bombe kann eine ganze Stadt zerstören.

WER ERFAND DIE ATOMBOMBE?

Die ersten Atombomben wurden in den USA am Ende des Zweiten Weltkriegs von einem Wissenschaftlerteam unter Leitung von Robert Oppenheimer (1904–1967) entwickelt.

RÄTSELFRAGE

WAS IST EINE KERNFUSION?

Kernenergie wird durch die Fusion oder Verschmelzung kleiner Atome wie Deuterium (eine Form des Wasserstoffs) freigesetzt; dies geschieht in einem Reaktor (rechts). Wissenschaftler hoffen, einen Weg zu finden, die Kernfusion für die Energieerzeugung nutzbar zu machen.

Wasser

Leben ist ohne Wasser nicht möglich, Pflanzen und Tiere könnten ohne Wasser nicht überleben. Auf dem Wasser lassen sich auch Lasten transportieren, und mithilfe von Wasser kann man Elektrizität erzeugen.

WARUM IST WASSER FÜR DAS LEBEN UNVERZICHTBAR?

Wasser ist chemisch neutral, löst aber viele Stoffe, darum ist es für das Leben so wichtig. In jeder Zelle des menschlichen Körpers gibt es Wasser. Pflanzen brauchen Wasser zum Transport von Nährstoffen aus den Wurzeln in die Blätter.

SEGELBOOT

Eine Jacht schwimmt, weil sie leichter als das Wasser ist, das sie verdrängt.

WAS IST AN WASSER SO BESONDERS?

Wasser kommt in der Natur als Eis, flüssiges Wasser und Dampf vor. Das ist ungewöhnlich und ist eine Folge der starken Bindung zwischen seinen beiden Wasserstoffatomen und dem einzelnen Sauerstoffatom. Die meisten Stoffe mit ähnlich großen Atomen frieren erst bei –30 °C, aber Wasser schon bei 0 °C.

STAUDAMM

Wasserkraft basiert auf der Tatsache, dass Wasser von der Schwerkraft nach unten gezogen wird.

WARUM SCHWIMMEN DINGE?

Wenn ein Gegenstand in Wasser eintaucht, wird er durch sein Gewicht herabgezogen. Aber das Wasser rundum drückt ihn mit einer Kraft nach oben, die dem Gewicht des verdrängten Wassers entspricht. Daher schwimmt ein Gegenstand, wenn er leichter ist.

KANN MAN WASSER ZUSAMMEN-PRESSEN?

Wasser lässt sich nicht zusammenpressen. Wenn man eine Flüssigkeit durch ein Rohr drückt, drängt sie am anderen Ende heraus. Zur hydraulischen Kraftübertragung wie bei einem Bagger werden flüssigkeitsgefüllte Röhren eingesetzt, um schwere Sachen zu heben.

WARUM SCHWIMMEN EISBERGE?

Wasser ist einzigartig, da es sich ausdehnt, wenn es gefriert, weil die speziellen Bindungen zwischen den Wassermolekülen aufzubrechen beginnen. Das heißt, dass Eis leichter (weniger dicht) ist als Wasser; daher können Eisberge schwimmen.

WOZU DIENT WASSERKRAFT?

Wasserkraft dient zur Produktion von Elektrizität. Die Elektrizität wird von Turbinen erzeugt, die von dem herabfallenden Wasser angetrieben werden. Gewöhnlich liegen Wasserkraftwerke im Inneren von Staudämmen, die so gebaut sind, dass ein kräftiger Wasserfall entsteht.

Chemie des Lebens

Verbindungen aus Kohlenstoffatomen bilden die Basis aller Lebensprozesse, von der DNA in unseren Zellen bis zu den Kohlenhydraten, die wir essen, um daraus Energie zu gewinnen. Das Studium von Kohlenstoffverbindungen ist ein wichtiger Zweig der Chemie.

WAS IST ORGANISCHE CHEMIE?

Organische Chemie ist die Chemie des Kohlenstoffs und seiner Verbindungen. Die Atomstruktur des Kohlenstoffs ermöglicht es, dass er lange Ketten aufbauen kann, um Tausende von unterschiedlichen Verbindungen zu bilden. Die komplexen Moleküle sind die Grundlage des Lebens sind.

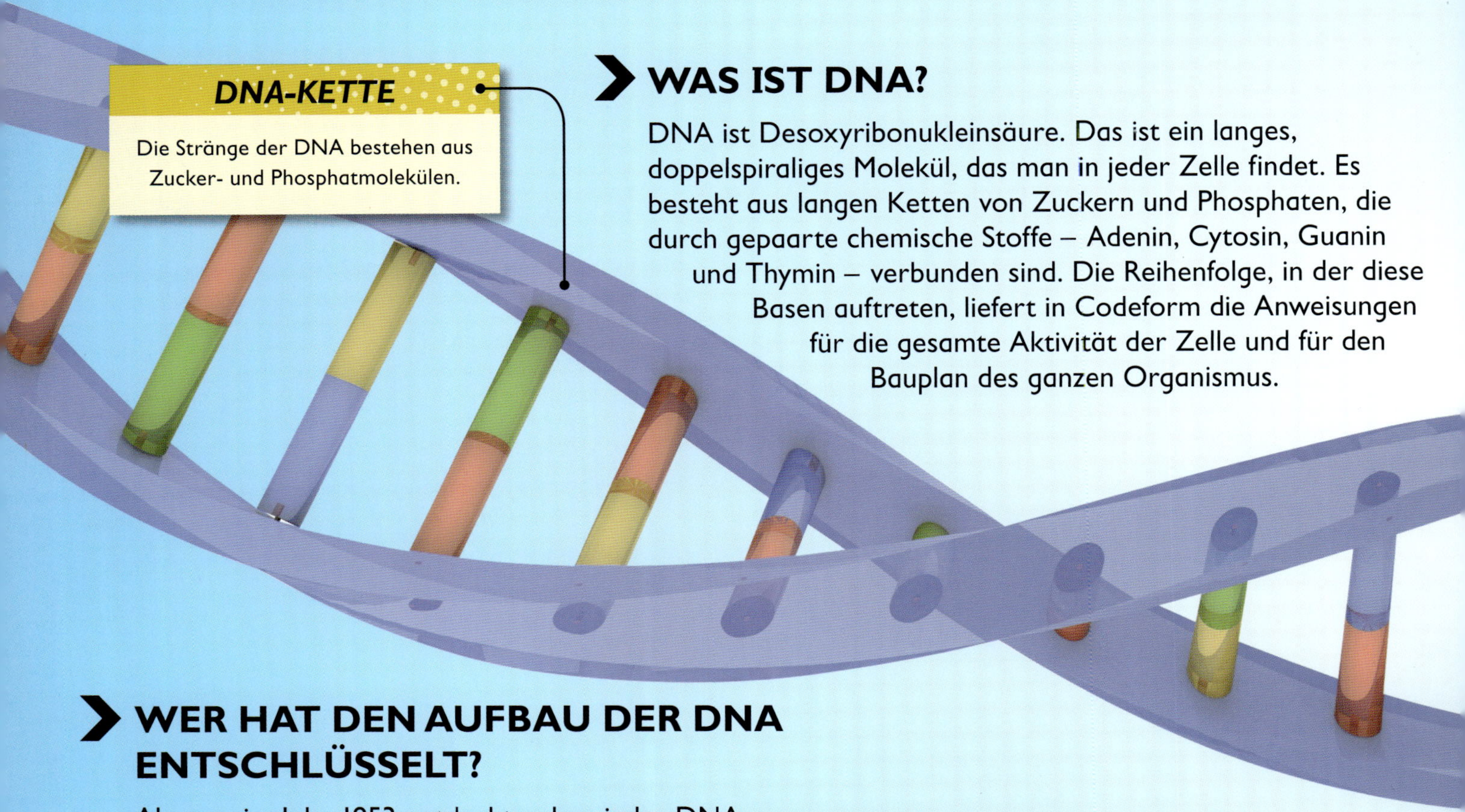

WAS IST DNA?

DNA ist Desoxyribonukleinsäure. Das ist ein langes, doppelspiraliges Molekül, das man in jeder Zelle findet. Es besteht aus langen Ketten von Zuckern und Phosphaten, die durch gepaarte chemische Stoffe – Adenin, Cytosin, Guanin und Thymin – verbunden sind. Die Reihenfolge, in der diese Basen auftreten, liefert in Codeform die Anweisungen für die gesamte Aktivität der Zelle und für den Bauplan des ganzen Organismus.

WER HAT DEN AUFBAU DER DNA ENTSCHLÜSSELT?

Als man im Jahr 1953 entdeckte, dass jedes DNA-Molekül wie eine gedrehte Strickleiter oder Doppelhelix gebaut ist, war dies einer der großen wissenschaftlichen Durchbrüche. Maurice Wilkins und Rosalind Franklin leisteten die Vorarbeit für diese Entdeckung. Francis Crick und James Watson, zwei junge Forscher an der Universität Cambridge in England, hatten die richtige Idee und wurden zusammen mit Wilkins mit dem Nobelpreis belohnt.

WAS SIND KOHLENHYDRATE?

Kohlenhydrate sind Verbindungen, die aus Kohlenstoff-, Wasserstoff- und Sauerstoffatomen bestehen; zu den Kohlenhydraten gehören Zucker, Stärke und Zellulose. Die meisten Lebewesen decken ihren Energiebedarf über Kohlenhydrate.

WAS SIND BUCKYBALLS?

Vor 1990 kannte man zwei Hauptformen des Kohlenstoffs: Diamant und Grafit. 1990 wurde eine dritte allotrope Modifikation geschaffen. Diese Moleküle, die der Architekt Buckminster Fuller entworfen hat, sehen wie ein Fußball aus. Buckyballs sind erst vor so kurzer Zeit entdeckt worden, dass die Erforschung noch immer in vollem Gang ist.

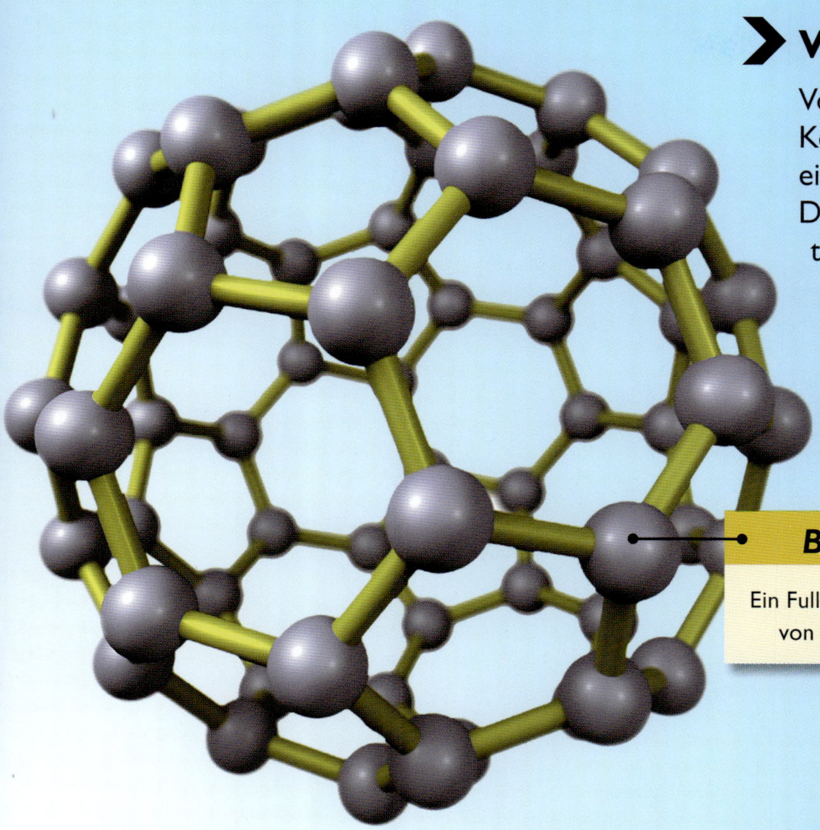

BUCKYBALL

Ein Fulleren enthält Dutzende von Kohlenstoffatomen.

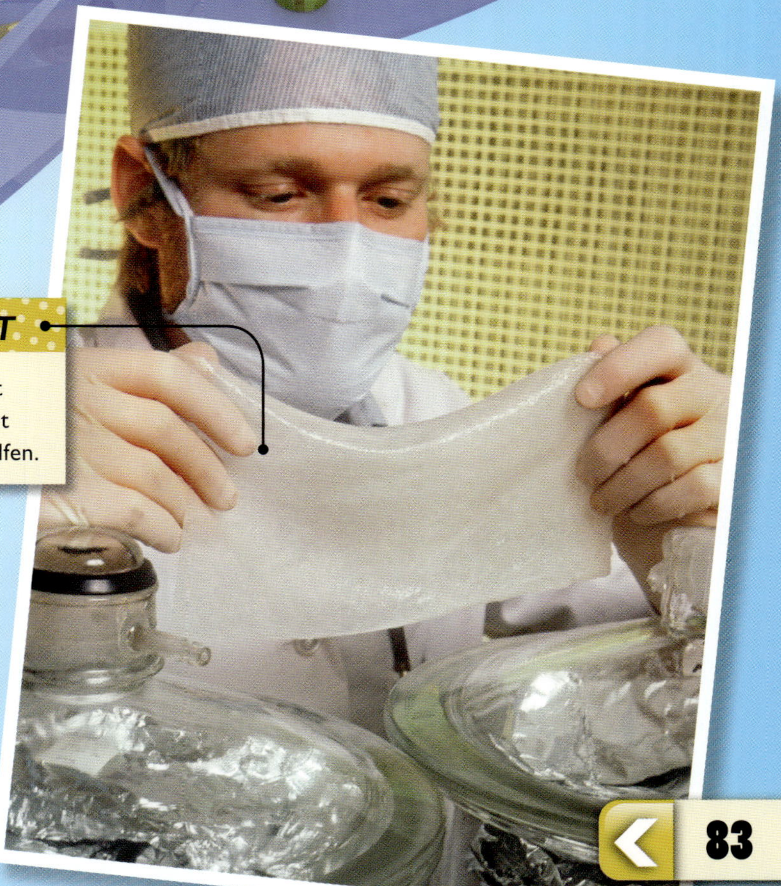

KÜNSTLICHE HAUT

Wissenschaftler können mit Polymeren synthetische Haut herstellen, um Verletzten zu helfen.

WAS IST EIN POLYMER?

Polymere sind Substanzen, die aus Ketten Tausender von kleinen, auf Kohlenstoff basierenden Molekülen bestehen. Einige Polymere, wie Wolle und Baumwolle, kommen natürlich vor, aber Kunststoffe wie Nylon werden künstlich hergestellt.

Mehr Chemie des Lebens

Kohlenstoffverbindungen sind Bestandteile in zahlreichen Produkten, die wir im Alltag verwenden – von Kunststoffen bis zu Lebens- und Arzneimitteln. Diese Verbindungen enthalten auch andere Elemente, wie Wasserstoff, Stickstoff und Sauerstoff.

KOHLENSTOFFZYKLUS

Kühe sind Glieder im Kohlenstoffzyklus, da sie Gras fressen.

WAS SIND ÖLE?

Öle sind zähe Flüssigkeiten, die sich nicht mit Wasser mischen. Mineralöle, die man als Treibstoff nutzt, sind Kohlenwasserstoffe – organische Verbindungen aus Wasserstoff und Kohlenstoff.

WAS IST DER KOHLENSTOFFZYKLUS?

Kohlenstoff zirkuliert so: Tiere atmen Kohlenstoff in Form von Kohlendioxid aus. Pflanzen nehmen Kohlendioxid aus der Luft auf und wandeln es in Kohlenhydrate um. Wenn Tiere Pflanzen fressen, nehmen sie den Kohlenstoff wieder auf.

WIE ENTSTEHT ERDÖL?

Erdöl bildet sich aus Pflanzen und Tieren, die vor Millionen Jahren in Meeren lebten. Als sie starben, wurden sie allmählich unter dem Boden begraben. Als die Sedimente des Meeresbodens versteinerten, wurden die Organismen zu Erdöl umgewandelt.

BOHRINSEL

Erdöl wird mit schwerem Gerät auf einer Bohrinsel aus dem Meeresboden gefördert.

WAS IST ZELLULOSE?

Zellulose ist eine natürliche Faser, die man in den Wänden von Pflanzenzellen findet. Es handelt sich um ein Polymer aus langkettigen Zuckermolekülen. Diese Ketten machen Zellulose zäh und fasrig; daher können wir sie nicht abbauen, wenn wir Pflanzen essen.

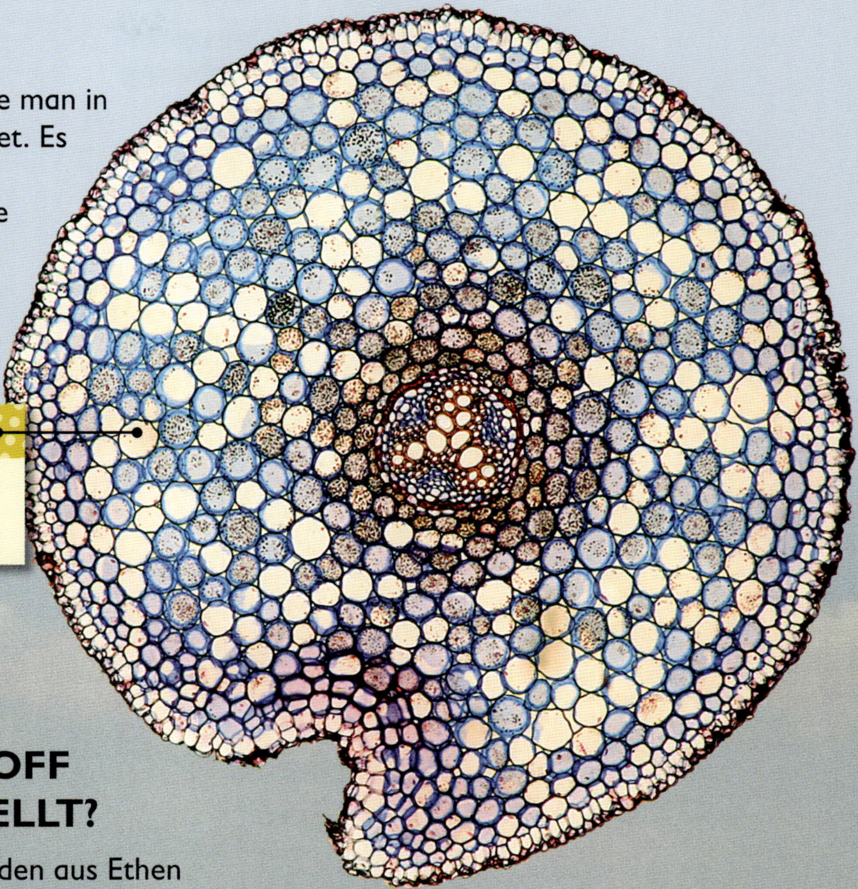

PFLANZENZELLEN

Dieses Bild zeigt die Zellen in einer Hahnenfußwurzel mit Zellwänden aus Zellulose.

WIE WIRD KUNSTSTOFF HERGESTELLT?

Kunststoffe werden aus Ethen hergestellt, das man erhält, wenn Erdöl unter Druck erhitzt oder gecrackt wurde. Während des „Cracking" verbinden sich die Ethenmoleküle zu Ketten. Diese Moleküle verheddern sich wie Spaghetti. Wenn die Stränge fest zusammenhalten, ist der Kunststoff steif. Können die Stränge hingegen leicht übereinandergleiten, wie beim Polyethylen, ist der Kunststoff flexibel.

WAS IST EINE KOHLENSTOFFKETTE?

Kohlenstoffatome verbinden sich häufig miteinander wie die Glieder einer Kette und bilden sehr lange „dünne" Moleküle; eher kurz ist das Molekül Propan, das aus drei aneinandergereihten Kohlenstoffatomen samt angehängten Wasserstoffatomen besteht. Propan wird als Brenn- und Heizgas benutzt.

NOLAN
Banesto
MICHELIN
Banesto
GARIBALDI
Banesto

Kraft und Energie

Kraft, Energie und Leistung

Eine Kraft ist etwas, das Dinge bewegt. Eine wichtige Kraft ist die Schwerkraft, die bewirkt, dass Dinge auf die Erde fallen. Energie ist die Fähigkeit, Arbeit zu leisten. Beispielsweise speist chemische Energie eine Rakete, sodass diese die Schwerkraft überwinden und ins All fliegen kann.

START

Eine Rakete hebt ab und überwindet die Schwerkraft.

WAS IST KRAFT?

Eine Kraft setzt ein Ding in Bewegung, indem sie es zieht oder drückt. Jede Kraft ist unsichtbar, wir sehen aber ihre Auswirkungen. Kräfte wirken paarweise. Für jede Kraft, die in eine Richtung wirkt, gibt es eine gleich große Kraft, die in die entgegengesetzte Richtung wirkt.

WAS IST ENERGIE?

Energie ist grundsätzlich die Fähigkeit, etwas zu tun oder „Arbeit zu leisten". Energie kann viele Formen annehmen. Wärmeenergie bringt Wasser zum Kochen, elektrische Energie treibt Maschinen an und lässt Lampen leuchten. Auch Licht ist eine Form von Energie (siehe S. 98–101). Jede Energieform kann in andere Energieformen umgewandelt werden.

WAS IST LEISTUNG?

Leistung ist die Geschwindigkeit, mit der Arbeit geleistet wird. Eine Hochleistungsmaschine kann eine große Last sehr rasch bewegen. Leistung ist auch die Geschwindigkeit, mit der Energie übertragen wird. Um eine große Menge Wasser zu erhitzen, ist viel Leistung notwendig.

FAHRRADBREMSE

Bremsklötze wandeln Bewegungsenergie in Wärmeenergie um.

RÄTSELFRAGE

WAS IST REIBUNG?

Reibung ist die Kraft zwischen zwei Dingen, die sich aneinanderreiben; das können Bremsklötze an einem Fahrradreifen oder die Luft an einem Flugzeugrumpf sein. Reibung verlangsamt Dinge und erhitzt sie, indem ihr Bewegungsimpuls in Wärme umgewandelt wird.

WAS VERSTEHT MAN UNTER ENERGETISCHEM WIRKUNGSGRAD?

Manche Maschinen verschwenden sehr viel Energie, andere wenig. Der energetische Wirkungsgrad („Energieeffizienz") wird anhand des Energieanteils bestimmt, der verloren geht. Gewöhnlich geht diese Energie in Form von Wärme verloren.

WOHER KOMMT DIE ENERGIE?

Fast all unsere Energie stammt von der Sonne. Einen Teil nutzen wir direkt mithilfe von Solarzellen. Den größten Teil der Sonnenenergie nutzen wir jedoch indirekt über fossile Brennstoffe (Kohle, Öl); deren Energie stammt aus den Pflanzen, in denen die Energie der Sonne über sehr lange Zeit gespeichert wurde.

STEINKOHLE

Rund 40 Prozent der Elektrizität weltweit stammt aus der Verbrennung von Kohle.

In Bewegung

Eine Kraft – ein Stoß oder ein Ziehen – setzt ein Objekt in Bewegung. Sobald sich ein Objekt bewegt, hat es einen Impuls. Ein Impuls bedeutet, dass sich ein Objekt immer weiterbewegt, bis es von einer anderen Kraft gebremst wird.

ABSTOSS

Ein Ball erhält durch die Kraft eines Tritts einen Impuls. Wegen der Schwerkraft fällt der Ball wieder zu Boden.

IM KREIS HERUM

Der Wind übt Kraft auf die Rotorblätter der Windkraftanlage aus, sodass sie sich drehen.

WIE FÄNGT BEWEGUNG AN?

Dinge bewegen sich nur, wenn sie dazu gezwungen werden. Wenn sich ein Objekt daher in Bewegung setzt, muss eine Kraft darauf einwirken, beispielsweise die Schwerkraft. Aber sobald Dinge in Bewegung sind, bewegen sie sich mit derselben Geschwindigkeit und Richtung weiter, bis eine andere Kraft auf sie einwirkt, in der Regel Reibung.

WAS IST EINE GLEICHFÖRMIGE BEWEGUNG?

Von gleichförmiger Beweg spricht man, wenn sich ein Objekt mit gleichbleibende Geschwindigkeit in die glei Richtung bewegt. Auf dies Weise bewegt sich beispie weise eine Raumsonde, we weder die Schwerkraft no andere Kräfte auf sie einwirken.

WAS IST DREHKRAFT?

Wenn man auf etwas, das durch eine Drehachse an Ort und Stelle gehalten wird, Druck oder Zug ausübt, dreht es sich um diese Achse. Wenn man eine Tür zudrückt, ist dieses Drücken die Drehkraft, und die Scharniere bilden die Drehachse.

WAS IST GESCHWINDIGKEIT?

Geschwindigkeit gibt an, wie rasch sich etwas bewegt. Um eine Geschwindigkeit zu ermitteln, wird gemessen, welche Zeit benötigt wird, um eine Strecke zurückzulegen.

WARUM KREISEN OBJEKTE?

Wenn nur eine einzige Kraft beteiligt ist, bewegen sich Objekte immer auf einer geraden Linie. Das nennt man Linearbewegung. Objekte kreisen nur dann, wenn mehr als eine Kraft auf sie einwirkt. Ein Fahrradreifen dreht sich um seine Achse, weil auf jeden Abschnitt des Reifens eine Kraft wirkt, die ihn in einer geraden Linie wegbewegen möchte, aber gleichzeitig üben die Speichen auf den Abschnitt eine Kraft aus, die ihn im selben Abstand von der Achse hält.

DER IMPULSERHALTUNGSSATZ

Stoßen zwei Objekte zusammen, bleibt ihr gemeinsamer Impuls derselbe, solange keine anderen Kräfte einwirken. Wenn ein Objekt daher an Impuls verliert, gibt er ihn an das andere Objekt weiter. Dies ist der Impulserhaltungssatz; beobachten kann man ihn bei einem Kugelpendel (unten).

KUGELPENDEL

Die Kugeln prallen gegeneinander und geben ihren Impuls weiter.

In Bewegung bleiben

Bewegung misst man im Hinblick auf Richtung, Beschleunigung, zurückgelegte Entfernung und Zeit. Einige der klügsten Wissenschaftler wie Isaac Newton im 17. Jahrhundert und Albert Einstein im 20. Jahrhundert haben über Schlüsselfragen der Bewegung nachgedacht.

WER WAR EINSTEIN?

Albert Einstein (1879–1955, rechts) war ein Genie, das die Physik durch zwei große Theorien verwandelte: durch die Spezielle Relativitätstheorie (1905) und die Allgemeine Relativitätstheorie (1915).

WAS IST DIE SPEZIELLE RELATIVITÄTSTHEORIE?

Die Spezielle Relativitätstheorie zeigt, dass Raum und Zeit keine unveränderlichen Größen sind, sondern nur im Vergleich zu etwas anderem messbar sind.

ISAAC NEWTON

Newtons Erkenntnisse waren revolutionär.

RÄTSELFRAGE ?

WAS WAR NEWTONS DURCHBRUCH?

Sir Isaac Newtons Durchbruch 1687 bestand darin zu erkennen, dass jede Bewegung im Universum drei einfachen Regeln folgt, die wir heute als Newton'sche Bewegungsgesetze bezeichnen (siehe gegenüberliegende Seite).

WAS IST DER UNTERSCHIED ZWISCHEN TRÄGHEIT UND IMPULS?

Trägheit ist das Bestreben eines Objekts, in Ruhe zu verharren; dann ist sein Impuls null. Es gerät erst in Bewegung, wenn es durch eine Kraft, also eine Impulsänderung, dazu gezwungen wird.

CRASHTEST

Wenn ein Auto bremst, bewegt der Impuls die Insassen nach vorn.

WAS PASSIERT BEI JEDER KRAFTEINWIRKUNG?

Bei jeder Krafteinwirkung entsteht eine gleich große entgegengesetzte Kraft. Immer wenn sich etwas bewegt, existiert ein Gleichgewicht mit Kräften, die in die entgegengesetzte Richtung drücken. Wenn ein Schwimmer mit seinen Beinen gegen das Wasser drückt, drückt das Wasser genauso fest zurück. Das ist Newtons drittes Bewegungsgesetz.

WAS IST BESCHLEUNIGUNG?

Die Beschleunigung gibt an, wie schnell etwas an Geschwindigkeit gewinnt. Je größer die Kraft und je leichter das Objekt, desto höher die Beschleunigung. Das besagt Newtons zweites Bewegungsgesetz.

BESCHLEUNIGUNG

Ein Rennwagen kann mit rund 64 Kilometer pro Sekunde beschleunigen.

Schwerkraft

Schwerkraft ist die Anziehungskraft, die zwischen sämtlichen Teilchen im Universum herrscht, so auch zwischen der Erde und der Sonne. Die Stärke der Schwerkraft hängt von der Masse der Objekte und ihrer Entfernung ab.

RÄTSELFRAGE

WIE SCHNELL FÄLLT EIN STEIN?

Zuerst fällt ein Stein jede Sekunde immer schneller und bis zu einer Geschwindigkeit von 9,81 Meter pro Sekunde. Wenn die Fallgeschwindigkeit des Steins steigt, nimmt auch der Luftwiderstand zu, bis er so groß wird, dass der Stein nicht weiter beschleunigt. Dann fällt er mit gleichbleibender Geschwindigkeit.

WIE WIRKT DIE SCHWERKRAFT?

Die gegenseitige schwerkraftbedingte Anziehung zwischen der Masse Deines Körpers und der Masse der Erde hält uns am Boden. Wenn Du von einer Mauer springst, zieht Dich die Erde auf den Boden. Du ziehst die Erde auch zu Dir, aber weil Du so leicht bist, bewegst hauptsächlich Du Dich, und die Erde bewegt sich kaum.

WAS IST DER UNTERSCHIED ZWISCHEN GEWICHT UND MASSE?

Masse gibt die Menge an Materie in einem Objekt an. Die Masse wird durch die Schwerkraft nicht beeinflusst. Das Gewicht verändert sich durch die Schwerkraft, je stärker diese wirkt, desto höher ist das Gewicht.

SATELLIT

Ein Satellit kreist in gleichförmiger Bewegung um die Erde.

WIE UMKREISEN SATELLITEN DIE ERDE?

Satelliten flitzen in genau der richtigen Höhe für ihre Geschwindigkeit durch den Raum: Die Anziehungskraft der Erde versucht sie herabzuziehen, aber sie bewegen sich so schnell, dass sie weiterhin genauso rasch von der Erde weg beschleunigen, wie die Erde sie anzieht.

SCHWANKT DIE SCHWERKRAFT?

Die Wirkung, die die Schwerkraft auf ein Objekt ausübt, ist von dessen Masse und Entfernung abhängig. Die Schwerkraft lässt sich errechnen, indem man die beiden Massen multipliziert und das Ergebnis durch das Quadrat der Entfernung zwischen ihnen dividiert. Diese Rechnung funktioniert im ganzen Universum.

WARUM KÖNNEN WIR AUF DEM MOND HÖHER SPRINGEN?

Der Mond ist viel masseärmer als die Erde, daher ist seine Schwerkraft viel geringer: Auf dem Mond wiegen Astronauten sechsmal weniger als auf der Erde, und sie können viel höher springen!

FREIER FALL

Der Fallschirm erhöht den Luftwiderstand, sodass ein Fallschirmspringer langsamer fällt und sicher landet.

SCHWEBEN

Fern von der Anziehungskraft der Erde erlebt ein Astronaut die Schwerelosigkeit.

Wärme

Wärme ist eine Form von Energie. Sie wird von der Bewegung von Atomen oder Molekülen hervorgerufen. Wärme wird bei chemischen Reaktionen wie Feuer erzeugt. Andere Energieformen können in Wärme umgewandelt werden, beispielsweise bei der Reibung.

WIE WIRD TEMPERATUR GEMESSEN?

Temperatur wird mit einem Thermometer gemessen. Die meisten enthalten eine Flüssigkeit wie Quecksilber, die in ein Röhrchen eingeschlossen ist. Wenn es wärmer wird, dehnt sich die Flüssigkeit aus, und der Flüssigkeitsspiegel im Röhrchen steigt. Die Höhe des Flüssigkeitsspiegels gibt die Temperatur an.

WAS IST DER UNTERSCHIED ZWISCHEN WÄRME UND TEMPERATUR?

Wärme ist die Bewegung von Atomen oder Molekülen. Es handelt sich um eine Form der Energie. Temperatur ist hingegen nichts weiter als ein Maß dafür, wie rasch sich die Teilchen bewegen.

THERMOMETER

Wenn es wärmer wird, bewegen sich die Atome des Quecksilbers im Röhrchen rascher, und das Quecksilber dehnt sich aus.

QUECKSILBER

Quecksilber ist das einzige Metall, das bei Zimmertemperatur flüssig ist.

WAS IST DER ABSOLUTE NULLPUNKT?

Der absolute Nullpunkt ist die niedrigste mögliche Temperatur, nämlich die Temperatur, bei der Atome aufhören, sich zu bewegen. Das passiert bei –273,15 °C oder 0 auf der Kelvin-Skala.

STRAHLUNG

Die Sonne erzeugt Energie und strahlt sie in Wellen ab, die wir als Sonnenlicht sehen und fühlen.

WAS IST DIE HÖCHSTE JEMALS GEMESSENE TEMPERATUR?

Die höchste jemals gemessene Temperatur beträgt 3,6 Milliarden °C. Diese Temperatur wurde bei einem Kernfusionsexperiment erreicht. Die höchste Lufttemperatur wurde in Libyen gemessen, sie betrug 57,8 °C. Die niedrigste Lufttemperatur wurde in der Antarktis gemessen, sie betrug –88,9 °C.

WIE WANDELT MAN CELSIUS IN FAHRENHEIT UM?

In den USA gibt man Temperaturen in der Maßeinheit Fahrenheit an. Um Celsius in Fahrenheit umzuwandeln, teilt man durch 5, multipliziert mit 9 und addiert 32.

WAS IST WÄRMELEITUNG?

Durch Wärmeleitung wird Wärme von wärmeren auf kältere Zonen übertragen, wenn sich bewegende Teilchen zusammenstoßen. Die anderen Möglichkeiten sind Konvektion (zum Beispiel wenn ein kühler Luftstrom über eine wärmere Oberfläche streicht) und Wärmestrahlung.

KONDUKTION

Ein heißes Backblech leitet Wärme und lässt sich nur mit Handschuhen anfassen.

Was ist Licht?

Es gibt viele Lichtquellen, darunter die Sonne, Glühbirnen und Flammen. Licht ist eine Form von Energie, die von Atomen abgestrahlt werden kann. Sichtbares Licht enthält alle Farben des Regenbogens.

PRISMA

Ein Prisma spaltet Licht in verschiedene Wellenlängen auf.

SPEKTRUM

Die längsten Lichtwellen, die wir sehen können, sind rot. Die kürzesten sichtbaren Lichtwellen sind violett.

WAS IST EINE WELLENLÄNGE?

Licht pflanzt sich wie eine Welle fort. Die Wellenlänge ist der Abstand zwischen dem Gipfel einer Welle und dem nächsten Gipfel. Die Farben des Lichts haben unterschiedliche Wellenlängen. Je größer diese Wellenlänge ist, desto stärker wird sie in einem Prisma gebrochen. Daher treten Farben mit großer Wellenlänge an anderer Stelle aus dem Prisma aus als Farben mit geringer Wellenlänge.

WAS HAT DIE HÖCHSTE GESCHWINDIGKEIT?

Licht – es bewegt sich mit einer Geschwindigkeit von 300 000 Kilometer pro Sekunde. Das ist die einzige Geschwindigkeit im Universum, die sich niemals verändert.

WAS SIND PHOTONEN?

Photonen sind Teilchen, die fast unendlich klein sind. Sie haben keine Masse, und in einem einzigen Lichtstrahl gibt es Milliarden Photonen.

REGENBOGEN

Regenbögen sieht man, wenn Sonnenlicht von Regentropfen gebrochen wird.

RÄTSELFRAGE

WANN ERSCHEINT DIE SONNE ROT?

Die Sonne erscheint nur bei Auf- und Untergang rot, wenn sie niedrig steht. Beim langen Weg des Lichts durch die dichteren unteren Schichten der Atmosphäre wird das blaue Licht stärker gestreut, daher erscheint die Sonne rot.

WELCHE FARBEN HAT DER REGENBOGEN?

Der Regenbogen setzen sich aus allen Farben zusammen, die im weißen Licht enthalten sind. Wenn das weiße Licht auf Regentropfen trifft, spaltet es sich genauso auf wie beim Durchgang durch ein Prisma. Die Farben des Regenbogens treten in folgender Reihenfolge auf: Rot, Orange, Gelb, Grün, Blau, Indigo, Violett.

WARUM IST DER HIMMEL BLAU?

Das Licht der Sonne wird an den Teilchen in der Erdatmosphäre gestreut, und zwar blaues Licht stärker als rotes. Deswegen fällt mehr blaues Licht in unser Auge, wenn wir in den Himmel schauen: Der Himmel erscheint uns blau.

Wie funktioniert Licht?

Trifft Licht auf ein Objekt, kann es reflektiert, absorbiert oder gebrochen werden. Die Erforschung des Lichts, die Optik, hat uns gezeigt, wie wir Dinge sehen. Es ist die Reflexion des Lichtes, die uns zu sehen erlaubt.

WIE WIRD LICHT GEBROCHEN?

Lichtstrahlen werden gebrochen, wenn sie auf ein durchsichtiges Material wie Glas oder Wasser treffen. Beim Übergang in diese Materialien ändern die Lichtwellen die Richtung.

FARBEN

Ein roter Ball absorbiert alle Farben außer Rot.

WIE WIRD LICHT ABSORBIERT?

Treffen Lichtstrahlen auf eine Oberfläche, prallen einige ab, während andere absorbiert werden. Je nach Oberfläche wird eine bestimmte Wellenlänge oder Farbe des Lichts absorbiert. Ein Blatt erscheint grün, weil es alle Farben außer Grün absorbiert und wir nur das reflektierte grüne Licht sehen.

WIE SEHEN UNSERE AUGEN DINGE?

Lichtquellen, wie die Sonne oder elektrisches Licht, senden Lichtstrahlen direkt in unsere Augen. Alles andere sehen wir nur durch reflektiertes Licht. Daher kann man Gegenstände nur dann sehen, wenn es eine Lichtquelle gibt, die Licht auf sie wirft. Anderenfalls sehen sie einfach schwarz aus.

LICHTBRECHUNG

Durch die Lichtbrechung im Wasser wirkt der Halm geteilt.

BEWEGT SICH LICHT IN WELLEN?

Früher nahmen die Wissenschaftler an, dass sich Licht wellenförmig ausbreitet statt in Form von Teilchen. Inzwischen wird vermutet, dass beides der Fall sein kann und man sich Licht am besten als vibrierende Energiepakete vorstellt.

GLASFASERKABEL

Diese Kabel werden in der Telekommunikation verwendet, um Daten zu übertragen.

WIE FUNKTIONIEREN GLASFASERKABEL?

Diese Kabel brechen das Licht nicht, sondern reflektieren es um Ecken. Im Inneren eines Kabels befinden sich zahlreiche Glasfaserbündel. Die Lichtstrahlen laufen im Zickzack im Inneren einer Faser entlang. Auf diese Weise kann Licht durch das Kabel geleitet werden, ganz gleich, welchen Weg es nimmt.

WIE FUNKTIONIEREN SPIEGEL?

Spiegel bestehen aus gewöhnlichem Glas, doch die Rückseite ist mit glänzendem Metall überzogen, das alles Licht in dem Winkel reflektiert, in dem es einfällt. Das Bild in einem Spiegel ist nicht seitenverkehrt. Links ist links und rechts ist rechts – was genau das Gegenteil der Situation ist, wenn wir jemandem gegenüberstehen.

RÜCKSPIEGEL

In einem Rückspiegel sehen wir die Straße hinter uns.

Das elektromagnetische Spektrum

Das sichtbare Licht macht nur einen kleinen Teil des breiten Strahlungsspektrums aus. Dieses sogenannte elektromagnetische Strahlungsspektrum reicht von langwelliger Strahlung, wie Radiowellen, bis zu kurzwelligen Gammastrahlen.

WER ERFAND DEN RUNDFUNK?

Der italienische Erfinder Guglielmo Marconi sandte 1895 als Erster Rundfunksignale. Im Jahr 1898 schickte er eine Botschaft im Morsecode über den Ärmelkanal. (Der Morsecode basiert auf kurzen und langen Signalen, die Buchstaben und Zahlen repräsentieren.) 1901 sandte er eine Rundfunkbotschaft über den Atlantik.

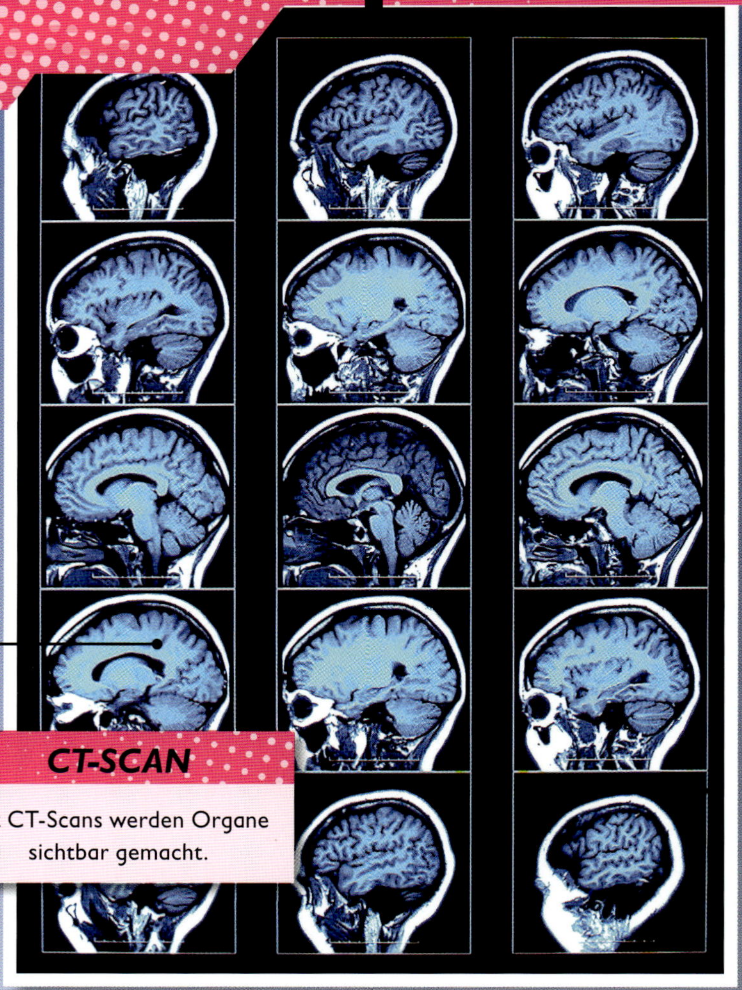

CT-SCAN

Mit CT-Scans werden Organe sichtbar gemacht.

WIE FUNKTIONIERT EIN CT-SCAN?

Bei einer CT-Untersuchung (Computertomografie) werden Röntgenstrahlen von allen Seiten durch den Körper geschickt, und es wird registriert, wie stark sie absorbiert werden.

SICHTBARES LICHT

Licht liegt im Wellenlängenbereich von 400 bis 700 Nanometer (Milliardstel Meter).

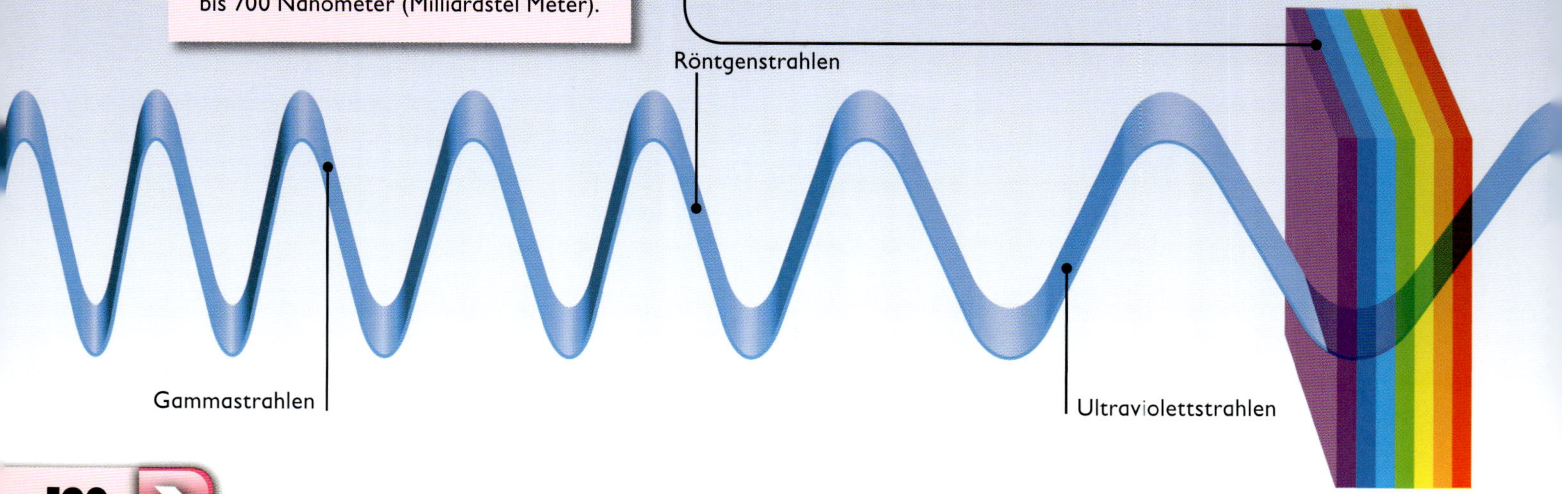

RÄTSELFRAGE

WIE SENDET MAN TV-SIGNALE?

TV-Signale gelangen auf drei Weisen zum Empfänger. Terrestrischer Rundfunk wird von Sendern (rechts) in Radiowellen ausgesandt und von Antennen aufgefangen. Satellitensendungen werden als Mikrowellen zu Satelliten geschickt. Beim Kabelfernsehen werden Signale durch unterirdische Kabel zum TV-Gerät geschickt.

SENDER

Fernseh- und Radiosignale werden von hohen Sendemasten ausgestrahlt.

WIE GEHEN RÖNTGENSTRAHLEN DURCH EINEN KÖRPER?

Röntgenstrahlen werden nur von Knochen und dichten Körperstrukturen absorbiert. Sie laufen durch die Weichteile und fallen auf eine Fotoplatte, wo sie ein Bild des Skeletts hinterlassen.

WAS IST INFRAROT?

Infrarot ist Licht, das zu langwellig ist, um vom Auge wahrgenommen werden zu können. Aber man kann infrarotes Licht als Wärme spüren.

WARUM KANN MAN KEIN ULTRAVIOLETT SEHEN?

Ultraviolettes Licht ist zu kurzwellig, als dass es vom menschlichen Auge wahrgenommen werden kann.

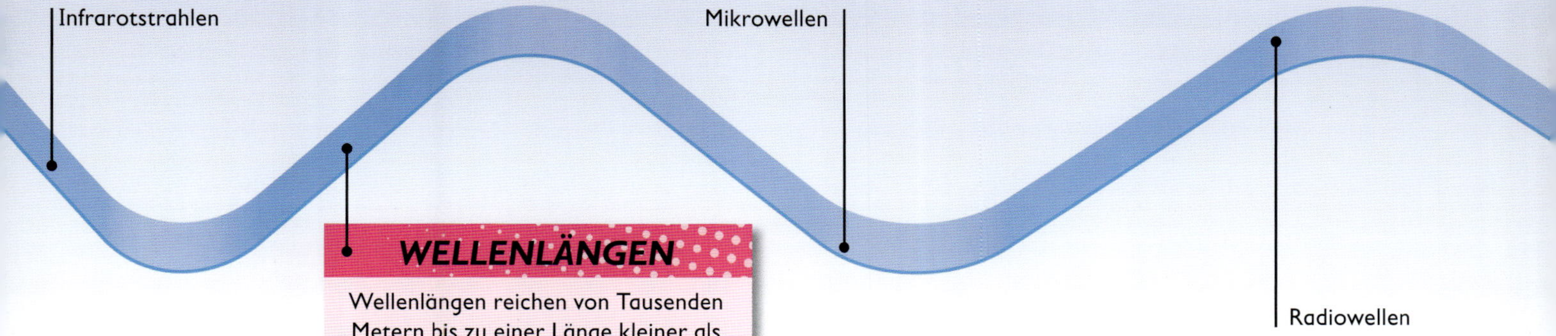

WELLENLÄNGEN

Wellenlängen reichen von Tausenden Metern bis zu einer Länge kleiner als ein Atom.

Elektrizität

Unter Elektrizität verstehen wir alle Erscheinungen, die durch elektrische Ladungen und elektromagnetische Felder hervorgerufen werden. Diese Ladungen werden von Elektronen und Protonen in Atomen getragen.

WIE ENTSTEHEN BLITZE?

Blitze produzieren 100 Millionen Volt an statischer Elektrizität. Zu Blitzen kommt es dann, wenn sich Regentropfen und Eiskristalle in einer Gewitterwolke elektrisch aufladen und beim Zusammenstoßen Elektronen aufnehmen oder abgeben. Am Grund der Wolke sammeln sich die negativ geladenen Teilchen an und entladen sich schließlich in einem Blitz.

WAS IST ELEKTRISCHER STROM?

Ein elektrischer Strom ist ein beständiger Fluss elektrischer Ladungen. Strom fließt nur dann, wenn der Stromkreis geschlossen ist; als Stromleitung dient gewöhnlich ein Kupferkabel.

LICHTSCHALTER

Wenn man den Lichtschalter umlegt, schließt man den Stromkreis, sodass der Strom durch die Glühbirne fließt.

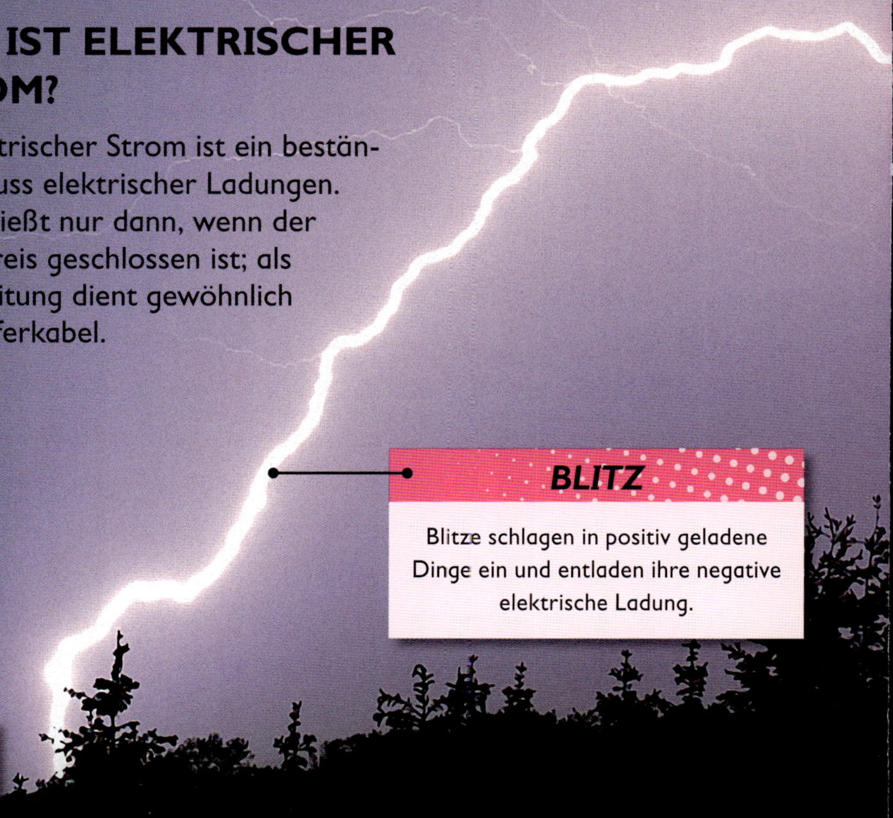

BLITZ

Blitze schlagen in positiv geladene Dinge ein und entladen ihre negative elektrische Ladung.

WIE FLIESST ELEKTRISCHER STROM?

Die Ladung in einem elektrischen Strom wird von Elektronen getragen, die sich von ihren Atomen gelöst haben. Kein Elektron bewegt sich sehr weit, aber der Strom wird weitergeleitet, wenn sie wie aufgereihte Murmeln gegeneinanderprallen.

LADUNG

In einer Gewitterwolke baut sich elektrische Ladung auf.

WAS IST EIN VOLT?

Elektrischer Strom fließt so lange, wie es einen Ladungsunterschied zwischen zwei Punkten im Stromkreis gibt. Dieser Unterschied wird als Spannung bezeichnet und in der Maßeinheit Volt gemessen. Je größer der Ladungsunterschied, desto höher die Voltzahl.

WAS IST EIN ELEKTRISCHER WIDERSTAND?

Nicht alle Materialien leiten elektrischen Strom gleich gut. Der elektrische Widerstand ist ein Maß für die Fähigkeit eines Materials, den Stromfluss zu hemmen.

RÄTSELFRAGE

WAS LÄSST DIE HAARE VOM KOPF ABSTEHEN?

Wenn Du Deine trockenen Haare kämmst, werden Elektronen im Kamm von ihren Atomen weggerissen. Dein Haar wird von diesen negativen Ladungen ummantelt und daher von allem angezogen, was positiv geladen ist.

Einsatz von Elektrizität

Gegen Ende des 19. Jahrhunderts entdeckten Wissenschaftler, wie sich Elektrizität als Energiequelle einsetzen lässt. Heutzutage nutzen wir Elektrizität, um Beleuchtung, Industrie, Heizung, Telekommunikation und Computer mit Energie zu versorgen.

WAS IST EIN HALBLEITER?

Halbleiter bestehen aus Materialien, wie Silizium oder Germanium, die den elektrischen Strom teilweise leiten und teilweise nicht leiten. Sie können so angeordnet werden, dass die Leitfähigkeit an- oder abgeschaltet wird. Sie sind für die Elektronik unverzichtbar.

WAS SIND DIE BESTEN ELEKTRISCHEN LEITER?

Die besten elektrischen Leiter sind Metalle wie Kupfer und Silber. Auch Wasser kann elektrischen Strom leiten. Supraleiter sind Materialien wie Aluminium, das so weit heruntergekühlt wird, bis es Elektrizität fast widerstandsfrei weiterleitet.

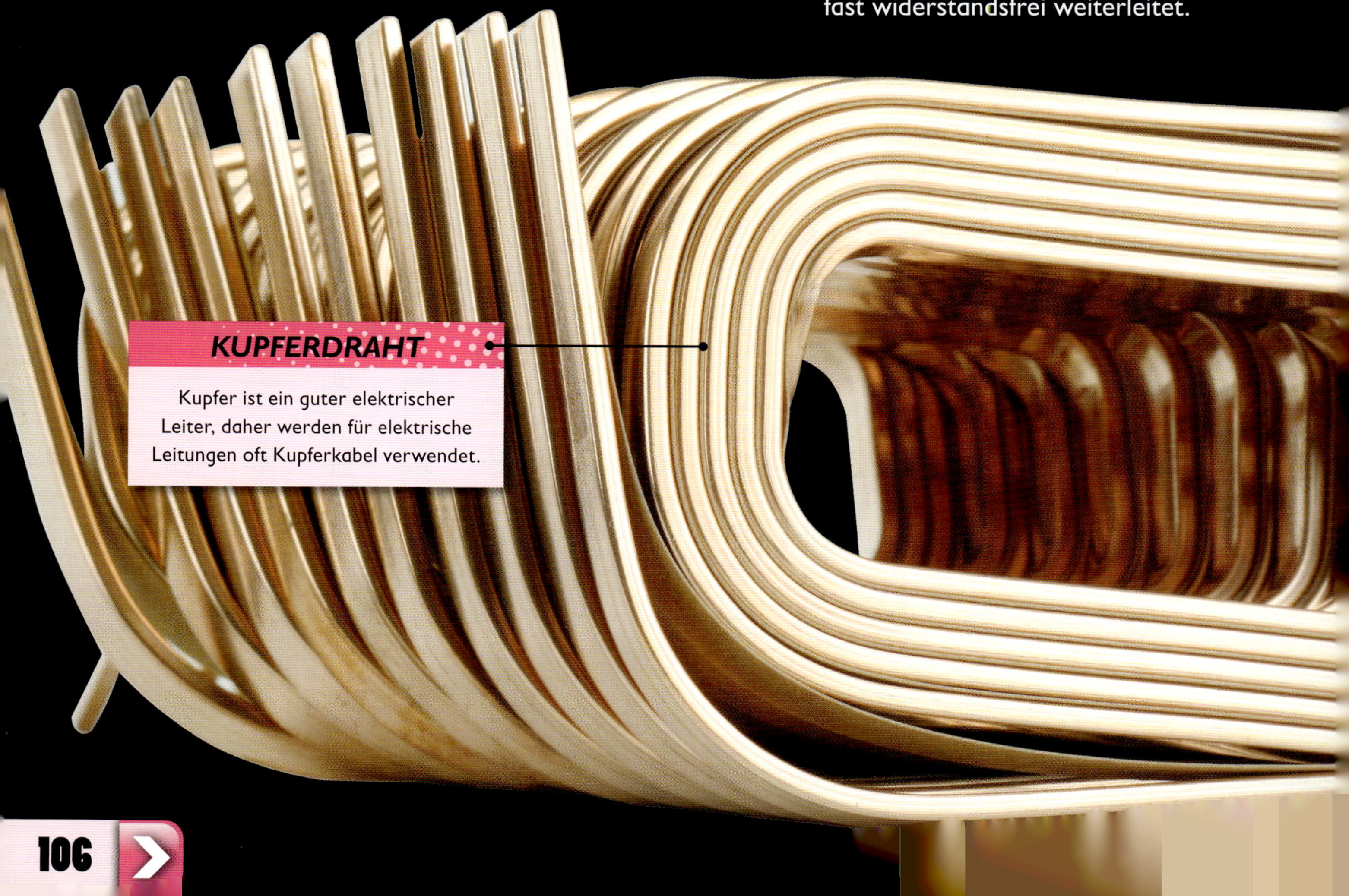

KUPFERDRAHT

Kupfer ist ein guter elektrischer Leiter, daher werden für elektrische Leitungen oft Kupferkabel verwendet.

GLÜHBIRNE

Thomas Edison erfand 1879 die alltagstaugliche Glühbirne.

RÄTSELFRAGE

WAS IST EIN SILIZIUMCHIP?

Ein Siliziumchip (unten) ist ein elektrischer Schaltkreis, der in einen kleinen Kristall aus halbleitendem Silizium eingepflanzt ist und in großer Zahl hergestellt werden kann. Er war der Vorgänger der Mikroprozessoren, mit deren Hilfe Computer heute arbeiten.

WIE FUNKTIONIERT EINE GLÜHBIRNE?

Eine gläserne Glühbirne ist mit Argon- oder Stickstoffgas gefüllt und hat im Inneren einen feinen Wolframdraht. Wenn durch einen dünnen Draht Strom fließt, ist der Widerstand so groß, dass sich der Draht aufheizt und rasch zu glühen beginnt.

WIE FUNKTIONIERT EIN GENERATOR?

Ein Generator wandelt mechanische Energie in elektrische um. Viele Generatoren arbeiten mit elektromagnetischer Induktion, wobei eine Drahtspule im Inneren eines Magneten gedreht wird. Dabei entsteht elektrischer Strom.

WAS IST WECHSELSTROM?

Die Elektrizität, die wir im Haus verwenden, ist Wechselstrom, d. h., der Stromfluss wechselt ständig seine Richtung (Polung).

Magnetismus

Magnetismus ist eine Kraft, die Stoffe anzieht und abstößt. Die Elektronen in jedem Atom arbeiten wie winzige Magneten und ziehen andere Elektronen an bzw. stoßen sie ab. Magnetismus tritt auf, wenn die Elektronen in einem Gegenstand alle gleich ausgerichtet sind.

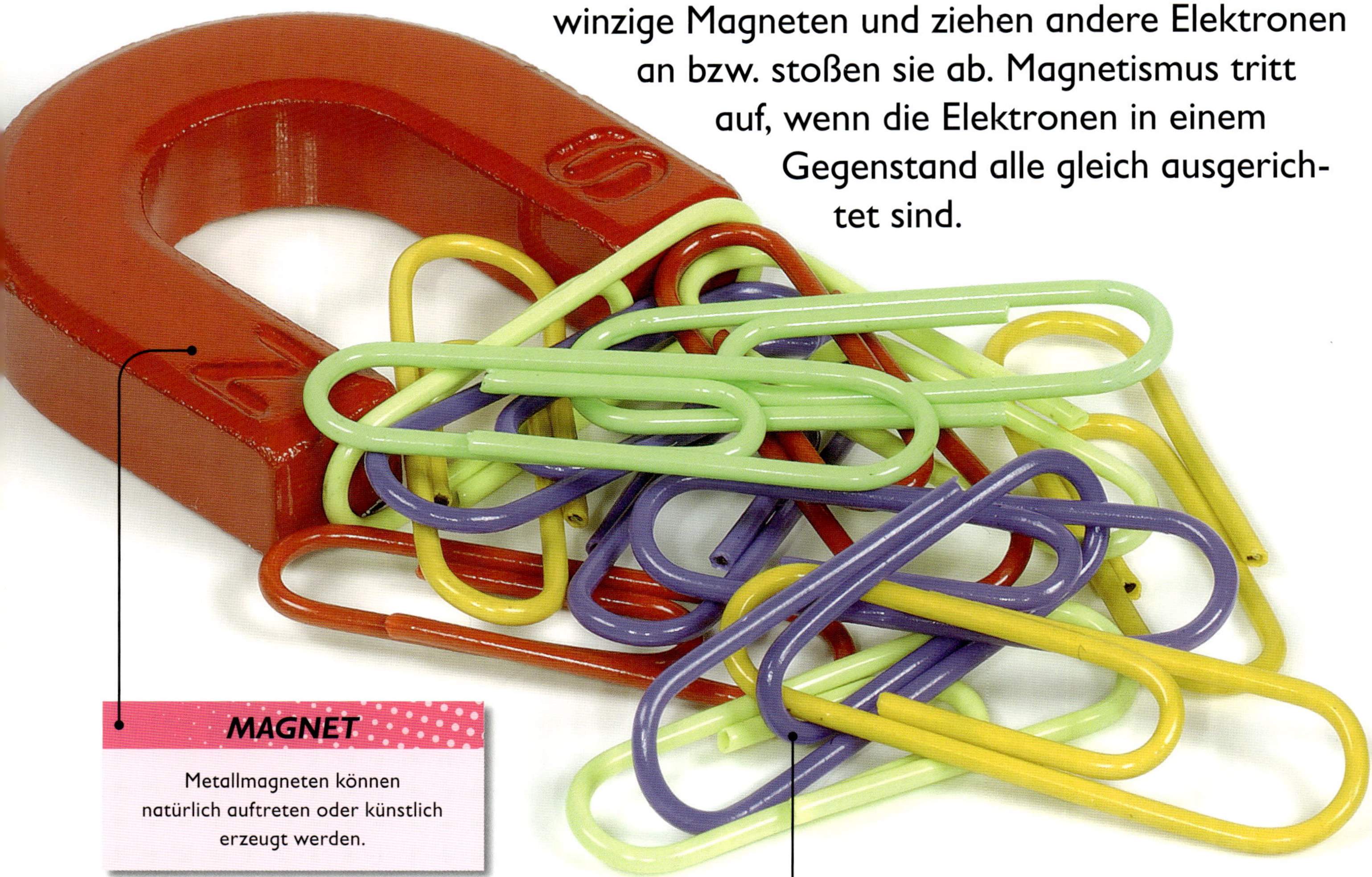

MAGNET

Metallmagneten können natürlich auftreten oder künstlich erzeugt werden.

METALLKLAMMERN

Metallklammern werden von einem Magneten angezogen. Solange sie sich in seinem magnetischen Feld befinden, verhalten sie sich ebenfalls wie Magneten.

WAS IST EIN MAGNETISCHER POL?

Einige Metalle, wie Eisen und Nickel, können starken Magnetismus aufweisen. Diese Kraft ist an den beiden Enden des Magneten, die man als Magnetpole bezeichnet, besonders groß. Einer dieser Pole wird als Nordpol bezeichnet, weil er nach Norden weist, wenn der Magnet sich drehen kann.

WAS IST MAGNETIT?

Sehr früh entdeckten Menschen, dass manche Gesteinstypen einander, aber auch Eisenteile anziehen oder abstoßen können. Dieses Gestein wird Magnetit genannt. Magnetit enthält Eisenoxid, was das Gestein zu einem natürlichen Magneten macht.

WARUM VERHÄLT SICH DIE ERDE WIE EIN MAGNET?

Wenn sich die Erde dreht, wird auch ihr Eisenkern in Drehung versetzt, wodurch er zu einem Magneten wird. Wie die kleineren Magneten hat der Erdmagnet zwei Pole, einen Nord- und einen Südpol.

WIE GROSS IST DAS MAGNETFELD DER ERDE?

Das Magnetfeld der Erde wird als Magnetosphäre bezeichnet und erstreckt sich bis zu 70 000 Kilometer weit ins All.

KOMPASS

Eine magnetisierte Nadel weist stets in Richtung Nordpol.

WELCHE MATERIALIEN WIRKEN ALS STÄRKSTE MAGNETEN?

Aufgrund ihrer Elektronenanordnung wirken einige Metalle wie Eisen, Nickel und Kobalt als Magneten. Diese Metalle werden von Magneten auch stark angezogen.

RÄTSELFRAGE ?

WAS IST EIN MAGNETFELD?

Das Magnetfeld ist der Bereich rund um einen Magneten, in dem dessen Auswirkungen zu spüren sind. Je größer die Entfernung vom Magneten wird, desto schwächer wird es. Die Stärke des Magnetfelds wird in Tesla gemessen, nach dem Wissenschaftler Nikola Tesla.

MAGNETFELD

Das Magnetfeld lässt sich mit Eisenspänen sichtbar machen.

Schall

Schall wird durch Schwingungen erzeugt, ob es ein schnappendes Gummiband ist oder eine Lautsprechermembran. Schall gelangt als Schwingung in unsere Ohren, die sich in Wellen durch die Luft bewegt.

GEIGENBOGEN

Streicht man mit einem Bogen über die Saiten, beginnen sie zu schwingen und erzeugen Schallwellen.

WIE PFLANZT SICH SCHALL FORT?

Gerät eine Schallquelle in Schwingung, versetzt sie die Luft rundum ebenfalls in Schwingung. Der Schall wandert durch die Luft, die er rhythmisch verdichtet und verdünnt. Diese Verdünnung und Verdichtung der Luft wird Schallwelle genannt.

WAS IST RESONANZ?

Ein Objekt neigt dazu, stets mit derselben Geschwindigkeit zu schwingen. Das ist seine Eigenfrequenz. Man kann es schneller oder langsamer schwingen lassen, indem man es in bestimmten Abständen anstößt. Wird es mit derselben Frequenz wie seiner Eigenfrequenz angestoßen, verstärken sich die Schwingungen. Das ist Resonanz.

RESONANZ

Bei einer Geige werden die Schwingungen der Saiten durch den Steg auf den Resonanzkörper übertragen.

WAS IST EINE SCHALLFREQUENZ?

Einige Töne, wie die einer Pfeife, sind hoch. Andere, wie die einer Trommel, sind tief. Was sie unterscheidet, ist die Frequenz der Schallwellen. Wenn die Schallwellen rasch aufeinander folgen, sind sie hochfrequent und erzeugen einen hohen Ton. Wenn die Wellen weit auseinandergezogen sind, sind sie niederfrequent und erzeugen einen tiefen Ton.

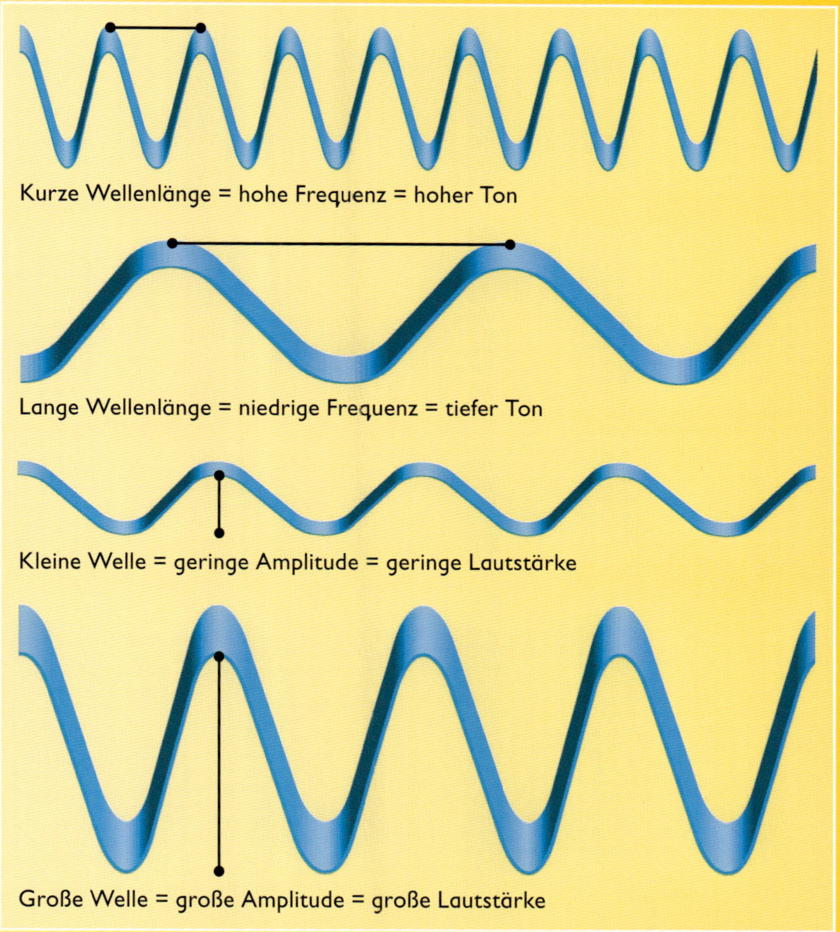

WAS IST LAUTSTÄRKE?

Die Lautstärke eines Tones wird auch als Amplitude bezeichnet. Das ist die Menge an Druck, die von einer Schallquelle auf die Luftmoleküle ausgeübt wird.

WAS IST EIN ECHO?

Bei einem Echo werden Schallwellen von einer Oberfläche zurückgeworfen. Klare Echos werden nur von glatten, harten Oberflächen in umgrenzten Räumen zurückgeworfen.

WIE FINDEN FLEDERMÄUSE IHRE BEUTE?

Fledermäuse finden ihre Beute mithilfe von Echoortung. Die Fledermäuse senden Rufe aus und benutzen die Echos, um Objekte anzupeilen und zu identifizieren. So können sie sich auch in der Dunkelheit orientieren.

FLEDERMAUS

Die Rufe einer Fledermaus haben eine sehr hohe Frequenz.

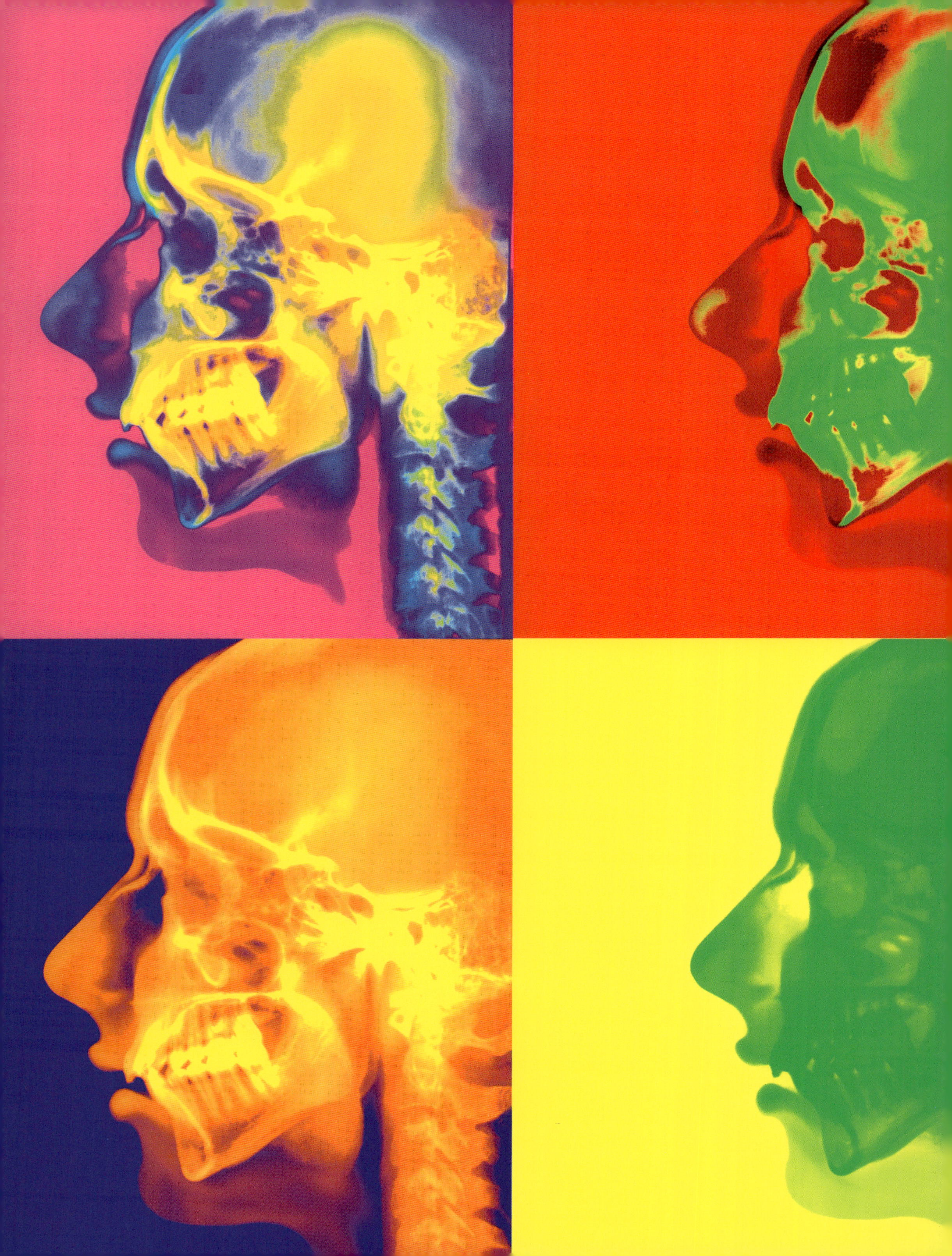

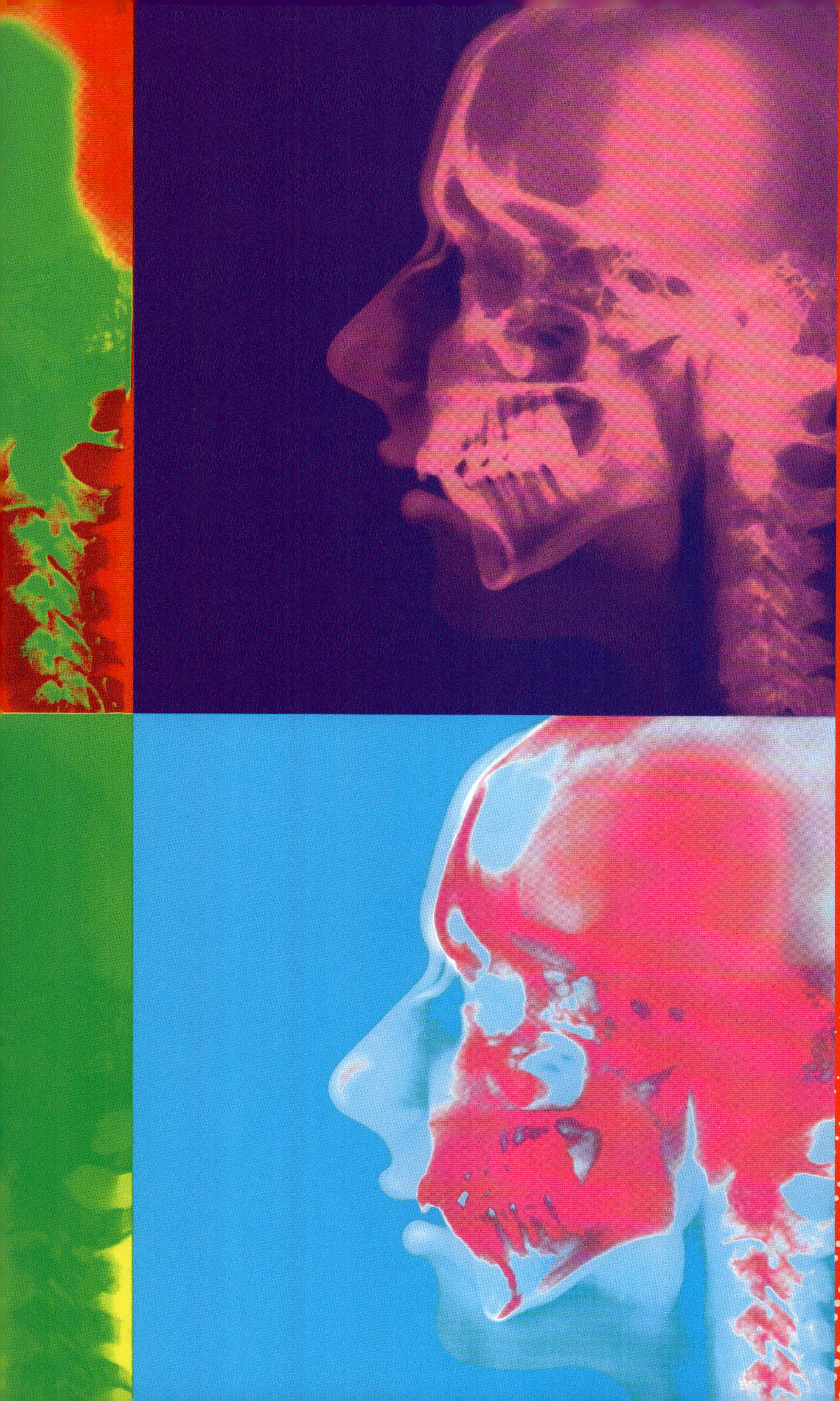

Der menschliche Körper

Haut, Haare, Nägel

Haut, Haare und Nägel schützen den Körper. Die Haut bildet eine Barriere. Haare halten den Kopf warm. Nägel verstärken Finger und Zehen und helfen uns, Objekte zu ergreifen. Haut, Haare und Nägel enthalten Keratin, ein Protein, das sie strapazierfähig macht.

WAS MACHT DIE HAUT?

Die Haut verhindert, dass Keime in den Körper eindringen. Melaninteilchen tragen dazu bei, unseren Körper vor schädlichen Sonnenstrahlen zu schützen. Je mehr Melanin die Haut enthält, desto dunkler erscheint sie, und desto besser schützt sie uns vor Sonnenbrand.

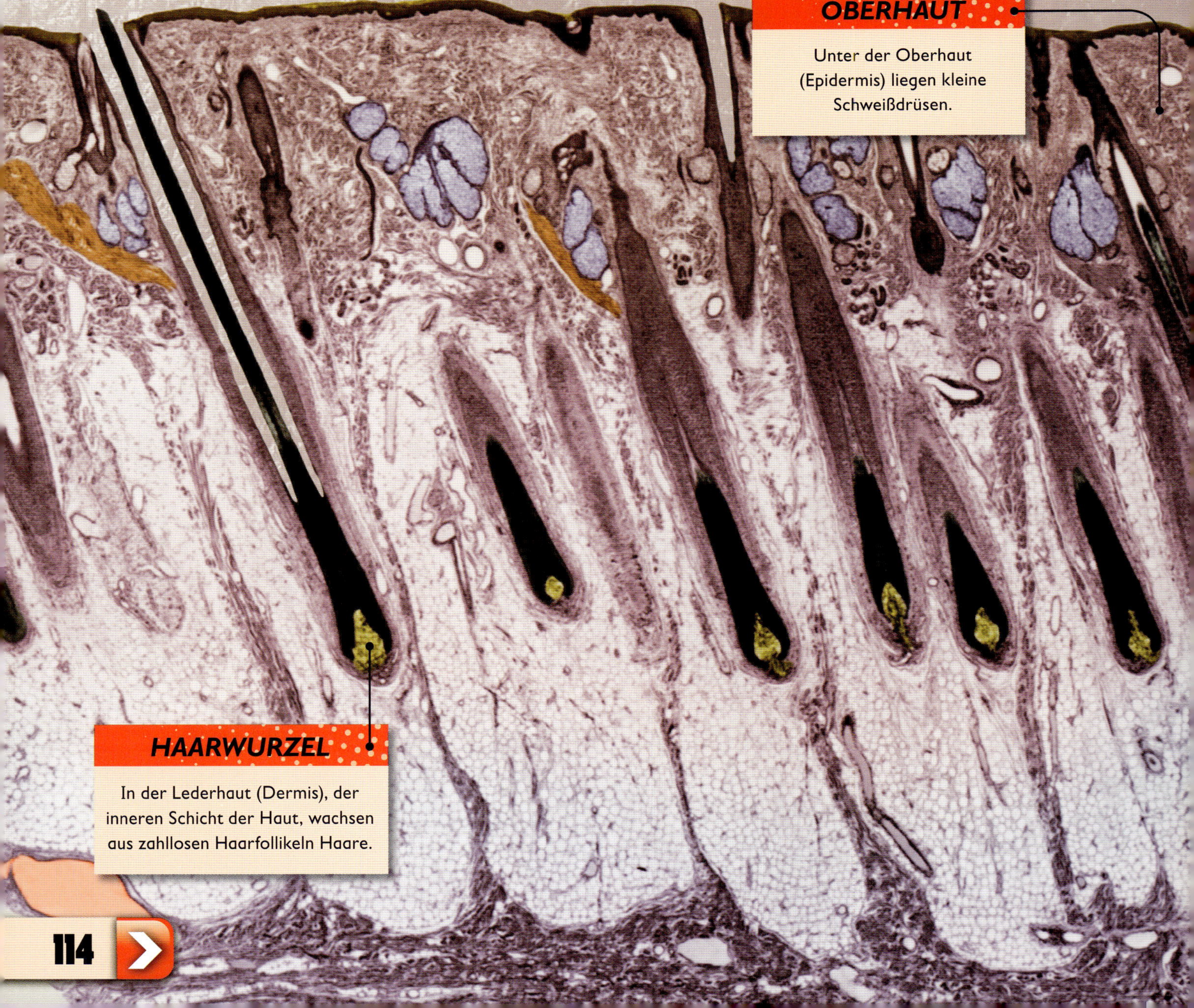

WARUM FALLEN HAARE AUS?

Haare leben im Durchschnitt 2–6 Jahre. Jeden Tag verlieren wir etwa 60–100 Haare, aber weil wir auf dem Kopf rund 100 000 Haare tragen, nehmen wir das kaum wahr. Nach einer Weile wachsen aus den Haarfollikeln neue Haare.

HAAR

Der Haarschaft wird von einer derben Außenhülle geschützt.

WAS VERLEIHT DEM HAAR SEINE FÄRBUNG?

Die Haarfarbe wird vorwiegend von dem Farbstoff (Pigment) im Haar bestimmt. Dieses Pigment, das Melanin, kommt in zwei Formen vor: eine helle, die zu blondem oder rotem Haar führt, und eine dunklere, die den Haarschopf braun oder schwarz färbt.

WARUM HAT DIE HAUT POREN?

Die Haut weist winzige Löcher auf, sogenannte Poren, um Schweiß abzugeben. Wenn es uns zu heiß ist, geben diese Drüsen Schweiß oder Wasser ab; diese Flüssigkeit verdunstet auf der Hautoberfläche und kühlt dadurch den Körper.

WIE RASCH WACHSEN NÄGEL?

Ein Fingernagel wächst etwa 1 Millimeter in der Woche. Wenn sich neues Nagelgewebe bildet, schiebt dies den alten Nagel nach vorn.

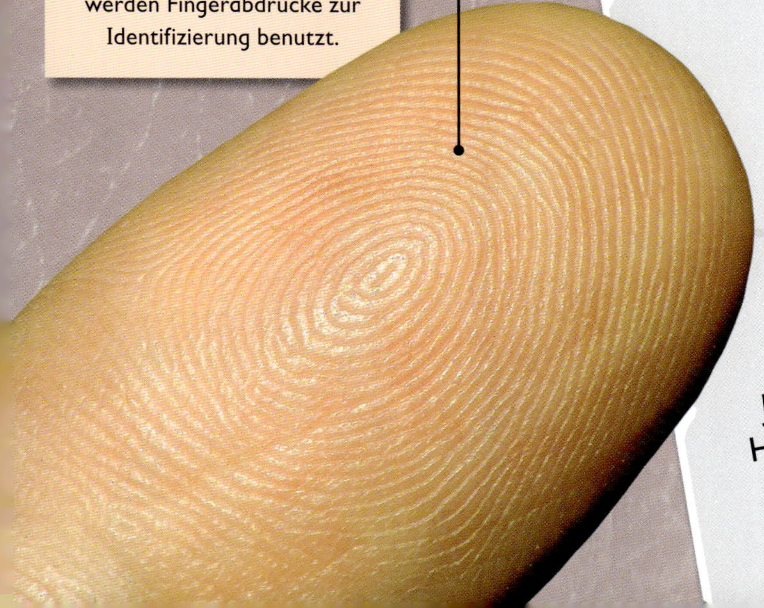

FINGERABDRUCK

Dank ihrer Einzigartigkeit werden Fingerabdrücke zur Identifizierung benutzt.

RÄTSELFRAGE

SIND FINGERABDRÜCKE EINZIGARTIG?

Ja! Ein Fingerabdruck wird von den dünnen Hautleisten an jedem Finger hervorgerufen. Diese bilden ein individuelles Muster von Linien, Schleifen und Wirbeln.

Das Skelett

Knochen liefern ein Gerüst, das den Körper trägt und Gehirn, Lunge sowie die anderen lebenswichtigen Organe schützt. Da die Knochen durch Gelenke verbunden sind, können wir uns bewegen und verschiedene Teile des Körpers beugen.

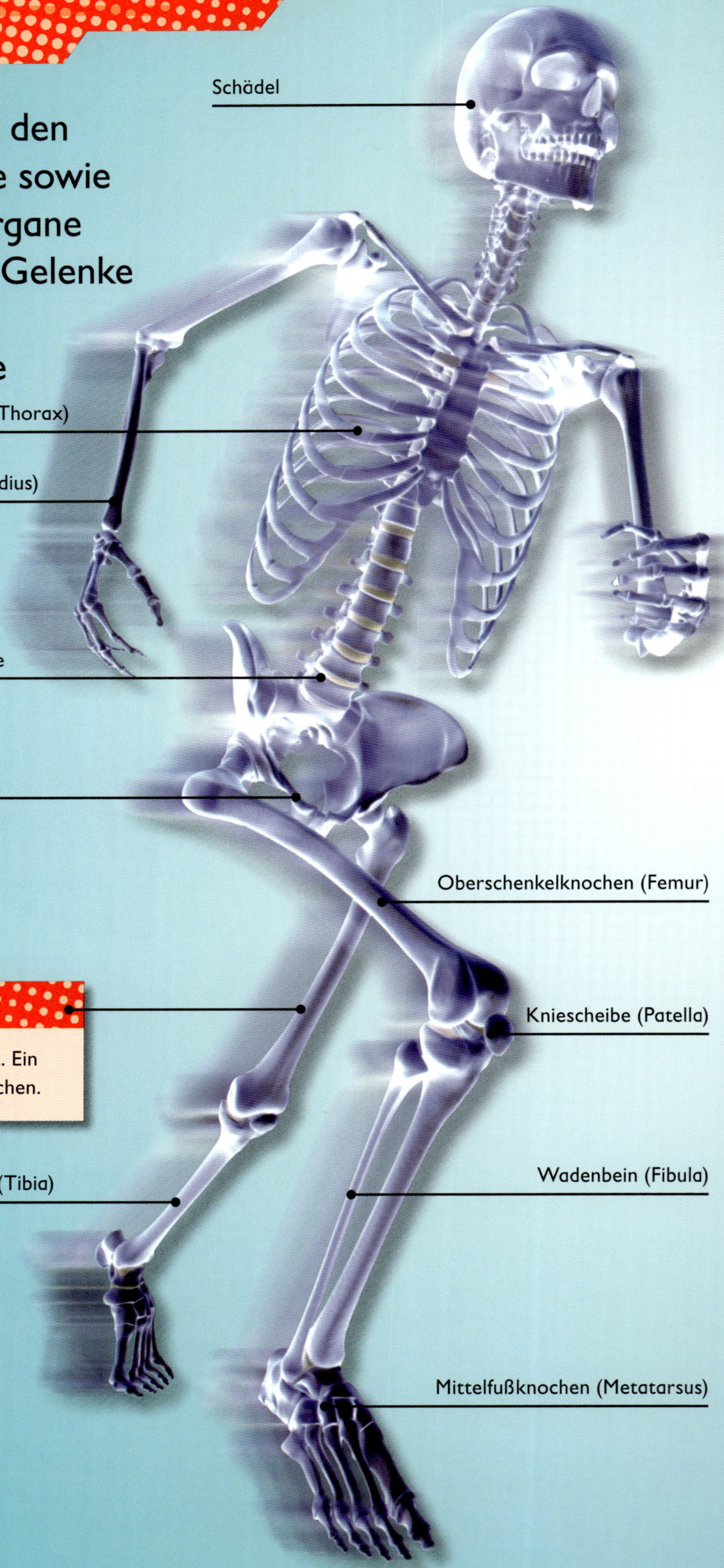

WAS IST EIN GELENK?

Gelenke sind Verbindungen zwischen Knochen und erlauben eine bestimmte Form der Bewegung. Beispielsweise ist das Knie ein Scharniergelenk, das dem Unterschenkel nur erlaubt, sich nach hinten bzw. wieder nach vorn zu bewegen. Die Hüfte hat ein Kugelgelenk, das erlaubt, die Hüften kreisen zu lassen.

DAS SKELETT

Alle Knochen bilden das Skelett. Ein Erwachsener hat rund 206 Knochen.

WARUM QUIETSCHEN GELENKE NICHT?

Gelenke sind mit Knorpeln gepolstert. Viele Gelenke enthalten auch Gelenkflüssigkeit für glatte und schmerzlose Bewegungen.

KNOCHENBRUCH

Knochen können bei einem Unfall brechen. Eine Heilung kann bis zu 18 Monate dauern.

WIE VIELE WIRBEL HAT DIE WIRBELSÄULE?

Ein Wirbel ist ein Knochen in der Wirbelsäule. Die 33 Wirbel bilden zusammen eine starke Stützstruktur, die Wirbelsäule, die unser Gewicht trägt.

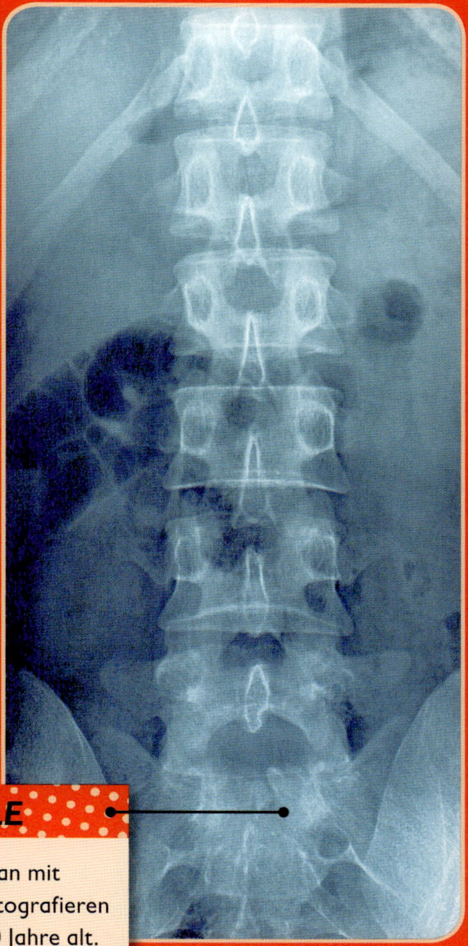

WIRBELSÄULE

Die Entdeckung, dass man mit Röntgenstrahlen Knochen fotografieren kann, ist schon mehr als 100 Jahre alt.

WELCHER KNOCHEN IST AM LÄNGSTEN?

Der Femur (Oberschenkelknochen) ist der längste Knochen im Körper. Er macht mehr als ein Viertel der Körpergröße aus.

WAS IST IN EINEM KNOCHEN?

Im Inneren größerer Knochen befindet sich eine Wabenkonstruktion aus Knochenbälkchen. Blutgefäße versorgen die Knochenzellen.

WAS SIND BÄNDER?

Das sind starke, flexible Verbindungen, welche die Knochen in einem Gelenk zusammenhalten. Fast alle Gelenke im Körper verfügen über mehrere Bänder.

Muskulatur

Am Skelett setzen Muskeln an, die die Knochen bewegen. Die Muskeln im Bein erlauben uns zu rennen, zu springen und zu treten. Andere Muskeln sorgen dafür, dass das Herz schlägt und dass Nahrung durch den Darm transportiert wird.

WIE ARBEITEN MUSKELN?

Muskeln arbeiten, indem sie sich zusammenziehen. Jeder Muskel ist mit mindestens zwei Knochen verbunden. Wenn Muskeln kontrahieren, werden sie kürzer und ziehen die Knochen aneinander, sodass sich der Körper bewegt.

WELCHER MUSKEL IST AM GRÖSSTEN?

Der größte Muskel ist der Gesäßmuskel (Gluteus maximus). Er bildet ein Kissen, auf dem man bequem sitzt, und streckt das Bein, wenn man aufsteht.

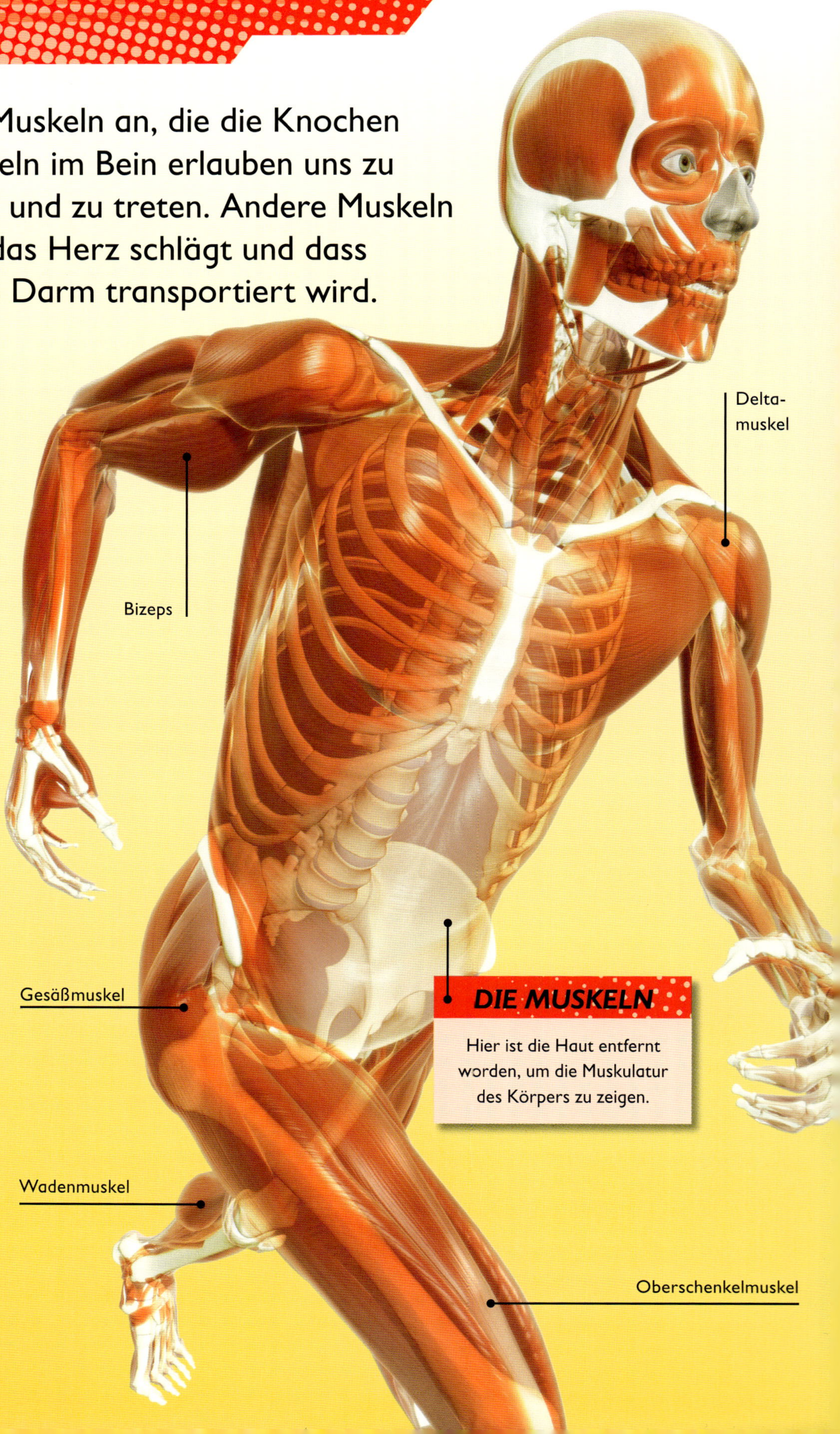

DIE MUSKELN

Hier ist die Haut entfernt worden, um die Muskulatur des Körpers zu zeigen.

RÄTSELFRAGE

WARUM WERDEN MUSKELN DURCH TRAINING STÄRKER?

Ein Muskel besteht aus Faserbündeln. Je häufiger man einen Muskel benutzt, desto dicker werden die Fasern. Sie verkürzen sich effizienter, was bedeutet, dass der Muskel stärker geworden ist.

WARUM ARBEITEN MUSKELN PAARWEISE?

Weil Muskeln nicht drücken, sondern nur ziehen können. Um zum Beispiel den Ellbogen zu beugen, spannt man den Bizeps vorn am Oberarm an. Um den Ellbogen wieder zu strecken, entspannt man den Bizeps und spannt den Trizeps auf der Rückseite des Oberarms an.

WAS IST EINE SEHNE?

Eine Sehne ist so etwas wie ein Seil, das einen Muskel mit einem Knochen verbindet. Wenn Du eine Faust machst und die Hand wieder öffnest, kannst Du die Sehnen auf Deinem Handrücken spüren.

WIE VIELE MUSKELN GIBT ES IM KÖRPER?

Es gibt rund 650 Muskeln, die zusammenarbeiten. An den meisten Bewegungen sind Dutzende Muskeln beteiligt.

DEHNEN

Durch regelmäßiges Dehnen können Muskeln geschmeidiger werden.

Das Nervensystem

Nerven leiten Informationen und Anweisungen. Sensorische Nerven schicken Informationen von Sinnesorganen zum Gehirn. Die motorischen Nerven kontrollieren die Muskeln und sagen ihnen, wann sie sich zusammenziehen sollen.

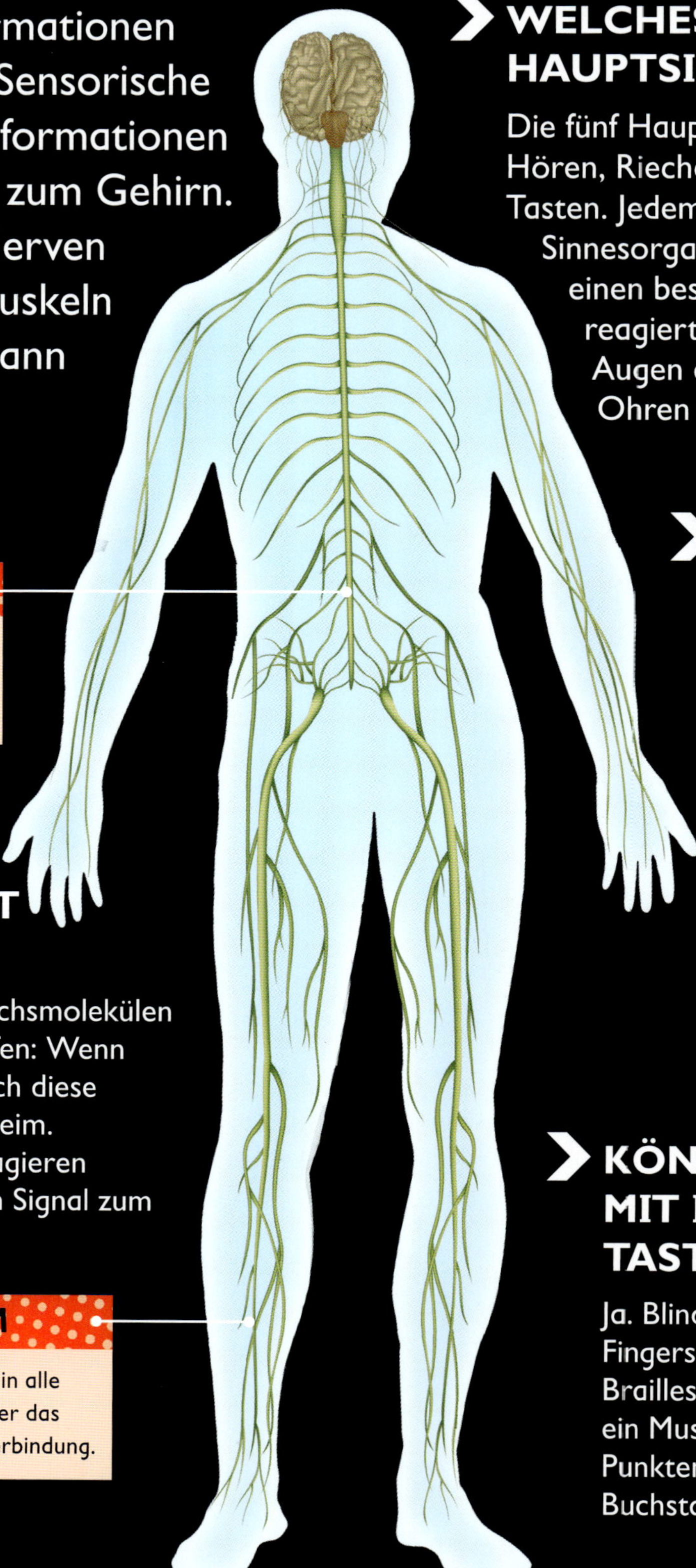

RÜCKENMARK

Das Rückenmark in der Wirbelsäule bildet mit dem Gehirn das Zentralnervensystem.

WIE FUNKTIONIERT GERUCH?

Geruch wird von Geruchsmolekülen in der Luft hervorgerufen: Wenn man einatmet, lösen sich diese Moleküle im Nasenschleim. Geruchsrezeptoren reagieren darauf und schicken ein Signal zum Gehirn.

NERVENSYSTEM

Hunderte von Nerven reichen in alle Körperregionen. Sie stehen über das Rückenmark mit dem Gehirn in Verbindung.

WELCHES SIND DIE HAUPTSINNE?

Die fünf Hauptsinne sind Sehen, Hören, Riechen, Schmecken und Tasten. Jedem Sinn ist ein bestimmtes Sinnesorgan zugeordnet, das auf einen bestimmten Reiztyp reagiert. So reagieren die Augen auf Lichtreize, die Ohren auf Schallreize.

WIE ARBEITET DER TASTSINN?

In der Haut liegen viele unterschiedliche Sinnesrezeptoren, die je nach Typ auf Berührung, Wärme, Kälte und Schmerz reagieren. Das Gehirn führt die verschiedenen Informationen zusammen und deutet sie als glatt, weich, warm usw.

KÖNNEN BLINDE MIT IHREM TASTSINN LESEN?

Ja. Blinde können ihre Fingerspitzen über eine Brailleschrift laufen lassen – ein Muster aus erhabenen Punkten, die verschiedene Buchstaben darstellen.

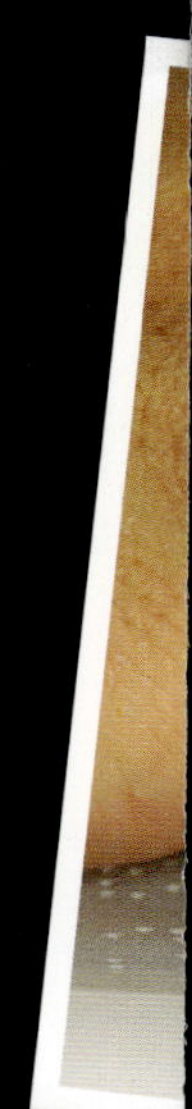

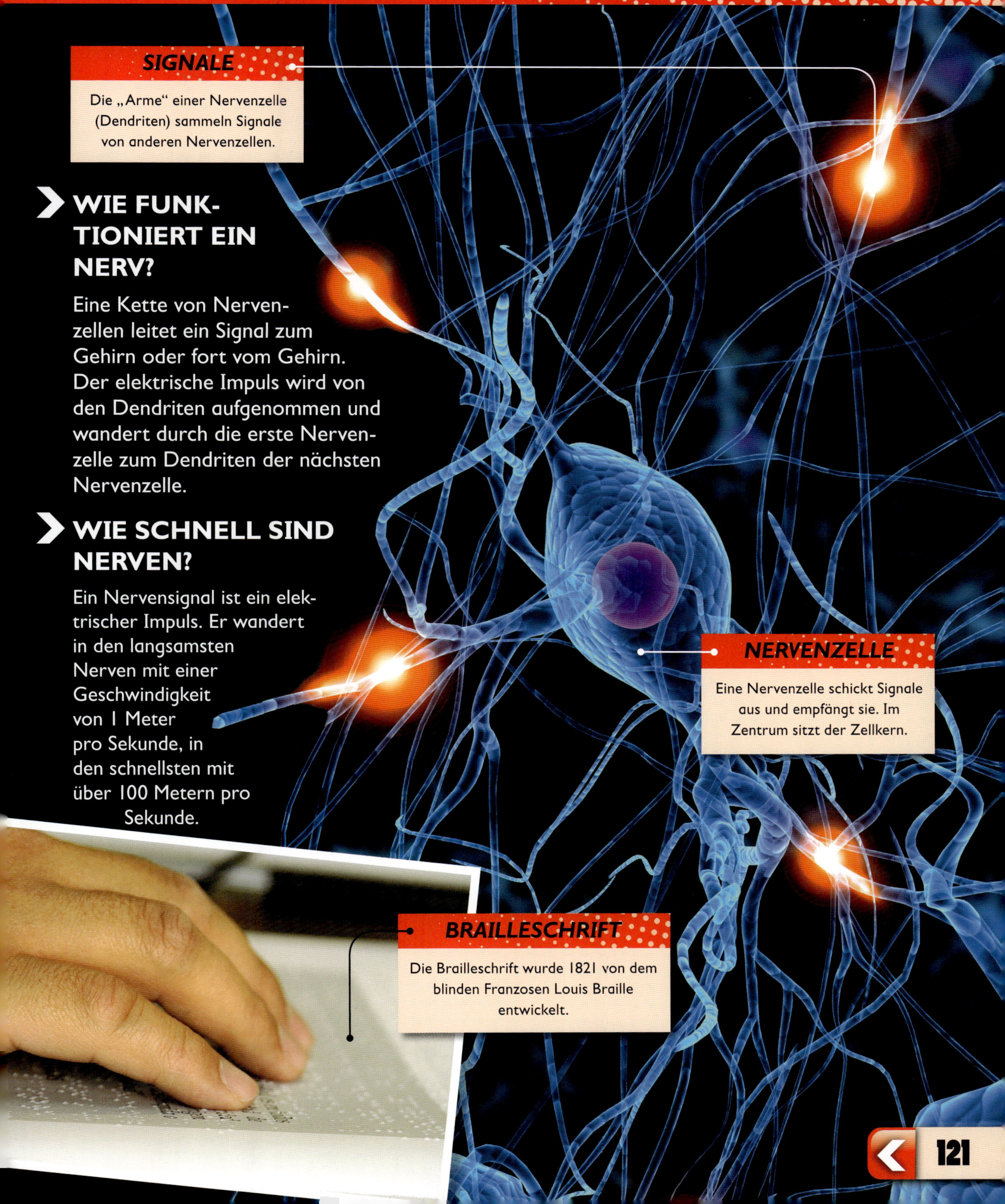

SIGNALE

Die „Arme“ einer Nervenzelle (Dendriten) sammeln Signale von anderen Nervenzellen.

WIE FUNKTIONIERT EIN NERV?

Eine Kette von Nervenzellen leitet ein Signal zum Gehirn oder fort vom Gehirn. Der elektrische Impuls wird von den Dendriten aufgenommen und wandert durch die erste Nervenzelle zum Dendriten der nächsten Nervenzelle.

WIE SCHNELL SIND NERVEN?

Ein Nervensignal ist ein elektrischer Impuls. Er wandert in den langsamsten Nerven mit einer Geschwindigkeit von 1 Meter pro Sekunde, in den schnellsten mit über 100 Metern pro Sekunde.

NERVENZELLE

Eine Nervenzelle schickt Signale aus und empfängt sie. Im Zentrum sitzt der Zellkern.

BRAILLESCHRIFT

Die Brailleschrift wurde 1821 von dem blinden Franzosen Louis Braille entwickelt.

Das Gehirn

Das Gehirn kontrolliert den Körper, sorgt dafür, dass die Organe arbeiten, sammelt Informationen von den Sinnesorganen und schickt Befehle an die Muskeln. Das Gehirn kontrolliert auch, was wir denken und fühlen, und speichert zudem Erinnerungen.

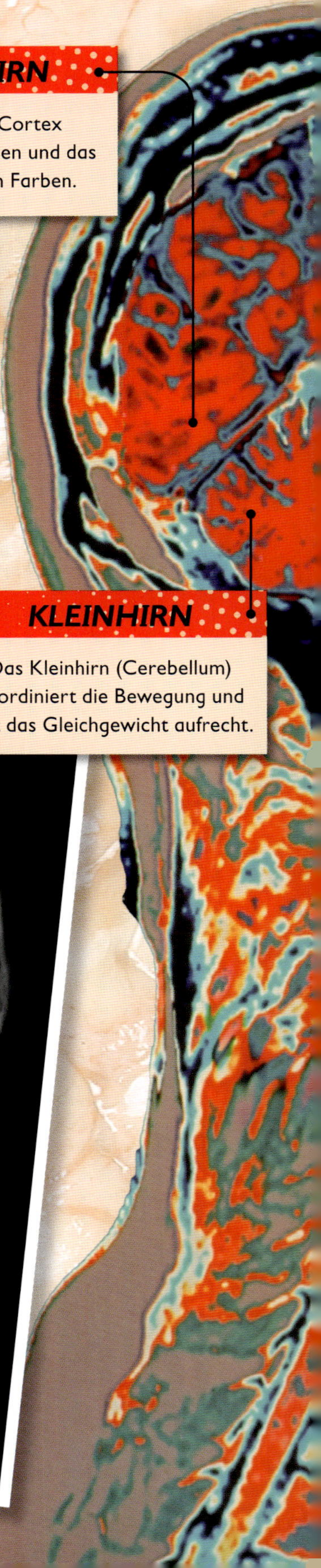

GROSSHIRN

Dieser Teil des Cortex kontrolliert das Sehen und das Wahrnehmen von Farben.

KLEINHIRN

Das Kleinhirn (Cerebellum) koordiniert die Bewegung und hält das Gleichgewicht aufrecht.

WAS TUT DIE GROSSHIRNRINDE?

Die Großhirnrinde (Cortex) ist die dünne äußere Schicht des Gehirns. Sie kontrolliert alle Aktivitäten, deren wir uns bewusst sind – Sehen, Denken, Fühlen und Bewegen. Nur Menschen haben einen derart großen und gut entwickelten Cortex. Die linke Cortexhälfte kontrolliert die rechte Seite des Körpers, die rechte Hälfte die linke Körperseite.

RÄTSELFRAGE ?

WOZU DIENT DER SCHÄDEL?

Der Schädel schützt das Gehirn wie ein Helm. Sämtliche Schädelknochen mit Ausnahme des Unterkiefers sind starr miteinander verbunden, um eine hohe Festigkeit zu erzielen.

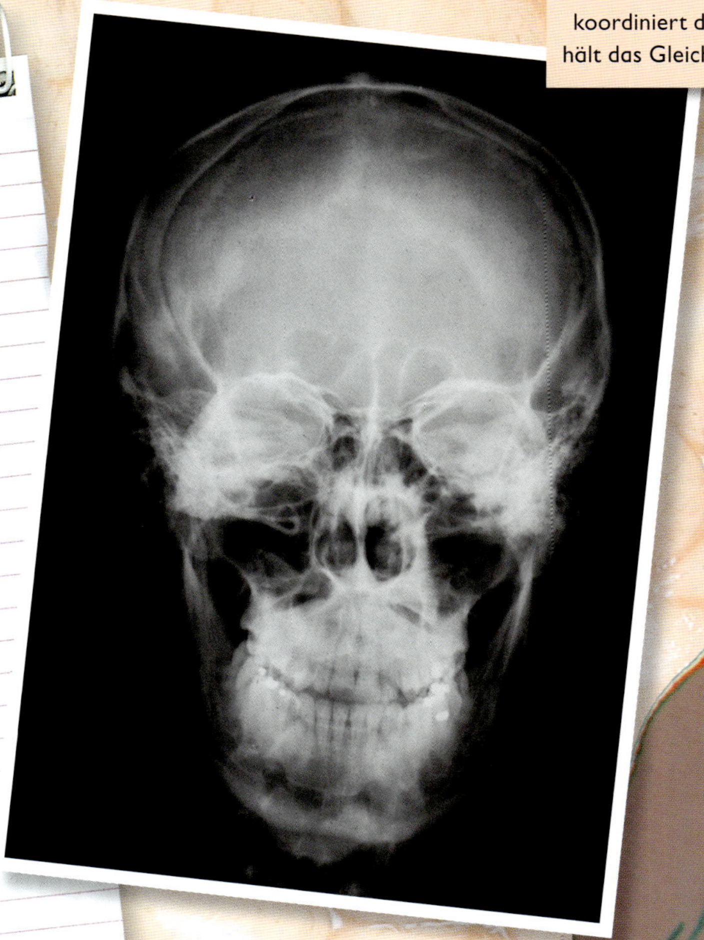

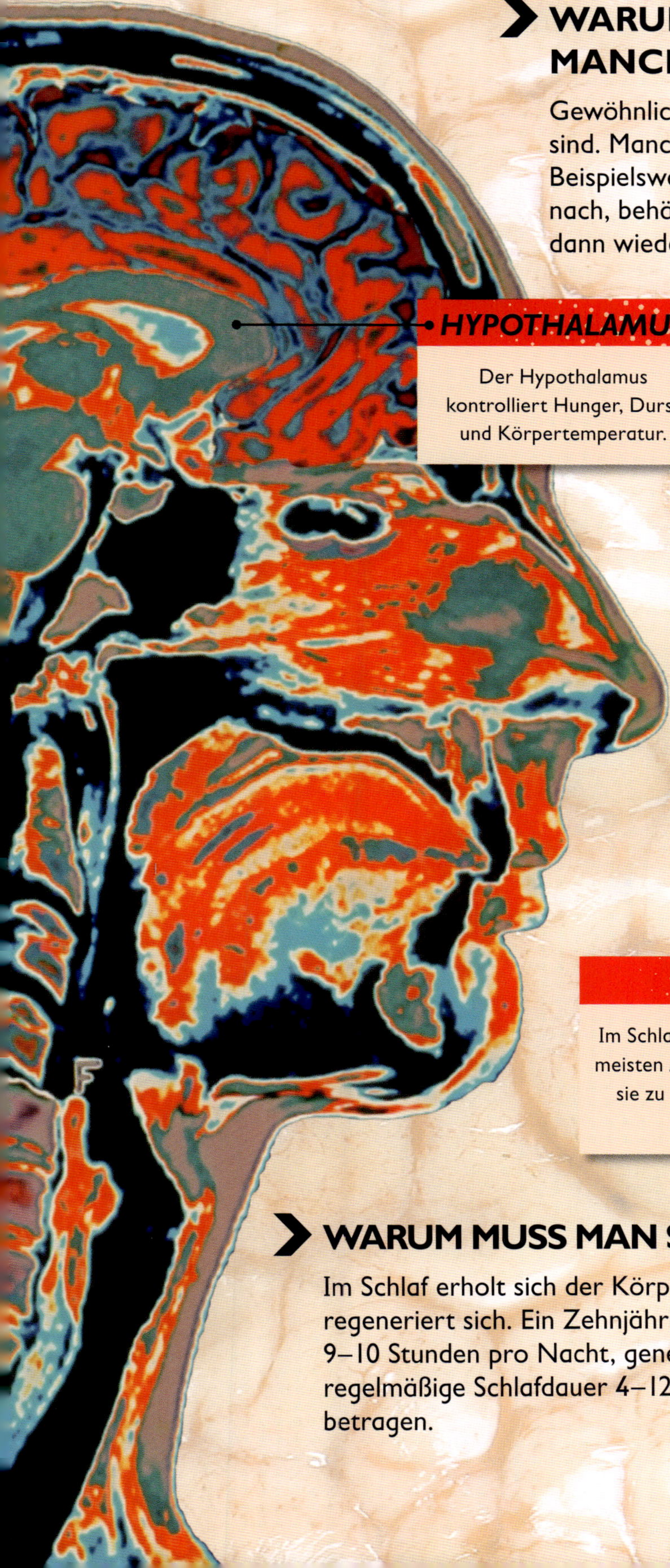

WARUM ERINNERT MAN SICH AN MANCHES UND VERGISST ANDERES?

Gewöhnlich erinnert man sich an Dinge, die einem wichtig sind. Manches muss man sich nur kurze Zeit merken. Beispielsweise schaut man vielleicht eine Telefonnummer nach, behält sie im Kopf, während man wählt, und vergisst sie dann wieder.

HYPOTHALAMUS

Der Hypothalamus kontrolliert Hunger, Durst und Körpertemperatur.

WARUM SIND EINIGE MENSCHEN LINKSHÄNDER?

Die meisten Menschen sind Rechtshänder, d. h., ihre linke Hirnhälfte ist dominant. Bei Linkshändern ist die rechte Hirnhälfte dominant. Gewöhnlich ist der Teil des Gehirns, der die Sprache kontrolliert, auch auf der dominanten Seite.

WARUM SCHLAFWANDELN MANCHE MENSCHEN?

Menschen schlafwandeln unter Umständen, weil sie besorgt sind oder sich ängstigen. Wenn jemand schlafwandelt, sollte man ihn vorsichtig ins Bett zurückbringen.

SCHLAF

Im Schlaf blockt das Gehirn die meisten Außensignale ab. Wenn sie zu stark sind, wacht der Schläfer auf.

WARUM MUSS MAN SCHLAFEN?

Im Schlaf erholt sich der Körper und regeneriert sich. Ein Zehnjähriger schläft 9–10 Stunden pro Nacht, generell kann die regelmäßige Schlafdauer 4–12 Stunden betragen.

Die Augen

Man sieht einen Gegenstand, wenn reflektiertes Licht ins Auge fällt. Der schwarze Kreis in der Mitte des Auges ist die Pupille. Licht fällt durch die Pupille und wird durch die Linse auf der Netzhaut, die den Augenhintergrund bildet, scharf gestellt. Die Netzhaut schickt Signale zum Gehirn.

WIE SIEHT MAN FARBEN?

In der Netzhaut gibt es spezielle Sehzellen, sogenannte Zapfen, die auf die Farben Rot, Blau und Grün reagieren. Zusammen erlauben sie uns, das ganze Farbspektrum zu sehen. Die Zapfen arbeiten nur bei hellem Licht gut, darum sieht man keine Farben mehr, wenn es dunkel wird.

DAS AUGE

Augenlid und Wimpern verhindern, dass Staub und Schmutz ins Auge gelangen.

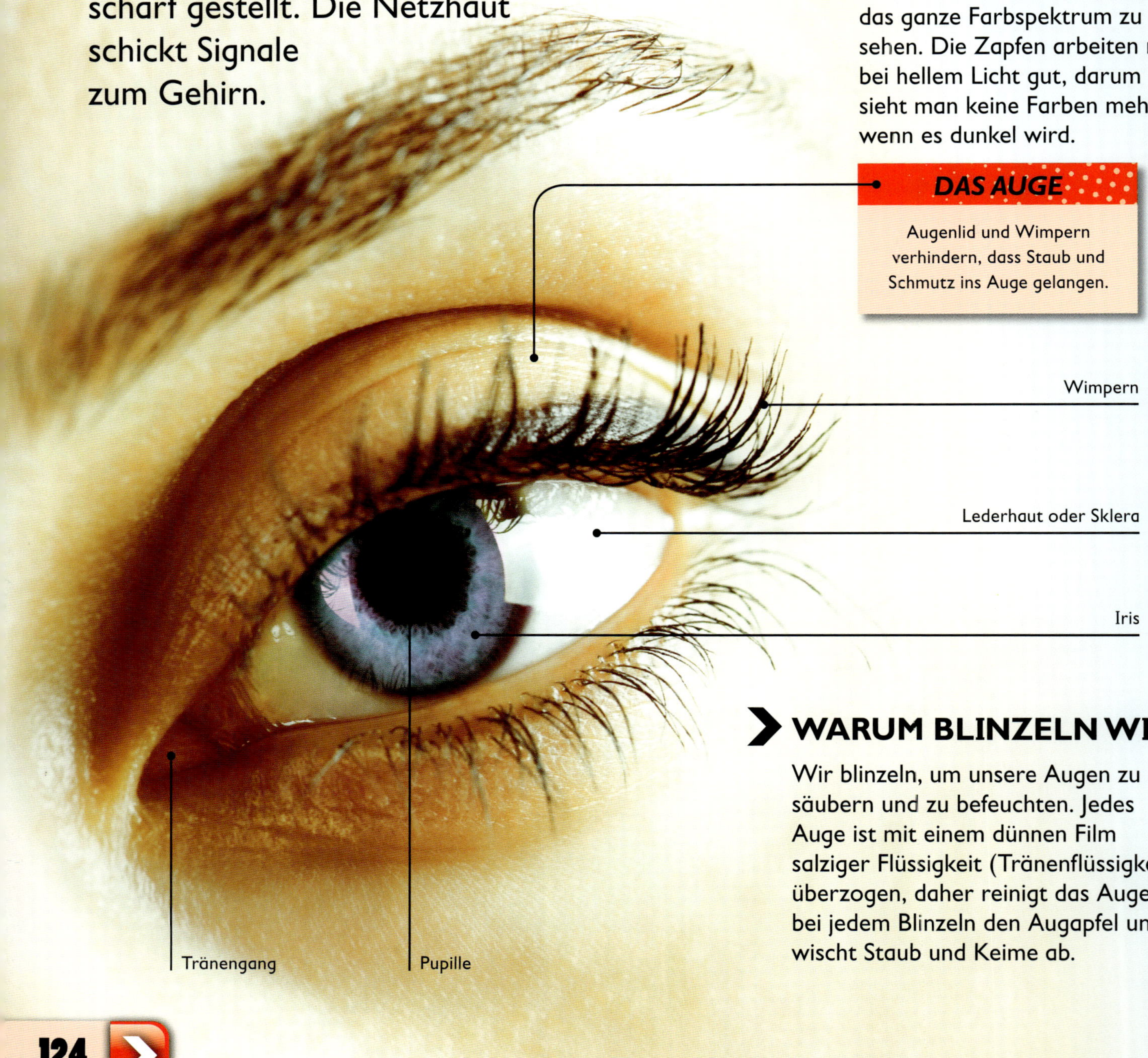

WARUM BLINZELN WIR?

Wir blinzeln, um unsere Augen zu säubern und zu befeuchten. Jedes Auge ist mit einem dünnen Film salziger Flüssigkeit (Tränenflüssigkeit) überzogen, daher reinigt das Augenlid bei jedem Blinzeln den Augapfel und wischt Staub und Keime ab.

WARUM HABEN WIR ZWEI AUGEN?

Zwei Augen sind nötig, um Entfernungen abzuschätzen. Beide Augen haben einen etwas anderen Blickwinkel; beide Informationen werden im Gehirn zu einem räumlichen Bild zusammengesetzt.

WARUM ÄNDERT SICH DIE PUPILLENGRÖSSE?

In hellem Licht zieht sich die Pupille zusammen, damit nicht zu viel Licht auf die Netzhaut fällt. Bei schwachem Licht öffnet sich die Pupille weit, damit mehr Licht einfällt. Die Iris ist der Ringmuskel, der die Pupillengröße kontrolliert.

RÄTSELFRAGE

WIE GROSS IST EIN AUGAPFEL?

Der Augapfel eines Erwachsenen hat einen Durchmesser von circa 2,5 cm, aber der größte Teil liegt im Kopf verborgen.

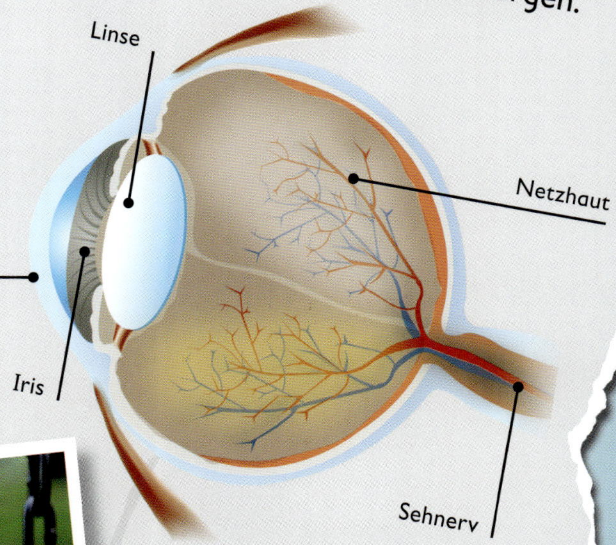

AUGAPFEL

Die Sehzellen in der Netzhaut schicken Signale durch den Sehnerv ins Gehirn.

WARUM GIBT ES VERSCHIEDENE AUGENFARBEN?

Die Iris ist der farbige Ring um die Pupille. Die Färbung der Iris basiert auf einem Stoff namens Melanin. Eine braune Iris enthält viel Melanin, eine blaue Iris nur wenig. Sehr selten kommt es vor, dass jemand zwei unterschiedlich gefärbte Augen hat.

Die Ohren>

Schall erreicht unser Ohr als Schwingungen der Luft. Diese wandern vom Trommelfell zu den Gehörknöchelchen im Mittelohr. Dadurch bringen sie Flüssigkeit in der Gehörschnecke (Cochlea) im Innenohr zum Schwingen. Nervenenden senden die Signale ans Gehirn.

WIE HALTEN DIE OHREN DAS GLEICHGEWICHT?

Drei Schläuche im Innenohr, die man Bogengänge nennt, sind mit Flüssigkeit gefüllt. Bewegt man sich, bewegt sich auch die Flüssigkeit darin. Nerven registrieren dies und schicken Signale ans Gehirn.

BALANCIEREN

Eine Turnerin hält mithilfe der Bogengänge im Innenohr das Gleichgewicht.

RÄTSELFRAGE

WIE WIRD SCHALL GEMESSEN?

Die Lautstärke eines Tons wird in Dezibel gemessen. Eine fallende Stecknadel ist weniger als 10 Dezibel laut. Ein Geräusch über 120 Dezibel – das ist so laut wie ein startendes Düsenflugzeug – kann das Gehör schädigen.

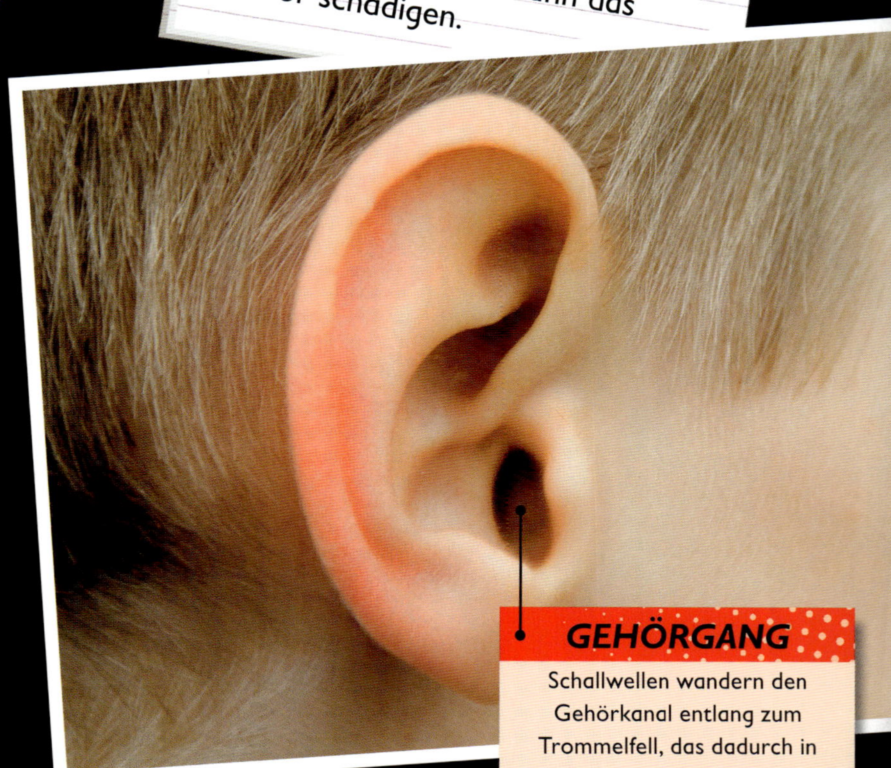

GEHÖRGANG

Schallwellen wandern den Gehörkanal entlang zum Trommelfell, das dadurch in Schwingung versetzt wird.

WARUM WIRD EINEM SCHWINDELIG?

Wenn man sich mehrmals dreht und plötzlich stoppt, scheint sich die Welt weiter zu drehen. Dieser Eindruck entsteht, weil sich die Flüssigkeit in den Bogengängen noch immer bewegt, als ob man sich noch drehte.

INNENOHR

Die Schnecke ist mit Flüssigkeit gefüllt. Hörzellen leiten die Signale ans Gehirn.

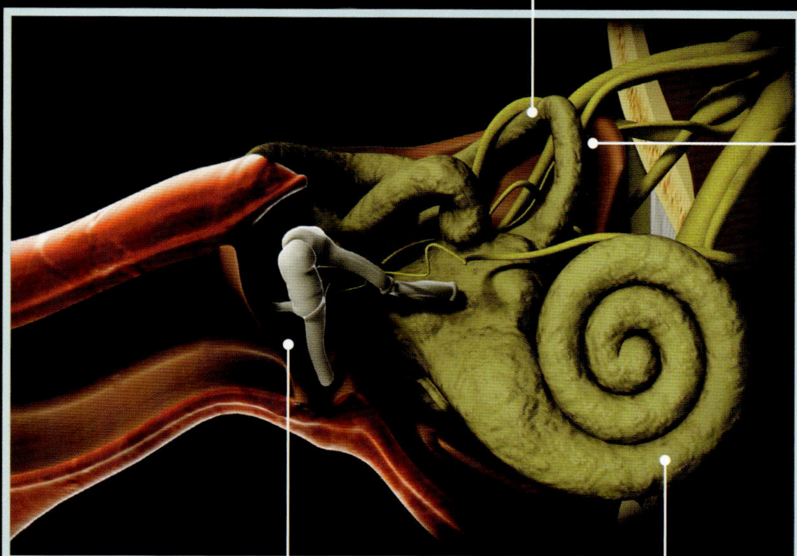

OHRMUSCHEL

Zum Außenohr, das bis zum Trommelfell reicht, gehört die Ohrmuschel.

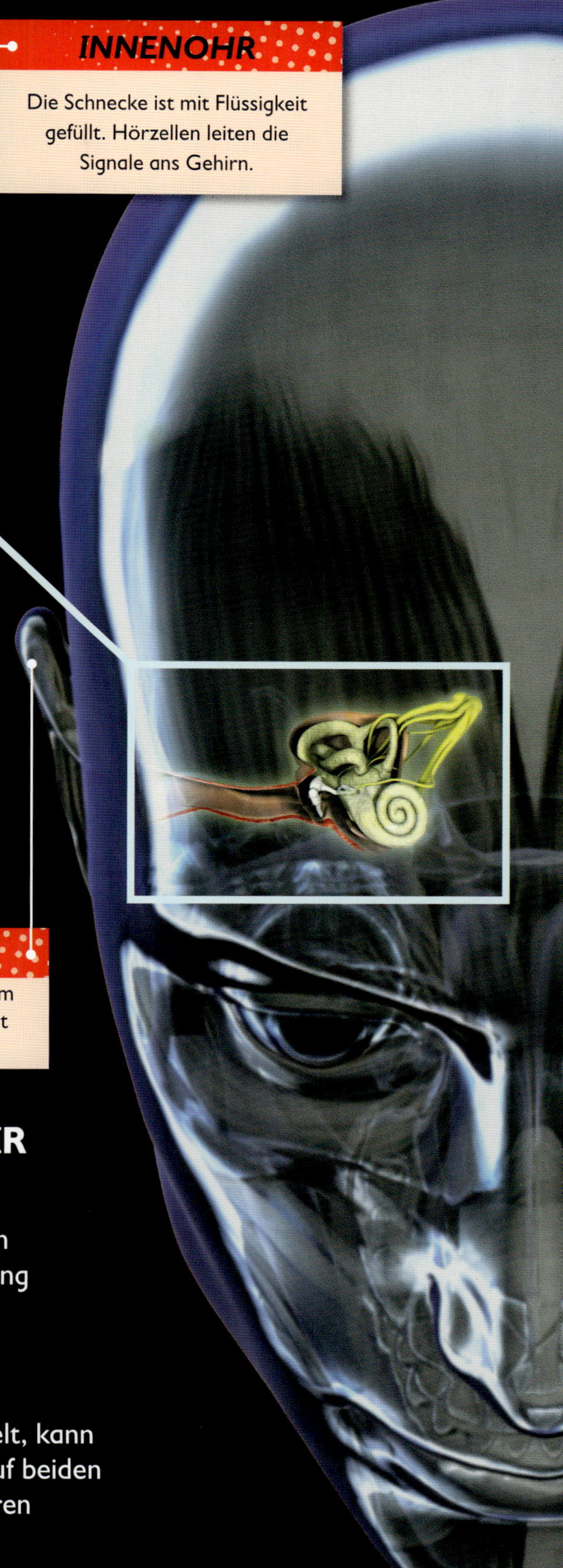

WAS IST OHRENSCHMALZ?

Ohrenschmalz wird von Drüsen im Gehörgang produziert. Ohrenschmalz fängt Staubteilchen und Keime ein und wird langsam aus dem Ohr hinaustransportiert.

WARUM HABEN WIR ZWEI OHREN?

Nur mit zwei Ohren kann man feststellen, aus welcher Richtung Geräusche kommen.

WARUM MACHEN DIE OHREN „PLOPP“?

Wenn man im Flugzeug sitzt und das Flugzeug die Höhe wechselt, kann es passieren, dass man plötzlich schlechter hört, weil die Luft auf beiden Seiten des Trommelfells nicht denselben Druck hat. Unsere Ohren machen „plopp“, wenn sich der Druck wieder ausgleicht.

Das Verdauungssystem

Das Verdauungssystem baut Nahrung zu Nährstoffen ab, die der Körper aufnehmen kann. Dieser Prozess beginnt, wenn wir Nahrung kauen und schlucken, setzt sich im Magen und im Darm fort und endet, wenn Abfallprodukte vom Körper ausgeschieden werden.

WAS PASSIERT, WENN WIR ESSEN?

Nach dem Schlucken gelangt die Nahrung durch die Speiseröhre in den Magen. Hier wird sie in eine suppenartige Flüssigkeit verwandelt, die in den Dünndarm weiterwandert. Dort werden die verwertbaren Teile der Nahrung vom Blut aufgenommen; der Rest gelangt weiter in den Dickdarm. Rund 24 Stunden nach dem Essen werden die Abfallprodukte, Fäzes genannt, ausgeschieden.

WIE ENTSTEHT GESCHMACK?

Wenn wir kauen, lösen sich winzige Teile der Nahrung im Speichel und gelangen an die Geschmacksknospen auf der Zunge. Diese Knospen senden Informationen über den Geschmack ans Gehirn.

GESCHMACK

Auf der Zungen sitzen rund 10 000 Geschmacksknospen. Je nach Bereich der Zunge reagieren sie auf verschiedene Geschmacksrichtungen.

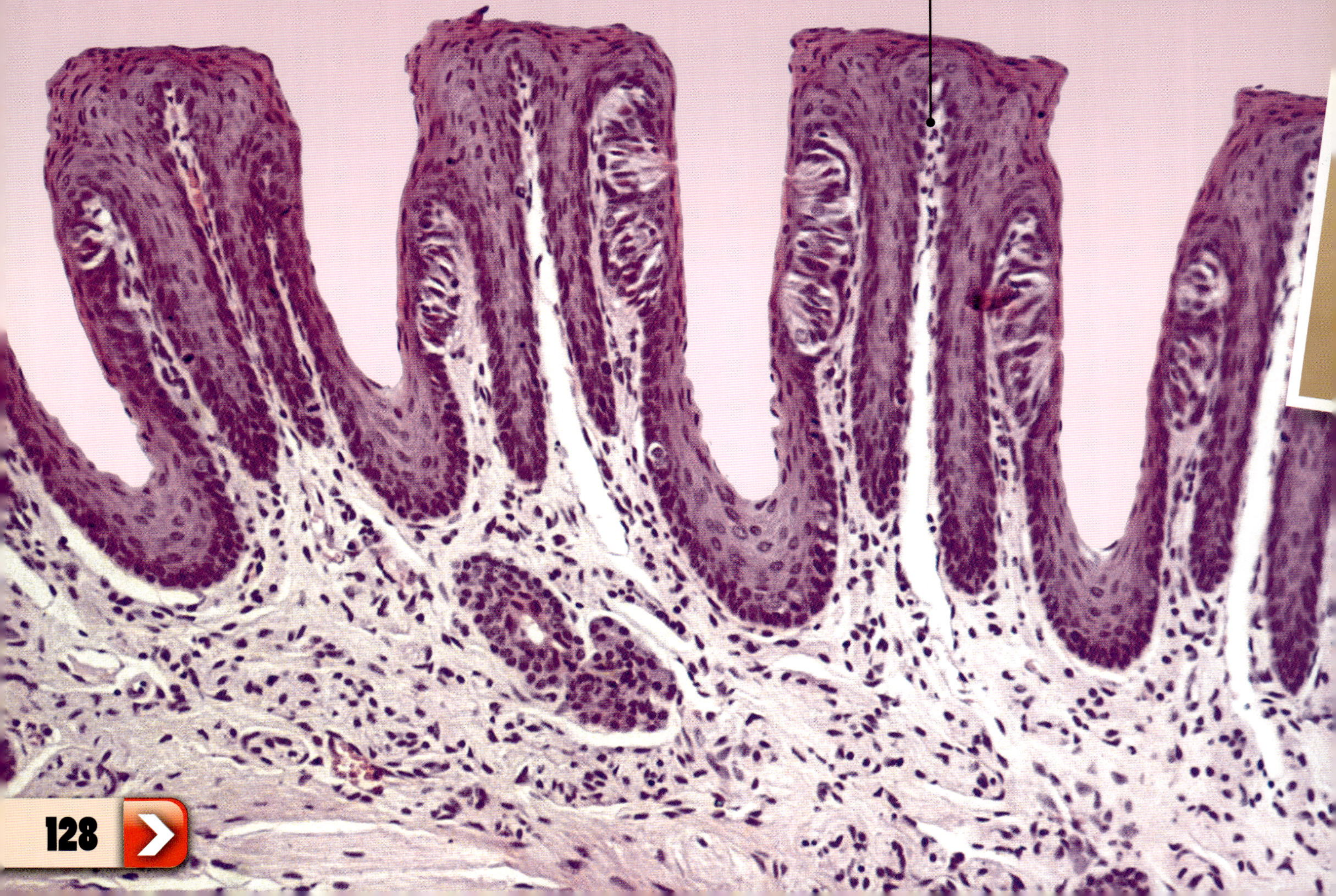

WARUM SCHMECKT ERBROCHENES SÄUERLICH?

Wenn man sich übergibt, gelangt anverdaute Nahrung in den Mund. Diese ist sauer, weil sie sich mit der Säure des Magens gemischt hat. Die Säure hilft, die Nahrung zu zerlegen.

WAS IST DER KEHLDECKEL?

Der Kehldeckel (Epiglottis) ist eine Art Falltür, die beim Schlucken die Luftröhre verschließt. Sie verhindert, dass Nahrung in die Lunge gerät, statt in den Magen zu wandern.

KAUEN

Kaut man Nahrung, verwandelt sie sich in einen Brei, der durch die Speiseröhre in den Magen rutscht.

WARUM SIND UNSERE ZÄHNE UNTERSCHIEDLICH GEFORMT?

Je nach ihrer Form haben die Zähne beim Zerkleinern der Nahrung unterschiedliche Aufgaben. Die breiten, flachen Schneidezähne schneiden durch die Nahrung, wenn man abbeißt. Die spitz zulaufenden Eckzähne packen und zerreißen zähe Nahrung, wie Fleisch. Die großen Vorbackenzähne und Backenzähne zermahlen die Nahrung.

WIE LANG IST DER DARMTRAKT?

Der Dünndarm ist mehr als dreimal so lang wie der ganze Körper! Bei einem Erwachsenen sind das rund 7 Meter. Der Dickdarm misst weitere anderthalb Meter.

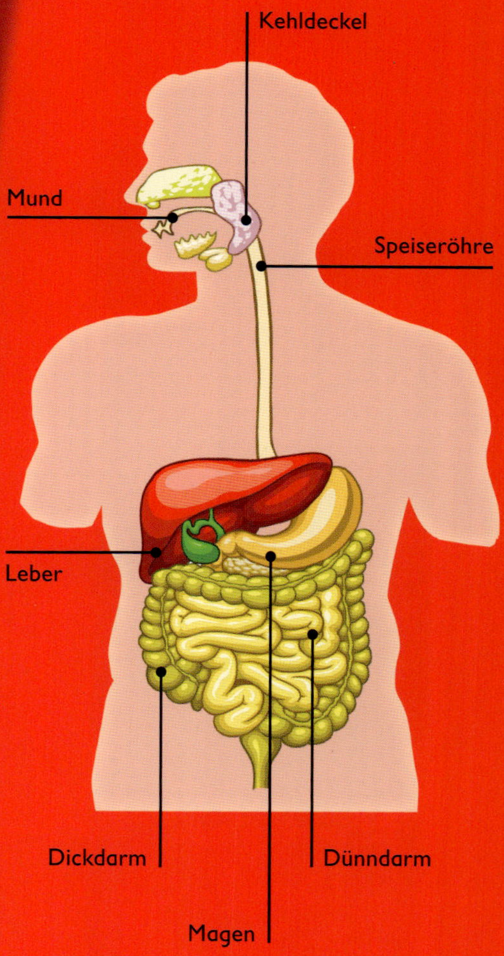

Lunge und Atmung

Luft enthält Sauerstoff, den der Körper zum Leben braucht. Beim Einatmen wird Luft durch Mund oder Nase in die Luftröhre und weiter in die Lunge gesogen. Hier wird der Sauerstoff ans Blut abgegeben.

WIE LANG KANN MAN DEN ATEM ANHALTEN?

Du kannst Deinen Atem wahrscheinlich rund 1 Minute lang anhalten. Je länger man seinen Atem anhält, desto höher steigt die Kohlendioxidkonzentration im Blut und so das Bedürfnis auszuatmen.

WAS PASSIERT IN DER LUNGE?

Die eingeatmete Luft wandert von der Luftröhre in winzige Röhren in der Lunge, die Bronchiolen. Am Ende einer jeden Bronchiole sitzen winzige Ballons (Alveolen). Wenn sich diese Ballons mit Luft füllen, tritt Sauerstoff aus ihnen in die Blutgefäße über, die sie umgeben. Das Blut transportiert den Sauerstoff durch den Körper. Gleichzeitig tritt überschüssiges Kohlendioxid aus dem Blut in die Lunge über und verlässt den Körper beim Ausatmen.

ATEMWOLKE

Luft, die man ausatmet, enthält Wasserdampf. An einem kalten Tag kondensiert dieser Dampf zu einem Nebel.

WARUM HUSTET MAN?

Man hustet, wenn Schleim, Staub oder andere Partikel die Luftwege zwischen Nase und Lunge blockieren. Der plötzliche, starke Luftzug hilft, die Atemwege wieder freizubekommen.

WIE SPRECHEN WIR?

Wenn wir ausatmen, streicht die Luft über unsere Stimmbänder im Kehlkopf. Geraten diese Bänder ins Schwingen, erzeugen sie einen Ton. Durch Verändern der Lippen- und Zungenform kann man unterschiedliche Laute erzeugen, die sich zu Worten verbinden lassen.

WARUM KEUCHT MAN BEIM LAUFEN?

Beim Laufen arbeiten unsere Muskeln hart und brauchen mehr Sauerstoff. Durch heftiges Atmen (Keuchen) gelangt bis zu 20-mal mehr Luft in die Lunge, um die Muskeln mit dem nötigen Sauerstoff zu versorgen.

RÄTSELFRAGE

WARUM HAT DIE LUNGE SO VIELE ALVEOLEN?

Um eine große Oberfläche zu schaffen, durch die Sauerstoff ins Blut und Kohlendioxid aus dem Blut gelangen können. Die Lunge weist mehr als 700 Millionen Alveolen auf.

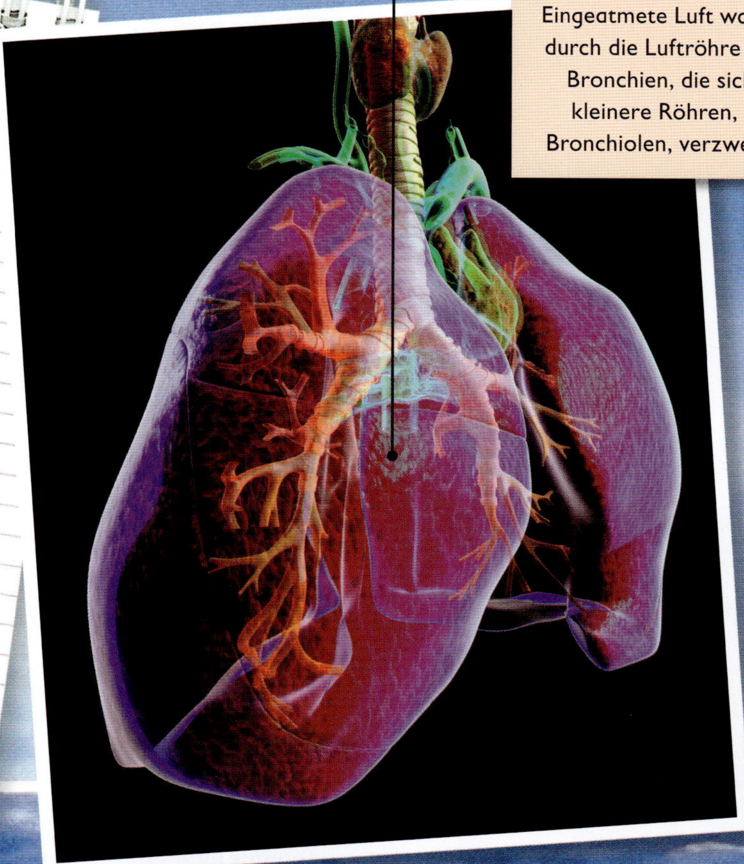

LUNGE

Eingeatmete Luft wandert durch die Luftröhre in die Bronchien, die sich in kleinere Röhren, die Bronchiolen, verzweigen.

Herz und Blut

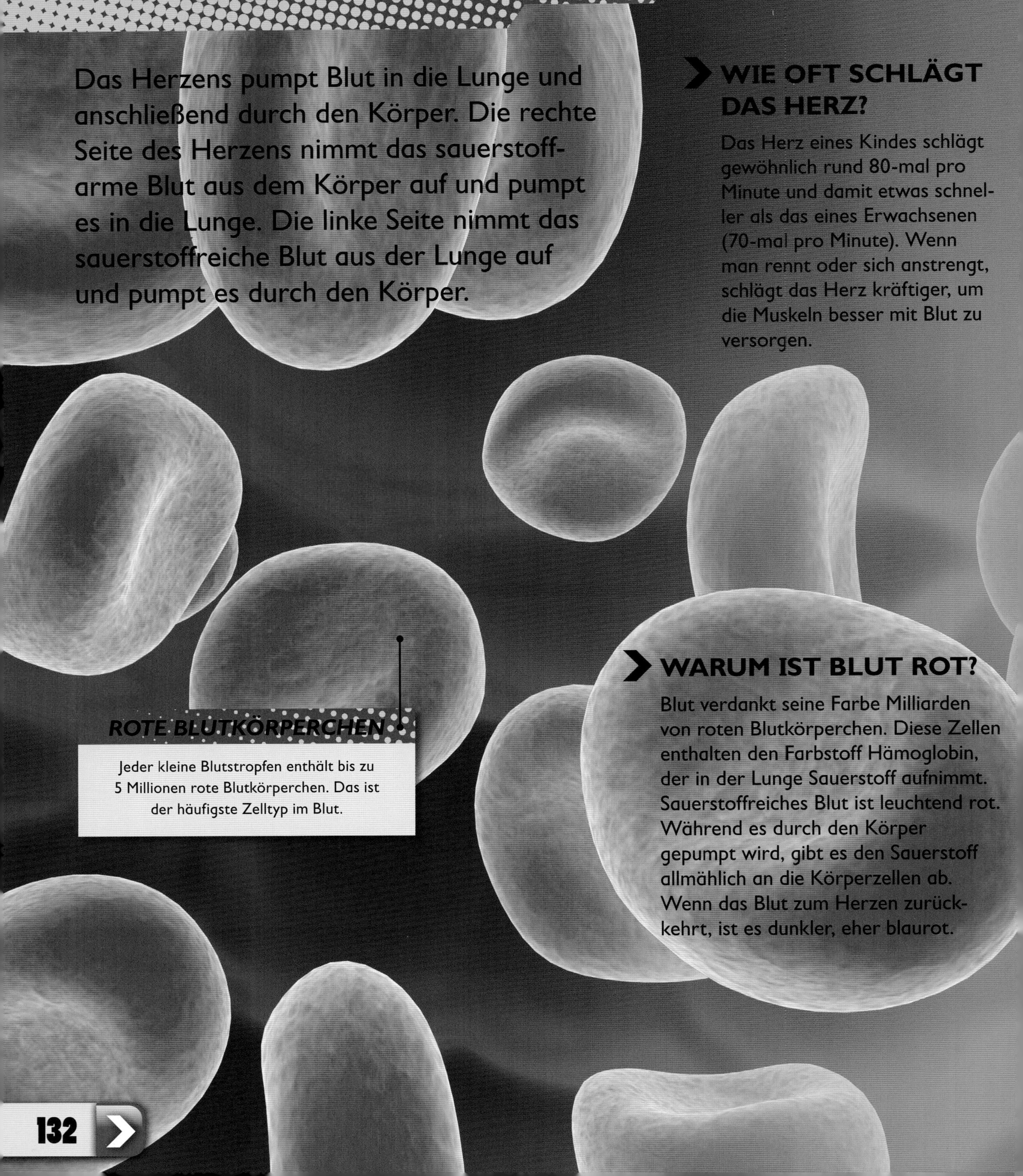

Das Herzens pumpt Blut in die Lunge und anschließend durch den Körper. Die rechte Seite des Herzens nimmt das sauerstoffarme Blut aus dem Körper auf und pumpt es in die Lunge. Die linke Seite nimmt das sauerstoffreiche Blut aus der Lunge auf und pumpt es durch den Körper.

WIE OFT SCHLÄGT DAS HERZ?

Das Herz eines Kindes schlägt gewöhnlich rund 80-mal pro Minute und damit etwas schneller als das eines Erwachsenen (70-mal pro Minute). Wenn man rennt oder sich anstrengt, schlägt das Herz kräftiger, um die Muskeln besser mit Blut zu versorgen.

ROTE BLUTKÖRPERCHEN

Jeder kleine Blutstropfen enthält bis zu 5 Millionen rote Blutkörperchen. Das ist der häufigste Zelltyp im Blut.

WARUM IST BLUT ROT?

Blut verdankt seine Farbe Milliarden von roten Blutkörperchen. Diese Zellen enthalten den Farbstoff Hämoglobin, der in der Lunge Sauerstoff aufnimmt. Sauerstoffreiches Blut ist leuchtend rot. Während es durch den Körper gepumpt wird, gibt es den Sauerstoff allmählich an die Körperzellen ab. Wenn das Blut zum Herzen zurückkehrt, ist es dunkler, eher blaurot.

RÄTSELFRAGE

WAS MACHEN WEISSE BLUTKÖRPERCHEN?

Sie zerstören Keime und andere Eindringlinge, die ins Blut gelangen.

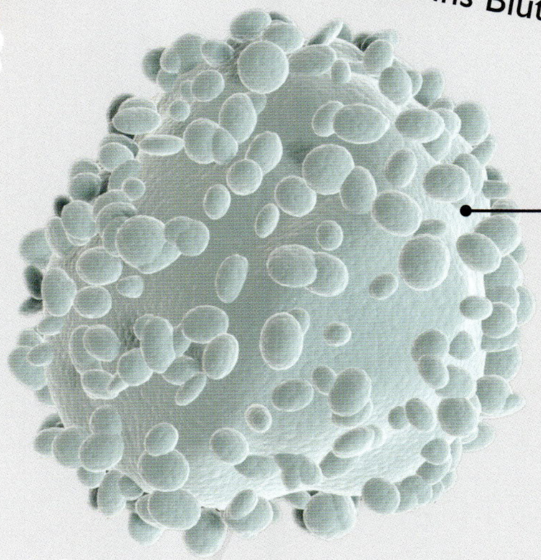

ABWEHR

Weiße Blutkörperchen sind Teil des Immunsystems und schützen uns vor Infektionen.

WAS IST BLUTPLASMA?

Etwas mehr als die Hälfte des Blutvolumens ist das Blutplasma. Es besteht vorwiegend aus Wasser, Nahrungsmolekülen und Salzen.

WORAUS BESTEHT DAS HERZ?

Die Herzmuskulatur ist ein besonderer Muskeltyp, der nie ermüdet.

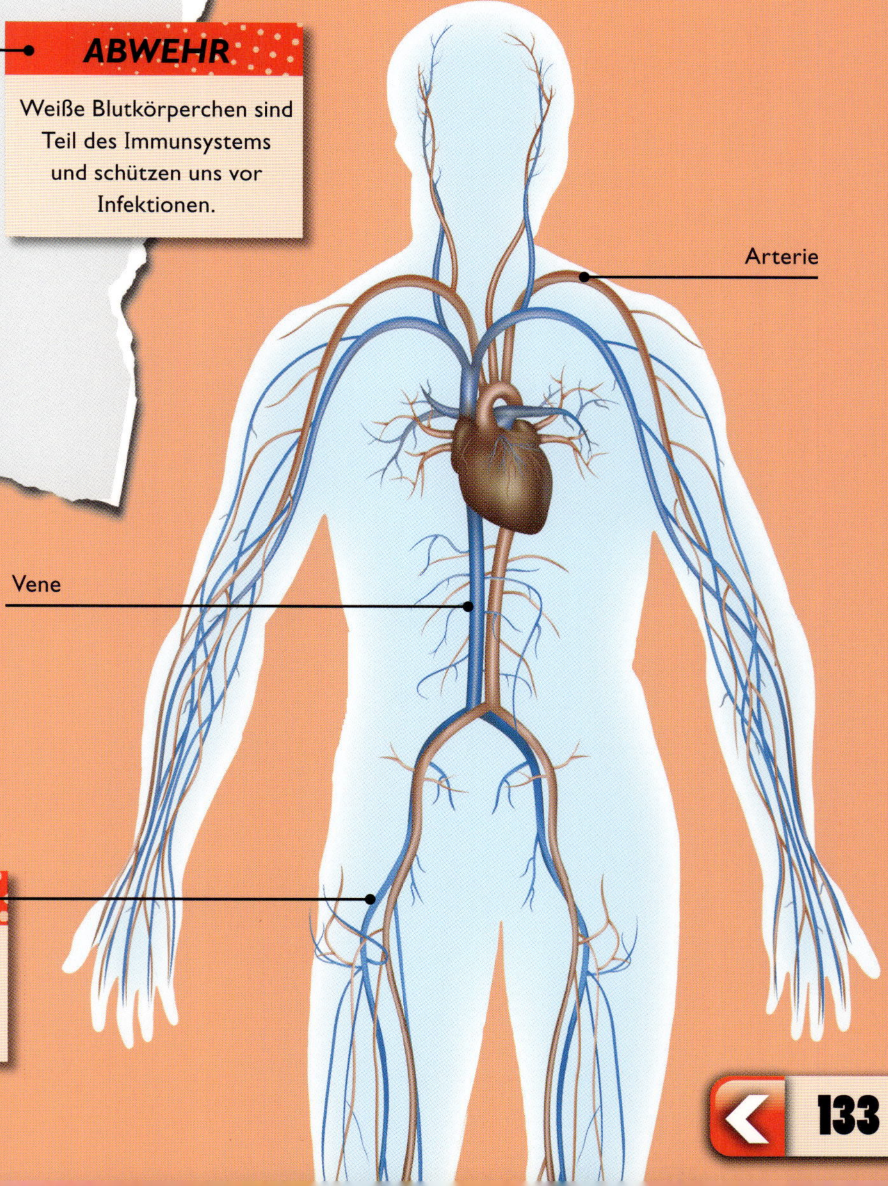

WAS IST EINE KAPILLARE?

Das Blut kreist im Körper durch Blutgefäße, die als Arterien und Venen bezeichnet werden. Diese zweigen sich in kleinere Adern auf, die jede Körperzelle erreichen. Kapillaren sind die allerdünnsten Blutgefäße.

HERZKREISLAUFSYSTEM

Sauerstoffreiches Blut verlässt das Herz durch Arterien (rot dargestellt), sauerstoffarmes Blut kehrt durch die Venen (blau) ins Herz zurück.

Nieren und Leber

Die Nieren filtern das Blut, um Abfallstoffe und Salze zu entfernen. Die Leber erledigt mehr als 500 verschiedene Aufgaben, darunter die Verarbeitung von Nährstoffen und das Entfernen von Abfallprodukten und Giften aus dem Blut.

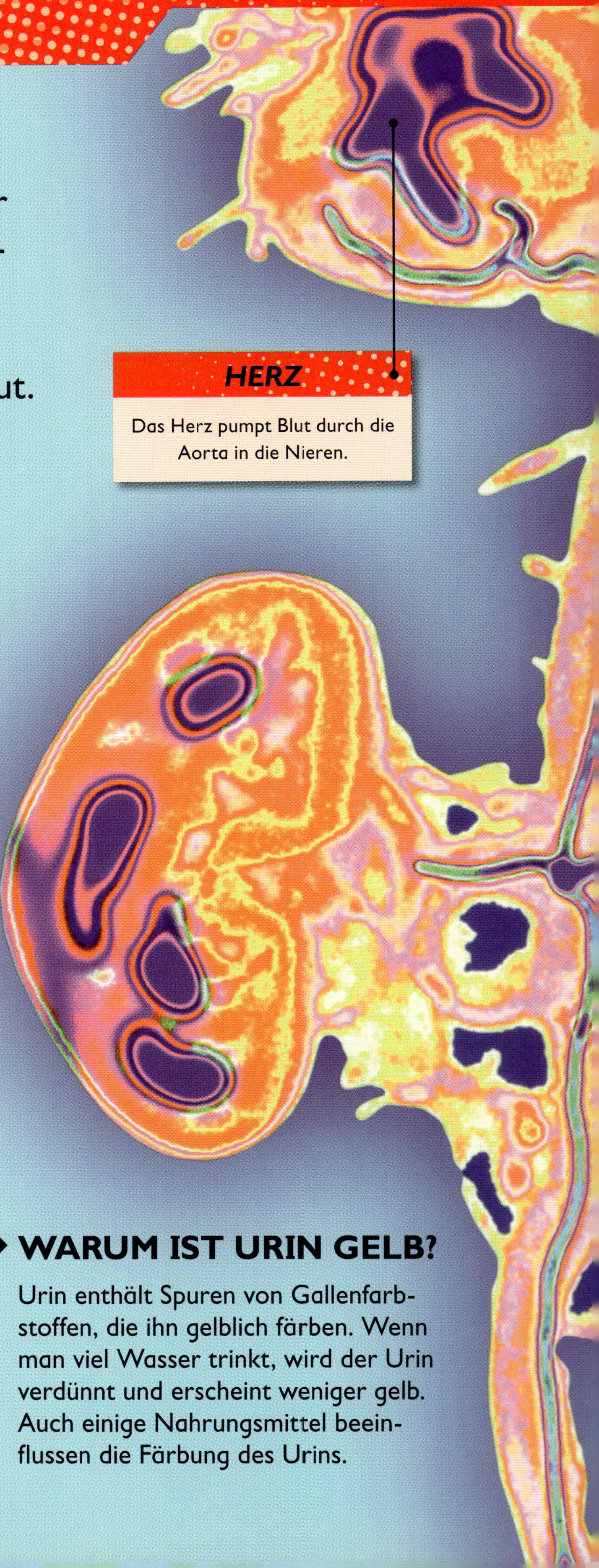

WAS IST URIN?

Jede Niere verfügt über rund 1 Million winzige Filter, die jede Minute ein Viertel unseres Blutes säubern. Die unerwünschten Stoffe werden zusammen mit Wasser als Urin ausgeschieden, der sich in der Harnblase sammelt.

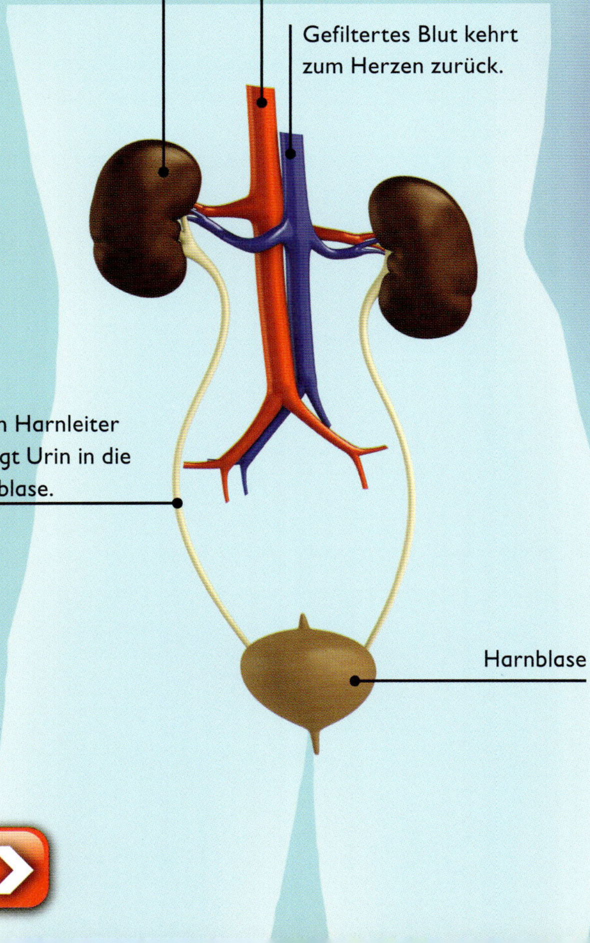

WARUM IST URIN GELB?

Urin enthält Spuren von Gallenfarbstoffen, die ihn gelblich färben. Wenn man viel Wasser trinkt, wird der Urin verdünnt und erscheint weniger gelb. Auch einige Nahrungsmittel beeinflussen die Färbung des Urins.

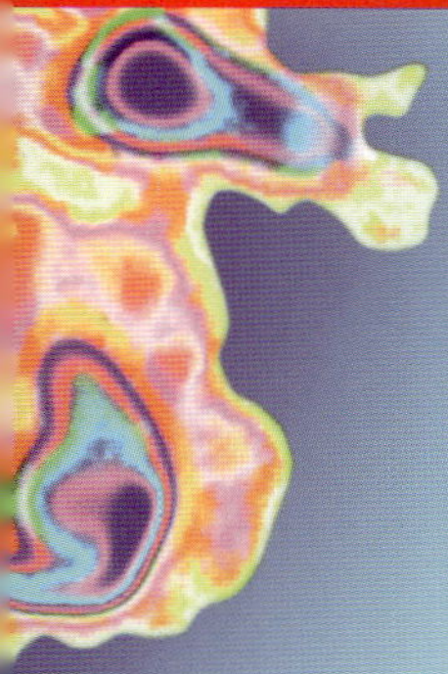

WAS MACHT DIE LEBER?

Eine der wichtigsten Funktionen ist die Verarbeitung von resorbierten Nährstoffen (siehe Zeichnung S. 129). Die Leber speichert Nährstoffe aus dem Darm, die sie bei Bedarf ins Blut entlässt. Die Leber baut auch Giftstoffe aus dem Blut ab und sorgt dafür, dass überschüssige Stickstoffverbindungen aus dem Eiweißabbau in Harnstoff umgewandelt werden. Die Nieren filtern dann Giftstoffe und Harnstoff aus dem Blut und scheiden sie mit dem Urin aus.

WAS IST GALLE?

Galle ist eine Flüssigkeit, die von der Leber erzeugt und in der Gallenblase gespeichert wird. Im Dünndarm hilft sie bei der Fettverdauung.

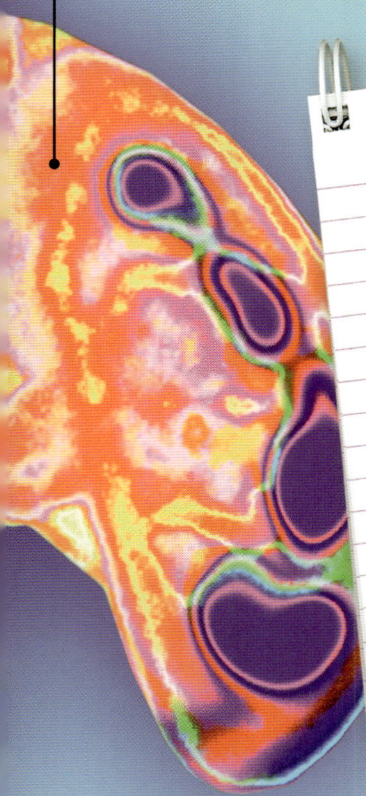

NIEREN

Dieses Wärmebild zeigt die erhöhte Temperatur im Körperinneren, die durch die Arbeit der Nieren verursacht wird, während sie das Blut reinigen.

WARUM SCHWITZT MAN, WENN ES EINEM HEISS IST?

Schwitzen hilft sich abzukühlen. Wenn sich der Körper erhitzt, pumpen Schweißdrüsen große Mengen an salzhaltigem Wasser an die Körperoberfläche. Wenn dieser Schweiß verdunstet, kühlt er den Körper.

SCHWITZEN

Wenn man sich körperlich anstrengt, beginnt man zu schwitzen. Durch Trinken ersetzt man das verlorene Wasser.

RÄTSELFRAGE

WIE VIEL MUSS MAN TRINKEN?

Pro Tag sollte man rund 1,5 Liter (fünf große Gläser) trinken. Das Wasser aus diesen Getränken geht über Urin und Stuhl verloren, aber auch Schweiß und die ausgeatmete Luft enthalten Wasser.

Fortpflanzung

Wenn die Samenzelle eines Mannes mit der Eizelle einer Frau verschmilzt, bildet sich ein neuer Mensch. Die befruchtete Eizelle teilt sich und wird zu einem Embryo.

WOHER KOMMT DAS SPERMA EINES MANNES?

Spermien werden in den Hoden gebildet, die im Hodensack unterhalb des Penis liegen. Mit Beginn der Pubertät fabrizieren die Hoden täglich Millionen Spermien.

WAS IST EIN FETUS?

Ein Fetus ist ein ungeborenes Kind ab der achten Woche nach der Befruchtung bis zur Geburt. In den ersten sieben Wochen spricht man von einem Embryo. Ab der 24. Woche können Frühgeborene in einem Brutkasten (Inkubator) überleben.

SCHWANGERSCHAFT

Ein Baby wächst gewöhnlich 38 Wochen lang in der Gebärmutter der Mutter heran.

WOHER KOMMT DIE EIZELLE?

Wenn ein Mädchen geboren wird, hat es bereits Tausende von Eizellen in seinen beiden Eierstöcken (Ovarien) gespeichert. Gegen Ende der Pubertät wird jeden Monat eine dieser Eizellen freigesetzt und wandert durch den Eileiter in die Gebärmutter.

WIE ERNÄHRT SICH EIN BABY IM MUTTERLEIB?

Der größte Teil des Zellhaufens, der sich in der Gebärmutter einnistet, wächst zu einem Organ heran, das man Mutterkuchen (Plazenta) nennt. Nährstoffe und Sauerstoff aus dem Blut der Mutter gelangen durch die Plazenta in den Blutkreislauf des heranwachsenden Babys.

NEUGEBORENES

Ein durchschnittliches Neugeborenes wiegt 2,5–3,5 Kilogramm. Neugeborene brauchen sehr viel Schlaf.

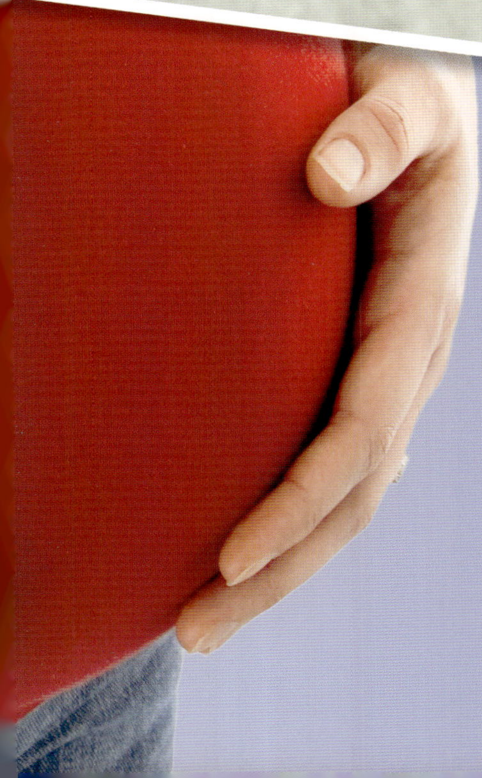

WAS SIND GENE?

Gene sind ein Abschnitt auf der DNA und enthalten die Bauanweisung zur Herstellung von Eiweißen; Gene sind in jeder Zelle. Sie stammen sowohl von der Mutter als auch dem Vater und bestimmen alle körperlichen Merkmale, darunter Haarfarbe, Größe und sogar die Anfälligkeit für bestimmte Krankheiten.

WIE RASCH WÄCHST EIN UNGEBORENES?

Drei Wochen nach der Befruchtung der Eizelle hat der Embryo die Größe eines Reiskorns. Fünf Wochen später haben sich fast alle Teile des Babys gebildet – Gehirn, Augen, Herz, Magen –, aber es ist erst daumenlang. Zum Zeitpunkt der Geburt hat das Baby in der Regel eine Größe von rund 50 Zentimetern.

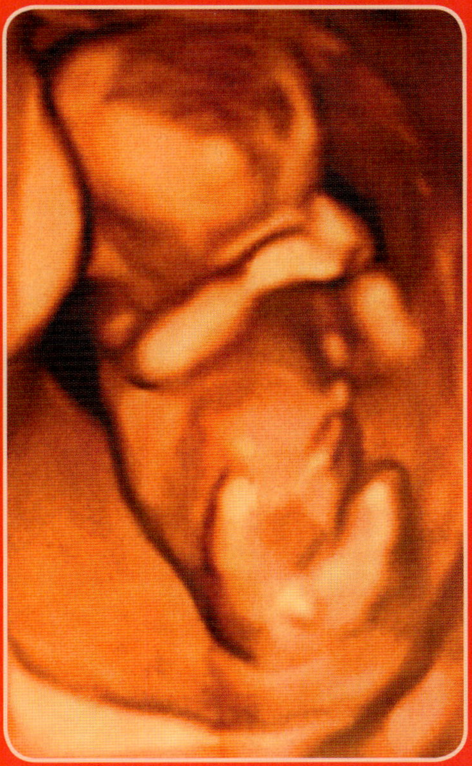

Ökosysteme

Wüsten

Eine Wüste ist ein Gebiet, in dem sehr wenig Regen fällt; daher wachsen dort kaum Pflanzen. Obwohl viele Wüsten in heißen Klimaregionen liegen, gibt es auch Wüsten mit sehr kaltem Klima.

WELCHE WÜSTE IST AM TROCKENSTEN?

In den meisten Teilen der Sahara fallen pro Jahr durchschnittlich 75 Millimeter Niederschlag, damit ist sie eine der trockensten Wüsten. Auch Teile der Atacama-Wüste in Chile sind sehr trocken; dort fällt manchmal mehrere Jahre gar kein Regen.

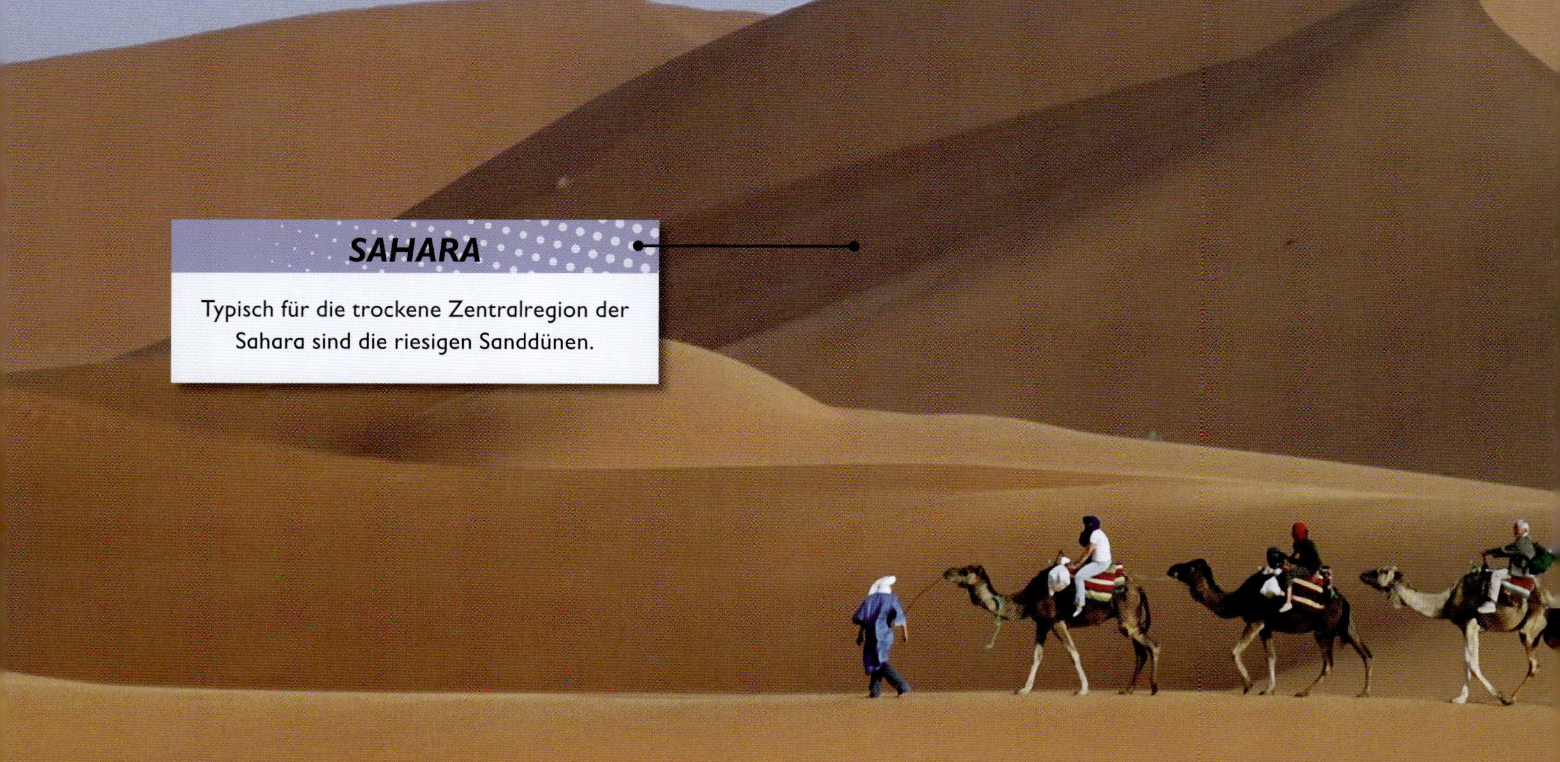

SAHARA

Typisch für die trockene Zentralregion der Sahara sind die riesigen Sanddünen.

WELCHE WÜSTE IST AM HEISSESTEN?

In Teilen der Sahara in Nordafrika und der Mojave-Wüste in den USA sind die Temperaturen sehr hoch. Die durchschnittliche Sommertemperatur kann über 38 °C liegen. Im Death Valley in der Mojave-Wüste wurden sogar 57 °C gemessen.

WELCHE WÜSTE IST AM GRÖSSTEN?

Die Sahara in Nordafrika ist mit über 9 Millionen Quadratkilometern fast so groß wie das Staatsgebiet der USA.

WAS IST EIN REGENSCHATTEN?

Ein Regenschatten ist ein trockenes Gebiet, das in der Nähe eines Gebirges liegt. An den Bergen regnen sich die feuchten Wolken ab, sodass es im Regenschatten trocken ist. Die Wüste Gobi in Zentralasien liegt im Regenschatten des Himalajagebirges.

WARUM DEHNEN SICH MANCHE WÜSTEN AUS?

Die Sahara wird jedes Jahr größer – teils, weil das Klima allmählich wärmer wird, doch hauptsächlich, weil die Pflanzendecke am Rand der Wüste durch weidende Tiere zerstört wird.

WELCHE WÜSTE IST AM KÄLTESTEN?

Die Antarktis wird manchmal als Kältewüste bezeichnet; tatsächlich ist sie äußerst trocken, da alles Wasser in Form von Eis gebunden ist. Die zentralasiatischen Wüsten in der Mongolei und China kühlen im Winter durch kalte Arktisluft aus. Sogar im Sommer können die Temperaturen nachts unter den Gefrierpunkt fallen.

ANTARKTISCHE WÜSTE

Der Kontinent ist zu trocken und kalt für Pflanzenwachstum. Nur Moose, Flechten und Algen gedeihen hier.

Wüstenpflanzen

Wüstenpflanzen müssen Monate oder sogar Jahre der Trockenheit überstehen. Einige von ihnen speichern Wasser in Blättern, Wurzeln oder Stämmen.

WAS IST EINE OASE?

Eine Oase ist ein Ort in der Wüste, wo es Wasser gibt, zum Beispiel einen Teich, der durch eine Quelle gespeist wird. In einer Oase können trotz der Wüstenhitze viele Pflanzen wachsen. Manchmal werden in Oasen Dattelpalmen angepflanzt, die Schatten und Früchte liefern.

WAS LEBT IN EINEM RIESENKAKTUS?

Kakteen bieten Lebensraum für zahlreiche Tiere. Die Blüten werden von Schmetterlingen und Kolibris besucht. Der Stamm dient als Brutplatz für Nagetiere und Vögel, zum Beispiel für den winzigen Elfenkauz.

WIE ÜBERLEBT EIN KAKTUS IN DER WÜSTE?

Kakteen besitzen meistens einen unbeblätterten, stark verdickten Stamm, der Wasser speichert. Da es keine Blätter gibt, verlieren Kakteen nur wenig Wasser durch Verdunstung. Die meisten Kakteen tragen Dornen; diese dienen unter anderem als Schutz gegen Pflanzenfresser.

OASE

In einer Oase liefert eine Quelle Wasser, sodass Gräser, Bäume und Wasserpflanzen gedeihen können.

WAS IST EINE SUKKULENTE?

Sukkulenten sind Pflanzen, die an sehr trockenes Klima angepasst sind und Wasser in Blättern, Stamm oder Wurzeln speichern. Typische Beispiele sind Aloearten, Agaven, Kakteen und Palmlilien (Yucca).

WAS IST EINE JOSUA-PALMLILIE?

Die Josua-Palmlilie ist in der Mojave-Wüste in Kalifornien heimisch. Sie wächst pro Jahr nur etwa 10 Zentimeter. Aus den Fasern im Blattinneren kann man Papier herstellen.

JOSUA-PALMLILIE

Die langen, spitzen Blätter des Baums können bis zu 20 Jahre alt werden.

WIE GROSS IST DER GRÖSSTE KAKTUS?

Die größte Kakteenart ist der Saguaro, auch Riesenkaktus genannt, aus den südwestlichen USA und Mexiko. Ein 125 Jahre alter Saguaro kann eine Höhe von 15 Metern erreichen und bis zu 6 Tonnen wiegen.

SAGUARO

In der Wüste wachsen Kakteen nur langsam; manchmal dauert es 75 Jahre, bis sie sich verzweigen.

Mehr Wüstenpflanzen

Wüstenpflanzen haben sich an das trockene Klima angepasst. Sie können Wasser speichern und haben teilweise sehr lange Wurzeln entwickelt. Viele Arten legen eine Ruheperiode ein und wachsen erst wieder, wenn es regnet.

BLÜHENDE WÜSTE

Nach dem Regen erscheinen in vielen Wüsten überall Blumen.

RÄTSELFRAGE

WAS SIND LEBENDE STEINE?

Lebende Steine sind Wüstenpflanzen aus Südafrika. Sie besitzen verdickte Blätter und wachsen verborgen zwischen Sand und Kies auf dem Boden. Auf den ersten Blick ähneln sie Kieselsteinen oder Felsbrocken. Erst wenn sie blühen, erkennt man, dass Lebende Steine Pflanzen sind.

WIE ÜBERLEBEN WÜSTENBLUMEN DIE DÜRREPERIODEN?

Viele Wüstenblumen leben nur kurze Zeit und überdauern als Samen im Wüstenboden. Der nächste Regenfall führt dazu, dass die Samen auskeimen.

WIE ÜBERSTEHEN „AUFERSTEHUNGS-PFLANZEN“ TROCKENZEITEN?

Bei großer Trockenheit rollen sich die Blätter dieser Pflanzen ein und werden braun. Auf diese Weise verlieren sie weniger Wasser. Wenn es regnet, werden die Pflanzen wieder grün.

WAS IST EIN FEIGENKAKTUS?

Feigenkakteen werden auch als „Opuntien“ bezeichnet. Die wohlschmeckenden Früchte heißen Kaktusfeigen – vor dem Verzehr muss man aber die Dornen entfernen.

WIE TIEF REICHEN DIE WURZELN VON WÜSTENPFLANZEN?

Manche Wüstenpflanzen haben sehr lange Wurzeln, die bis in tiefe Grundwasserreserven reichen. Die Wurzeln von Mesquitebäumen reichen oft bis in 20 Meter Tiefe.

WELWITSCHIE

Die beiden Blätter der Pflanze können bis zu 4 Meter lang werden und reißen in mehrere Teile auf.

WELCHE WÜSTEN-PFLANZE IST AM SELTSAMSTEN?

Am ungewöhnlichsten ist vielleicht die Welwitschie. Sie wird mehrere Hundert Jahre alt, wächst sehr langsam und bildet zeitlebens nur ein Paar langer ledriger Blätter. Sie kommt in der Namib-Wüste an der Küste von Südwestafrika vor und bezieht ihr Wasser teilweise aus Nebel, der sich an der Küste bildet.

Grasland

Graslandschaften entstehen in gemäßigten und subtropischen Klimazonen, in Gebieten mit heißen Sommern und kühlen bis kalten Wintern, wo so wenig Regen fällt, dass Wälder nicht gedeihen. In diesen Lebensräumen kommen viele verschiedene Gräserarten vor.

WO KOMMT GRASLAND VOR?

Es gibt Graslandschaften in Zentralasien, Nordamerika, Argentinien und im südlichen Afrika. In Asien wird das Grasland als Steppe, in Nordamerika als Prärie bezeichnet. In Argentinien heißt es Pampa, und in Südafrika spricht man vom Veld. Die asiatischen Steppengebiete in Russland, China und der Mongolei sind am größten.

RÄTSELFRAGE

WIE KOMMT ES ZU BRÄNDEN IM GRASLAND?

Brände können entstehen, wenn zum Beispiel ein Blitz in trockene Grasflächen einschlägt. Wenn Wind die Funken anfacht, kann sich bei trockenem Wetter rasch eine Feuersbrunst entwickeln.

STEPPEN

In den Steppen Zentralasiens unterbrechen nur wenige Bäume die Eintönigkeit.

WIE ÜBERLEBEN STEPPEN-PFLANZEN FEUER?

Einige Pflanzen im Grasland überleben als verdickter Wurzelstock und schlagen nach dem Feuer wieder aus. Andere sterben ab, doch ihre Samen überleben im Boden und keimen später aus.

WARUM VERDRÄNGEN BÄUME NICHT DAS GRASLAND?

Bäume können in natürlichem Grasland nicht gut überleben, vor allem, weil es dort nicht genug regnet. In Gebieten mit höheren Niederschlägen breiten sich Bäume jedoch allmählich aus, wenn sie nicht abgeholzt oder von Weidetieren abgefressen werden.

WELCHE TIERE LEBEN IN DER PRÄRIE?

Zu den Präriebewohnern gehören Bisons, Weißwedelhirsche und Präriehunde. Früher gab es etwa 40 Millionen wilde Bisons, doch sie wurden fast vollständig ausgerottet.

ZEBRA IM VELD

Durch die Streifen ist das Zebra im wechselnden Licht und Schatten der hohen Gräser gut getarnt.

WIE WIRD GRASLAND GENUTZT?

Grasland wird seit Jahrtausenden als Weide für Viehherden von Haustieren wie Rindern genutzt. Doch wegen der fruchtbaren Böden wurde inzwischen sehr viel Grasland untergepflügt und wird als Ackerland für Weizen und Mais verwendet.

Gebirge

Mit zunehmender Höhe werden die Umweltbedingungen in Gebirgen immer lebensfeindlicher. Wälder werden von Sträuchern, kargen Wiesen und schließlich von Fels und Schnee abgelöst.

WAS IST DAS HÖCHSTE GEBIRGE DER WELT?

Das Himalajagebirge in Asien. Alle 14 Achttausender-Gipfel der Erde liegen im Himalaja-Karakorum-Gebirgszug. Einer der Gipfel ist der Mount Everest, der höchste Berg der Welt.

RÄTSELFRAGE

WAS IST DIE BAUMGRENZE?

Bäume können im Gebirge nur bis zu einer bestimmten Höhe gedeihen; die Linie, oberhalb deren keine Bäume mehr wachsen, wird als Baumgrenze bezeichnet. Diese ist je nach lokalem Klima unterschiedlich hoch und liegt in den Alpen bei etwa 2000 Meter.

BAUMGRENZE

Oberhalb der Bäume sind Grasflächen und darüber Felswände.

WARUM IST ES IM GEBIRGE KÄLTER?

Die Sonne erwärmt den Erdboden und die darüberliegende Luft; diese warme Luft steigt nach oben und dehnt sich dabei aus. Dadurch sinkt der Druck, und die Luft kühlt sich ab. Wenn man bergauf steigt, bemerkt man, dass die Lufttemperatur alle 100 Meter um etwa 0,7 °C abnimmt.

WAS SIND NADELWÄLDER?

Nadelwälder wachsen oft in Gebirgen, aber auch in vielen anderen Regionen. Als Nadelbäume bezeichnet man Baumarten mit nadelförmigen Blättern wie Kiefer und Tanne. Sie sind immergrün, verlieren ihr Laub im Winter also nicht, und können extreme Witterung wie Kälte und Dürre besser verkraften als Laubbäume.

WARUM IST ES SCHÄDLICH, BERGWÄLDER ABZUHOLZEN?

Die Wälder an den Berghängen liefern nicht nur Nahrung und Unterschlupf für Tiere. Die Baumwurzeln halten den Boden fest, sodass er nicht durch herunterfließenden Regen abgewaschen wird. Wenn Bäume fehlen, kann es an den Hängen zu gefährlichen Erdrutschen kommen.

WIE FINDEN PFLANZENFRESSENDE TIERE IM GEBIRGE NAHRUNG?

Viele Säugetiere im Gebirge buddeln unter dem Schnee und können sich sogar in großer Höhe noch von Gebirgspflanzen ernähren. Andere wie das Murmeltier legen sich eine Fettschicht zu und halten einen Winterschlaf.

MOUNT EVEREST

Auf dem 8848 Meter hohen Gipfel gibt es keine Pflanzen; Blütenpflanzen wachsen bis in etwa 6000 Meter Höhe.

MURMELTIER

Murmeltiere fressen Gräser, Beeren, Moos, Wurzeln und Blüten.

Gebirgspflanzen

Pflanzen müssen an Gebirgshängen kälteres und windigeres Wetter überstehen als auf dem Talboden. Sie müssen auf dünnerer Bodendecke und Felsgrund wachsen. Trotzdem gedeihen viele Pflanzen unter diesen Bedingungen.

WARUM WACHSEN AUF DEN VERSCHIEDENEN SEITEN EINES BERGES UNTERSCHIEDLICHE PFLANZENARTEN?

Auf den verschiedenen Bergseiten herrscht jeweils ein anderes Klima bzw. andere Witterungsbedingungen. Auf der Südseite scheint mehr Sonne, und es ist wärmer, während der Schnee auf der Nordseite viel länger liegen bleibt (auf der Südhalbkugel jeweils umgekehrt).

ALPENWIESE

Auf dieser Wiese in den Alpen wachsen Löwenzahn und Wiesenschaumkraut.

WIE ÜBERSTEHEN PFLANZEN DIE KÄLTE?

Einige Pflanzen wachsen in Bodennähe und sind polsterförmig, um dem Wind keinen Widerstand zu bieten. Manche besitzen dicke, wachsüberzogene oder behaarte Blätter, um sie besser vor der Kälte zu isolieren.

EDELWEISS

Edelweiß ist eine Gebirgspflanze, die auf felsigen Hängen gedeiht.

WIE ÜBERSTEHEN PFLANZEN SCHNEE UND EIS?

Etliche Pflanzen ertragen strenge Fröste, doch viele überleben nur unter einer Schneedecke. Schnee wirkt als Isolierung gegen Frost und verhindert so das Absterben der Pflanzen. Alpine Gräser bleiben unter der Schneedecke grün und können nach der Schneeschmelze sofort weiterwachsen.

WARUM SIND ALPENPFLANZEN IM STEINGARTEN BELIEBT?

Die Alpenpflanzen haben oft farbenfrohe Blüten; sie sind anspruchslos und gedeihen auch auf kargen Böden gut.

WIE KÖNNEN SICH GEBIRGSPFLANZEN OHNE BLÜTEN FORTPFLANZEN?

Viele Gebirgspflanzen bilden keine Blüten, da Insekten für die Bestäubung fehlen. Stattdessen wachsen bei einigen Gräsern anstelle der Blüten winzige „Tochterpflanzen"; diese fallen ab und entwickeln sich zu neuen Pflanzen.

ENZIAN

Viele Gebirgspflanzen wie dieser blaue Enzian besitzen auffällige Blüten, um Insekten anzulocken.

WIE LOCKEN GEBIRGSPFLANZEN BESTÄUBENDE TIERE AN?

Viele Bergpflanzen haben große farbenfrohe Blüten, um die wenigen Insekten, die in dieser Höhe leben, anzulocken. Andere Pflanzen wie die Silberwurz richten ihre weißen Blüten wie einen Wärmekollektor nach der Sonne aus, sodass sich Insekten dort zum Sonnenbad niederlassen.

Tundra

Die Tundra ist eine Region, wo Bäume wegen der Kälte nicht wachsen können. Tundren liegen in der Nähe der Polargebiete. Das Pflanzenkleid besteht vor allem aus Gräsern, Moosen, Flechten und Sträuchern.

RÄTSELFRAGE

WELCHE BLUME WÄCHST AM WEITESTEN NÖRDLICH?

Der Arktische Mohn wächst am weitesten nördlich und kommt sogar noch bei 83° Nord auf der Höhe von Nordgrönland vor.

WO LIEGT DIE TUNDRA?

Die Tundra liegt nördlich des Nadelwaldgürtels in einem Bereich, der etwa dem Polarkreis folgt. Sie reicht von Alaska über Kanada, Grönland, Island und Skandinavien bis nach Sibirien. Auf der Südhalbkugel gibt es nur in Feuerland und an der Nordspitze der Antarktis eine Tundra; die Antarktis ist zum größten Teil ganzjährig von Schnee und Eis bedeckt.

SIBIRISCHE TUNDRA

Wenn der Schnee im Sommer schmilzt, bleiben Sümpfe zurück.

WAS IST PERMAFROSTBODEN?

Selbst wenn die oberen Bodenschichten der Arktis im Sommer tauen, bleibt der Boden darunter ganzjährig gefroren. Diese gefrorene Schicht wird als Permafrostboden bezeichnet.

WARUM SIND VIELE STRÄUCHER IN DER ARKTIS IMMERGRÜN?

Viele arktische Sträucher behalten im Winter einen Teil ihres Laubs. Im Spätsommer gebildete Blätter bleiben auf der Pflanze und werden oft durch abgestorbenes Laub geschützt. Im Frühling können die grünen Blätter sofort wieder mit der Fotosynthese beginnen.

WAS FRESSEN DIE RENTIERE?

Rentiere überleben den Winter, indem sie nach Essbarem suchen. Sie scharren mit Geweih und Hufen unter dem Schnee nach Flechten, Moosen und Gräsern.

WARUM SIND VIELE TUNDRABLUMEN WEISS ODER GELB?

Die Blüten der meisten Tundrapflanzen werden von Insekten bestäubt. Hoch im Norden sind Fliegen die wichtigsten Bestäuber. Da Fliegen Farben nicht so gut wie Bienen unterscheiden können, reicht es, wenn die Blüten hell sind.

RENTIER

Rentiere, in Kanada Karibu genannt, sind in Tundraregionen häufig.

Wälder

Die beiden wichtigsten Waldtypen der gemäßigten Breiten sind Laubwald und (immergrüner) Nadelwald. Typisch für den Laubwald sind Bäume, die im Herbst ihre Blätter abwerfen. Immergrüne Wälder sind ganzjährig belaubt.

WIE SIEHT EIN LAUBWALD IM SOMMER AUS?

Im Sommer wimmelt es im Laubwald nur so von Leben: Vögel rufen in den Baumwipfeln, Mäuse rascheln im Unterwuchs. Durch das voll entwickelte Laubdach gelangt nur wenig Sonnenlicht bis zum Waldboden. Trotzdem gedeihen Sträucher wie Rose und Haselnuss oder Stauden wie der Sauerklee zwischen den Bäumen.

WIE SIEHT EIN LAUBWALD IM WINTER AUS?

Im Winter haben alle großen Bäume, die das Kronendach bilden, ihre Blätter verloren. Die meisten krautigen Pflanzen sind verwelkt. In dieser Jahreszeit sind immergrüne Arten wie Stechpalme, Efeu und Eibe besonders auffällig und bieten Unterschlupf für viele Waldtiere.

IST ES IN GEMÄSSIGTEN WÄLDERN IM WINTER LEISER?

Ja! Viele Singvögel leben als Sommergäste in diesen Wäldern und ziehen im Winter südwärts. Viele zirpende Waldinsekten sterben oder befinden sich im Winterschlaf.

LAUBWALD IM SOMMER

Unter dem Kronendach gedeiht in Bodennähe die Strauch- und Krautschicht.

RÄTSELFRAGE

WAS LEBT AM WALDBODEN?

Abgefallenes Laub und Wurzeln am Waldboden sind die Heimat von wirbellosen Tieren. So helfen zum Beispiel Käfer, Asseln (oben), Würmer, Schnecken und Ameisen dabei, das organische Material abzubauen, und dienen gleichzeitig als Nahrung für Mäuse und Wühlmäuse.

WIE FINDET DIE HOLZERNTE IN GEMÄSSIGTEN WÄLDERN STATT?

Viele Wälder sind keine Naturwälder, sondern werden seit Jahrhunderten bewirtschaftet, um Holz zu gewinnen. Dabei wird immer nur ein Teil der Bäume geschlagen, damit der Wald sich verjüngen kann. Nachdem die alten Bäume gefällt worden sind, werden junge Bäume gepflanzt.

WOZU SIND GEMÄSSIGTE WÄLDER SONST NOCH GUT?

Zu vielen Dingen! Verbrennt man langsam bestimmte Holzarten, entsteht Holzkohle. Früher war der Mensch auf wilde Waldtiere wie Wildschweine und Rehe angewiesen, die Nahrung und Häute lieferten. Viele Speisepilze wie Pfifferling und Trüffel wachsen in Wäldern; Walderdbeeren und Brombeeren liefern essbare Früchte.

PILZ

Dieser Fliegenpilz ist der oberirdische Teil eines Pilzgewächses im Boden.

Pflanzen der gemäßigten Wälder

Gemäßigte Wälder sind in Nord- und Südamerika, Europa, Ostasien und Australasien verbreitet. Bäume sind die häufigsten Pflanzenformen, doch auch Sträucher und krautige Pflanzen gedeihen.

HERBSTLAUB

Die grünen Farbstoffe in Blättern werden im Herbst abgebaut.

WARUM WERFEN MANCHE BÄUME IM HERBST IHR LAUB AB?

Laubbäume und Pflanzen, die ihre Blätter abwerfen, tun dies meist im Herbst und sind über den Winter kahl. Dadurch können sie ihre wichtigsten Lebensprozesse – Fotosynthese und Transpiration (mit deren Hilfe Wasser und Nährstoffe durch die Pflanze befördert werden) – herunterfahren und bis zum Frühling im Ruhezustand bleiben.

HASENGLÖCKCHEN

Hasenglöckchen sind Frühlingsblumen in englischen Buchenwäldern.

WARUM BLÜHEN DIE MEISTEN WALDBLUMEN IM FRÜHJAHR?

Wenn Waldblumen blühen, bevor das Laubdach der Bäume zu dicht ist, können sie vom Sonnenlicht profitieren. Auch Insekten können die Blüten leichter finden, bevor die übrigen Pflanzen alles überwuchern.

WELCHE BÄUME SIND AM HÄUFIGSTEN?

Die häufigsten Laubbäume sind Eichen, Buchen, Ahorn und Birken. Verbreitete Nadelbäume sind Kiefern, Tannen und Fichten.

WELCHER BAUM LÄSST SICH AN SEINEM GERÄUSCH ERKENNEN?

Die Blätter der Zitterpappel bewegen sich im Wind und rascheln schon bei der leichtesten Brise. Aufmerksame Zuhörer können diese Bäume daher leicht ausfindig machen.

WELCHER NADELBAUM IST NICHT IMMERGRÜN?

Lärchen sind Nadelbäume – sie tragen Zapfen und Nadelblätter. Doch anders als die meisten Nadelbäume verlieren Lärchen im Herbst alle Blätter auf einmal, sind also auch „laubabwerfend“ . Es gibt auch immergrüne Laubbäume, zum Beispiel Eichenarten im Mittelmeergebiet.

WIE ALT KÖNNEN WALDBÄUME WERDEN?

Viele Waldbäume werden sehr alt, Eichen können zwischen 200 und 400 Jahren leben. Die meisten Ulmen erreichen ein Alter von etwa 150 Jahren.

LÄRCHENZAPFEN

Nach der Befruchtung bilden sich im Zapfen Samen.

Regenwald

Tropische Regenwälder sind in den heißeren Regionen der Erde verbreitet, wo die Niederschläge hoch sind. Regenwälder helfen mit, das Klima der Erde zu schützen, indem sie Unmengen an Wasserdampf und Sauerstoff freisetzen und Kohlendioxid aufnehmen.

WIE VIEL REGEN FÄLLT IM REGENWALD?

Tropische Regenwälder sind warm und feucht. Die jährliche Regenmenge liegt gewöhnlich zwischen 2000 und 4000 Millimeter. Es kann zu jeder Tageszeit regnen, oft gibt es nachmittags Gewitter.

WO GIBT ES REGENWÄLDER?

Das größte zusammenhängende Regenwaldgebiet der Welt erstreckt sich vom Amazonasbecken bis zu den Vorgebirgen der Anden. Die wichtigsten tropischen Regenwaldgebiete der Erde liegen in Süd- und Mittelamerika, West- und Zentralafrika, in Südostasien und in Nordaustralien.

REGENWALD

Auf nur 40 x 100 Meter Regenwald können 200 Baumarten vorkommen.

RÄTSELFRAGE

WELCHEN NUTZEN HAT DER REGENWALD?

Regenwälder liefern uns viele Dinge, zum Beispiel Holz, Paranüsse, Obstfrüchte (wie Bananen und Mangos), Gummi, Rattan (eine Palmenart, die zur Möbelherstellung dient), Kosmetika und Arzneimittel.

FRÜCHTE

Ananas und Annattostrauch (oben rechts) wachsen in Tropenwäldern.

WARUM WERDEN REGENWÄLDER ABGEHOLZT?

Viele Regenwälder werden zerstört, damit das Land landwirtschaftlich genutzt werden kann. Da die Böden im tropischen Regenwald fruchtbar sind, kann man nach dem Fällen der Bäume Nutzpflanzen wie Kakao und Zuckerrohr anbauen; doch die Bodenfruchtbarkeit erschöpft sich rasch.

WIE SCHNELL WERDEN DIE REGENWÄLDER ZERSTÖRT?

Jährlich werden etwa 150000 Quadratkilometer Regenwald abgeholzt. Nach der Rodung wird der fruchtbare Mutterboden durch Tropengewitter weggeschwemmt, sodass auf den Flächen keine Nutzpflanzen mehr wachsen.

SIND REGENWÄLDER UNENTBEHRLICH?

Ja! Zwei Drittel aller Tier- und Pflanzenarten leben im Regenwald. Zudem regulieren Regenwälder das Weltklima.

Pflanzen des Regenwalds

Die höchsten Bäume des Regenwaldes ragen über das Kronendach hinaus, dessen dichte Laubschicht durch die Hauptmasse der Bäume gebildet wird. Darunter folgt als Unterwuchs die Strauchschicht, während der Boden nur wenig Licht erhält.

WIE HOCH SIND DIE GRÖSSTEN REGENWALDBÄUME?

Das Hauptkronendach des Regenwalds befindet sich in etwa 30 Meter Höhe, während vereinzelte Baumriesen (die „Überständer") bis zu 50 Meter oder mehr aufragen.

WARUM WERDEN DIE HOHEN BÄUME NICHT UMGEWEHT?

Viele hohe Urwaldbäume stützen sich auf sogenannte Stelzenwurzeln oder Brettwurzeln. Dadurch können die Bäume bei Unwettern nicht so leicht umfallen.

RÄTSELFRAGE ?

WELCHE PFLANZEN KÖNNEN IHR EIGENES REGENWASSER SAMMELN?

Im tropischen Regenwald regnet es oft, und einige Pflanzen fangen das Wasser auf. Bei vielen Bromeliengewächsen bilden die Blätter zu diesem Zweck einen wasserdichten Trichter.

BROMELIENGEWÄCHS

Die Blätter bilden eine Rosette, in der Wasser aufgefangen wird.

LIANE

Ein Orang-Utan in Borneo (Südostasien) benutzt eine Liane als Schaukel.

WAS IST EINE AUFSITZERPFLANZE?

Eine Epiphyte oder Aufsitzerpflanze wächst ohne Verankerung im Boden. In vielen Regenwäldern sind Epiphyten häufig; sie beziehen das Wasser direkt aus der Umgebungsluft.

WAS SIND LIANEN?

Lianen sind verholzte Pflanzen, die über Regenwaldbäume klettern und aus den Kronen herabhängen. Lianen werden sehr lang, und Tiere wie Affen oder Schlangen können sich mit ihrer Hilfe durchs Geäst bewegen.

ORCHIDEE

Viele Orchideen sind Aufsitzerpflanzen, ihre Wurzeln schmiegen sich an andere Pflanzen.

WAS IST EINE WÜRGFEIGE?

Affen oder Vögel, die eine Feigenfrucht gefressen haben, tragen die Samen der Würgfeige in die Baumkronen. Nach dem Keimen sendet der Sämling lange Wurzeln zum Erdboden und beginnt, den Trägerbaum zu umwachsen.

Feuchtgebiete

Zu den Feuchtgebieten zählen Sümpfe, Moore und Marschen. Pflanzen in Feuchtgebieten sind an wassergesättigten Boden angepasst. Rohrkolben, Seerosen und Mangroven sind nur einige typische Pflanzen dieser Lebensräume.

WARUM WACHSEN DIE MEISTEN WASSERPFLANZEN NUR IN FLACHEM WASSER?

Die meisten Pflanzen müssen im Erdboden wurzeln, auch wenn sie vorwiegend untergetaucht im Wasser leben. In tieferem Wasser gelangt so wenig Sonnenlicht zu den Pflanzen, dass sie nur schlecht gedeihen.

WIE WERDEN FEUCHTGEBIETE ZERSTÖRT?

Wenn der Boden trockengelegt oder zu viel Wasser abgepumpt wird, werden Feuchtgebiete zerstört, weil der Grundwasserspiegel sinkt. Sie reagieren auch sehr empfindlich auf Umweltverschmutzung.

WAS IST EINE WASSERHYAZINTHE?

Die Wasserhyazinthe ist eine Schwimmpflanze mit hübschen lilablauen Blüten. Sie ist aber auch ein schnell wachsendes Unkraut, das sich rasch verbreitet und Gewässer zuwuchert.

WASSERHYAZINTHE

Wasserhyazinthen überwuchern den Naivashasee in Kenia (Afrika).

WIE WERDEN WASSERPFLANZEN BESTÄUBT?

Die Blüten der meisten Wasserpflanzen stehen über der Wasserfläche, sodass sie vom Wind oder Insekten bestäubt werden können. Bei einigen, wie dem Wasserstern, treibt der Wind schwimmfähige Pollen zu den Blüten.

LIBELLE

Libellen leben in Feuchtgebieten, da sie ihre Eier im oder am Wasser legen.

WELCHE NAHRUNGSPFLANZEN WACHSEN IN FEUCHTGEBIETEN?

Die wichtigste Nutzpflanze aus Feuchtgebieten ist Reis, der in vielen Teilen der Welt angebaut wird, besonders in Indien und China. Er wächst am besten in überfluteten Feldern (sogenannter Nassreisanbau). Bekannt ist auch der Wasserreis aus Nordamerika, eine traditionelle Nahrung der Indianer, der heute als Delikatesse gilt.

WARUM GEHEN WASSERPFLANZEN NICHT UNTER?

Einige Wasserpflanzen gehen nicht unter, weil sie ein besonderes mit Luft gefülltes Gewebe besitzen, sodass Stängel und Blätter schwimmfähig sind. Viele besitzen große Schwimmblätter, die auf der Wasseroberfläche schwimmen. Oft ist die Blattoberfläche Wasser abweisend, oder der Blattrand ist hochgewölbt.

Leben im Meer

Form und Farbe

In den Meeren lebt eine große Anzahl vielfältigster Tiere. Zu den Meerestieren zählen Fische, Reptilien (wie Meeresschildkröten), Säugetiere (zum Beispiel Wale und Delfine) sowie wirbellose Tiere von Quallen bis zum Hummer. Bei allen Meerestieren ist die Körpergestalt an die Fortbewegung im Wasser angepasst. Oft sind die Tiere durch ihre Färbung getarnt.

WARUM SIND MANCHE FISCHE AUFFÄLLIG GEFÄRBT?

Viele Fische der tropischen Meere sind lebhaft gefärbt oder auffällig gemustert. Dank ihrer Färbung können die Fische sich besser zwischen den bunten Korallen verstecken. Wenn diese Fische in der Brutzeit (Laichzeit) Partner suchen, schwimmen sie jedoch ins offene Wasser hinaus.

DOKTORFISCHE

Schulen des Gelben Segelflossendoktors schwimmen zwischen tropischen Korallen.

WOBBEGONG

Der getarnte Wobbegong lauert auf dem Meeresboden seiner Beute auf.

WIE VERSTECKT SICH DER WOBBEGONG?

Bei vielen Meerestieren ist der Körper durch Farbe, Form und Musterung so getarnt, dass er mit der Umgebung verschmilzt. Dies hilft den Tieren, sich vor Feinden zu verbergen oder ungesehen an ihre Beute anzupirschen. Das Körpermuster des Wobbegongs dient dazu, dass er auf dem Boden von seiner Beute nicht entdeckt wird.

WELCHER IST DER LÄNGSTE KNOCHENFISCH DER WELT?

Riemenfische sind sehr große, aalförmige Fische, die über 6 Meter lang werden. Die Legenden über Seeschlangen wurden möglicherweise durch diese erstaunlichen Lebewesen beflügelt.

WIE VERSTECKEN SICH FISCHE AUF HOHER SEE?

Heringe, Makrelen und andere Hochseefische, die in Oberflächennähe schwimmen, sind auf dem Rücken dunkel und auf der Bauchseite hell gefärbt. Diese Färbung bewirkt, dass die Fische von unten gegen die helle Wasseroberfläche unsichtbar werden.

RÄTSELFRAGE ?

WELCHE LEBEWESEN LEGEN AUF IHREM RÜCKEN EINEN GARTEN AN?

Spinnenkrabben (rechts) fertigen sich ihr Tarnkleid aus Material, das sie in der Umgebung finden. Mit ihren Scheren trennen sie Stücke von Schwämmen oder Algen ab und setzen sie auf ihren Rücken.

Schwimmen und Bewegung

Meerestiere bewegen sich auf vielfältige Weise durch das Wasser – vom Pottwal, der 500 Meter tief tauchen kann, bis zu Fischen, die durch die Luft fliegen können. Die meisten Fische und Meeressäuger sind stromlinienförmig gebaut und bieten dem Wasser wenig Widerstand. Einige wirbellose Tiere nutzen das Rückstromprinzip, indem sie einen Wasserschwall nach hinten ausstoßen. Viele Meeresreptilien paddeln mithilfe kräftiger Flossen durchs Wasser.

WIE SCHWIMMEN FISCHE?

Die meisten Fische schwimmen, indem sie die Muskeln an den Körperseiten zusammenziehen und mit der Schwanzflosse von Seite zu Seite schlagen. Körper und Schwanzflosse drücken gegen das Wasser, sodass der Fisch vorwärtsgetrieben wird. Brust-, Rücken- und Bauchflossen wirken beim Steuern mit.

WELCHER FISCH FLIEGT UNTER WASSER?

Rochen schwimmen, indem sie ihre großen flachen Brustflossen wie Vogelflügel einsetzen, und wirken deshalb so, als ob sie unter Wasser fliegen.

FLOSSEN

Rochen setzen ihre Brustflossen wie Flügel ein und gleiten elegant durch das Wasser.

MANTAROCHEN

Mit einer Spannweite von über 7 Metern ist der Mantarochen der größte Rochen. Er lebt in tropischen Meeren.

RÄTSELFRAGE

WELCHER FISCH FLIEGT DURCH DIE LUFT?

Fliegende Fische (rechts) segeln durch die Luft, um Fressfeinden zu entkommen. Der Fisch schießt aus dem Wasser in die Luft und breitet seine flügelähnlichen Brustflossen aus, sodass er bis zu 50 Meter durch die Luft gleiten kann.

WIE KÖNNEN SICH QUALLEN FORTBEWEGEN?

Quallen haben einen gallertartigen, schirmförmigen Körper. Zur Fortbewegung ziehen sie ihren Schirm zusammen und stoßen gleichzeitig Wasser nach hinten aus; so kann das Tier nach dem Rückstoßprinzip weiterschwimmen.

WELCHER FISCH KANN AN LAND GEHEN?

Schlammspringer sind Fische, die in Sümpfen und Mangrovenwäldern tropischer Küsten leben. Sie verlassen bei Ebbe das Wasser und setzen ihre muskulösen Brustflossen als „Gehhilfe“ ein.

SCHLAMMSPRINGER

Schlammspringer können das Wasser für längere Zeit verlassen, wenn sie in feuchter Umgebung bleiben.

Jagd und Ernährung

Die Nahrung der Meerestiere reicht von Pflanzen und Plankton (im Wasser schwebende Lebewesen) bis zu allem, was sich im Wasser bewegt. Meerestiere bedienen sich dabei zum Teil ausgefallener Methoden, um ihre Beute zu fangen und zu töten – dies reicht vom Überfall aus dem Hinterhalt bis zum elektrischen Schock.

WELCHER FISCH BETREIBT EINEN PUTZDIENST?

Die kleinen, sogenannten Putzerfische ernähren sich von Parasiten, die größere Fische befallen. Diesen ist der Reinigungsdienst sehr willkommen und sie tun dem Putzfisch sogar dann nichts, wenn ihnen dieser zum Putzen direkt ins Maul schwimmt. Manchmal bilden sich regelrechte Warteschlangen in der Nähe des Putzerfischs, bis jeder an der Reihe ist.

WELCHER FISCH BESITZT EINE ANGEL?

Der Anglerfisch trägt eine eingebaute Angel auf seinem Kopf – einen langen Stachel mit einem Anhängsel, das wie ein Wurm aussieht. Nähert sich zum Beispiel eine kleine Krabbe, um den „Wurm" zu fressen, schnappt der Anglerfisch seine Beute mit seinem Maul auf.

ANGLERFISCH

Mit seinem auffälligen Köder lauert ein Tiefsee-Anglerfisch auf Beute.

WIE ERHELLEN TIEFSEETIERE DIE DUNKELHEIT?

Mehr als 1000 Fischarten in der Tiefsee senden Licht aus, immer mit der Hilfe von Leuchtbakterien. Diese leben bei einigen Fischen unter der Haut, bei anderen in speziellen Leuchtorganen. Die Lichtproduktion erfolgt immer über einen chemischen Prozess.

WIE FÄNGT DIE SEEANEMONE IHRE BEUTE?

Seeanemonen sind wirbellose Tiere, an deren Körper zahlreiche nesselnde Tentakel sitzen. Wenn Fische die Tentakel berühren, wird ein Nesselfaden ausgeschleudert, der Gift freisetzt. Die Beute wird dadurch gelähmt.

WELCHER FISCH BESITZT EINE GEHEIME WAFFE?

Der Zitterrochen. Er kann mit dem sogenannten elektrischen Organ an seinem Kopf Stromstöße erzeugen. Der Rochen lauert auf kleine Beutefische. Diese werden mit den Flossen umschlungen und durch einen Stromstoß betäubt.

ZITTERROCHEN

Der Zitterrochen betäubt seine Beute mithilfe von Stromstößen.

Fluchttaktiken

Beim Kampf ums Überleben haben Meerestiere viele verschiedene Strategien entwickelt, um ihren Feinden zu entkommen. Fische schwimmen oft in großen Schwärmen, denn in der Gruppe ist man sicherer. Doch auch Scheren, Nesselfäden, Tintenwolken und scharfe Stacheln gehören zum Verteidigungsarsenal der Meerestiere.

SEPIA

Die Sepien oder Echte Tintenfische – keine Fische, sondern wirbellose Tiere – können Tinte ausstoßen.

BEI WELCHEM TIER WACHSEN NEUE ARME?

Seesterne sind wirbellose Tiere, die meistens fünf, manchmal aber auch mehr Arme haben. Wenn ein Fressfeind einen der Arme abbeißt, kann der Seestern einen neuen Arm wachsen lassen.

WELCHER FISCH BLÄST SICH ZU EINER STACHELIGEN KUGEL AUF?

Typisch und namengebend für Igelfische sind die scharfen Stacheln, die den Körper bedecken. Diese liegen normalerweise flach an, können aber bei Gefahr aufgerichtet werden. Wenn der Fisch sich bedroht fühlt, saugt er so viel Wasser ein, dass der Körper auf das Doppelte anschwillt und zu einer Stachelkugel wird. Für Fressfeinde kein Leckerbissen!

LUZON-SEESTERN

Beim sechsarmigen Luzon-Seestern wächst einer der Arme nach.

WELCHES TIER BESPRITZT SEINE FEINDE MIT TINTE?

Sepien sind Kopffüßer, die mit den Kalmaren und Kraken verwandt sind. Wie diese können sie eine Tintenwolke ausstoßen, um ihre Feinde zu verwirren. Gedeckt durch die „Nebelwand", gelingt der Sepia die Flucht.

WER VERBIRGT SICH IN ANEMONEN?

Clown- oder Anemonenfische verstecken sich in den Tentakeln von Seeanemonen. Die Tentakel können dem Clownfisch nichts anhaben, da sein Körper mit einer Schleimschicht bedeckt ist, doch Feinde wagen sich nicht heran!

RÄTSELFRAGE ?

WELCHES TIER KANN UNANGENEHM KNEIFEN?

Die weichen Körperteile von Krabben und Hummer sind durch das harte Exoskelett geschützt, das wie eine Ritterrüstung wirkt. Zusätzlich besitzt die Krabbe Scheren, mit denen sie kräftig zwicken kann.

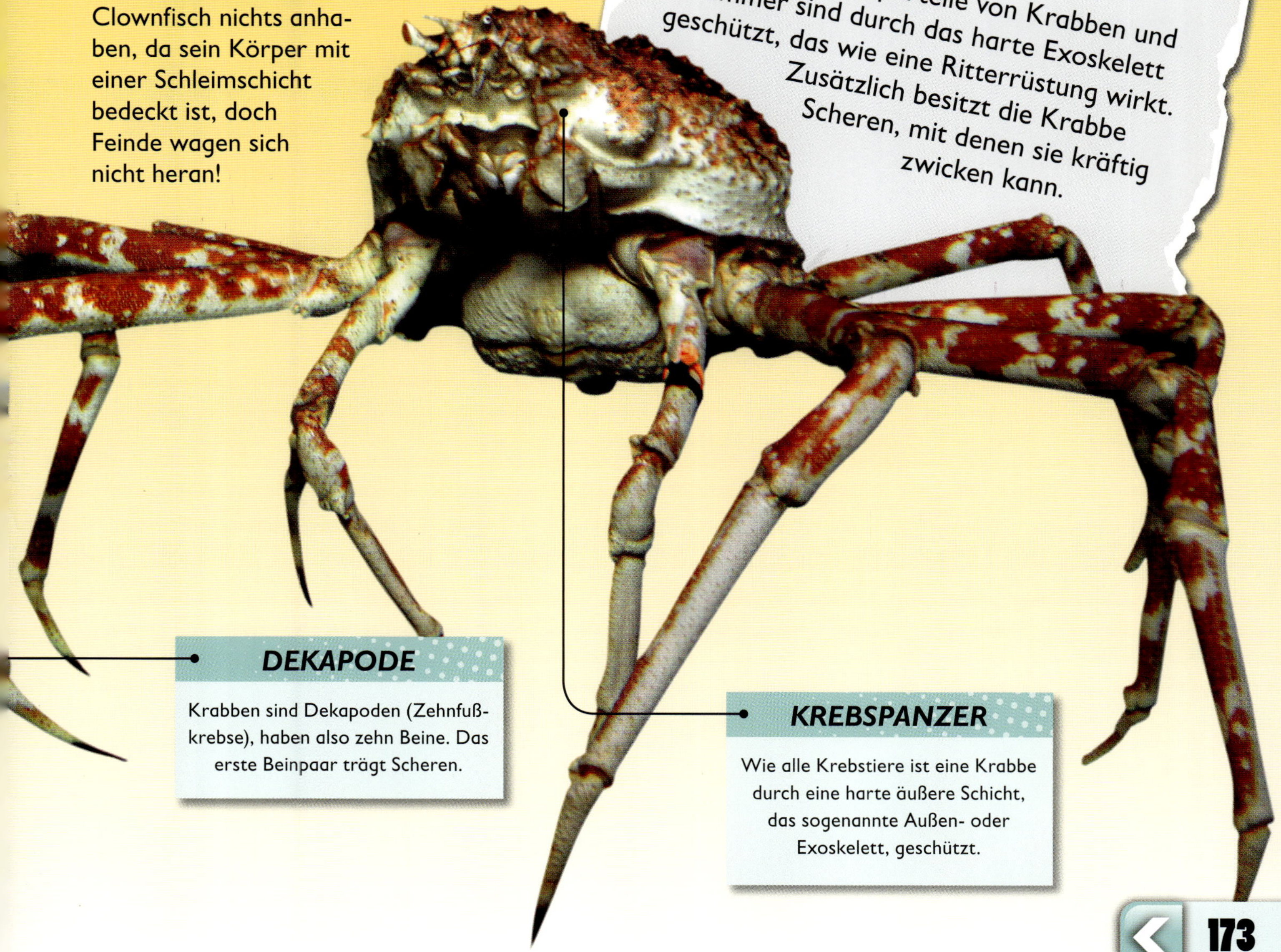

DEKAPODE

Krabben sind Dekapoden (Zehnfußkrebse), haben also zehn Beine. Das erste Beinpaar trägt Scheren.

KREBSPANZER

Wie alle Krebstiere ist eine Krabbe durch eine harte äußere Schicht, das sogenannte Außen- oder Exoskelett, geschützt.

Tödlich und giftig

In den Weltmeeren sind über 50 giftige Fischarten zu Hause. Einige verteidigen sich durch giftige Stacheln, andere haben giftiges Fleisch. Auch einige Wirbellose und Reptilien setzen Gifte ein, um Feinde abzuwehren oder ihre Beute zu betäuben. Viele Gifttiere sind auffällig gefärbt, um mögliche Fressfeinde zu warnen.

WAS IST DAS GIFTIGSTE REPTIL DER WELT?

Der Biss der Plättchen-Seeschlange ist 50-mal giftiger als derjenige der gefürchteten Königskobra. Die auffällige gelb-schwarze Zeichnung ist eine Warnfärbung.

WARNUNG

Die Flecken des Blauringkraken warnen alle Feinde, sich fernzuhalten.

WELCHER KRAKENBISS IST TÖDLICH?

Der Biss des Blauringkraken (Blauring-Oktopus) ist tödlich. Normalerweise hebt sich dieser Krake durch seine sandfarbene Haut nicht vom Untergrund ab; bei Bedrohung erscheinen jedoch blaue Ringe auf der Haut – eine Warnung, dass der Krake beißen wird.

WELCHER „STEIN" KANN TÖTEN?

Der rund um Australien lebende Steinfisch ist eines der giftigsten Meerestiere. Tritt man (versehentlich) auf den Fisch, so führt das Gift aus den Stacheln zu höllischen Schmerzen. Das Opfer kann durch Schock, Herz- oder Atemstillstand sterben.

STACHELROCHEN

Der Stachel am Schwanzende kann bis zu 30 Zentimeter lang sein.

WAS IST DIE GEHEIMWAFFE DES STACHELROCHENS?

Stachelrochen leben und jagen auf dem Meeresboden. Der lange dünne Schwanz ist mit Stacheln bewehrt, über die ein starkes Gift injiziert werden kann.

WIE „STICHT“ EINE QUALLE?

Die langen Tentakel von Quallen sind mit Tausenden von Nesselzellen besetzt. Bei Berührung durch einen Fisch wird ein Nesselfaden abgeschossen, der ein lähmendes Gift freisetzt.

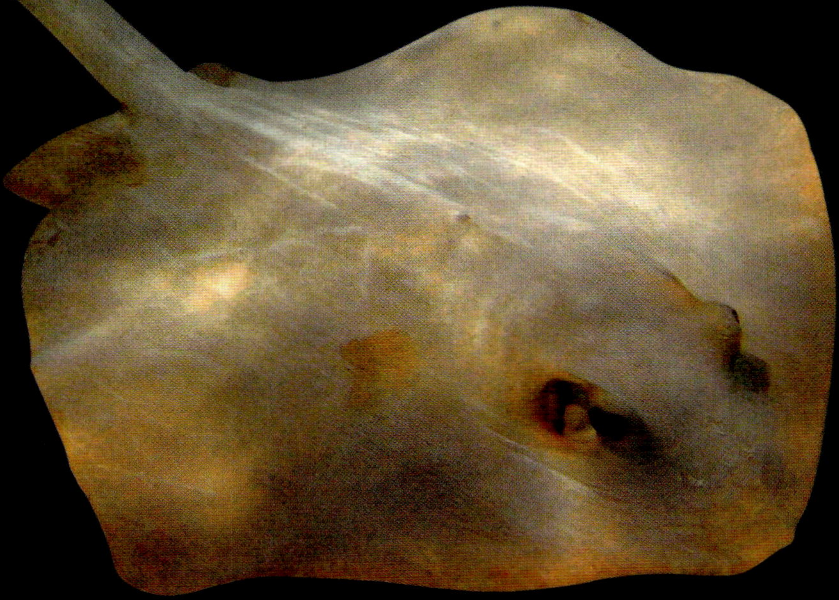

RÄTSELFRAGE

WELCHER GIFTIGE FISCH WIRD VON MENSCHEN GEGESSEN?

Die Eingeweide von Kugelfischen enthalten ein starkes Gift, doch andere Teile des Fischs schmecken köstlich! In Japan wird er als Delikatesse unter dem Namen Fugu serviert. Nur besonders geschulte Fugu-Köche dürfen die Eingeweide entfernen.

KUGELFISCH

Die Eingeweide des Riesen-Kugelfischs enthalten ein für Menschen tödliches Gift.

Balz und Brut

Zur Paarung müssen Männchen und Weibchen zueinanderfinden und setzen von leuchtenden Farben bis zu Gesängen alles Mögliche ein. Die meisten Fische, Meeresreptilien und Wirbellosen legen Eier, doch einige gebären auch lebende Junge.

WIE WERBEN BUCKELWALE?

Buckelwale produzieren viele verschiedene Geräusche, sie klicken, quieken, stöhnen und brüllen zum Beispiel. Der „Gesang" eines Buckelwalbullen, der eine Partnerin anlocken will, besteht aus verschiedenen Lauten und kann sich über Stunden hinziehen. Jeder Bulle hat seinen eigenen Gesang.

WAS MACHT EINE WINKERKRABBE SEXY?

Männliche Winkerkrabben besitzen ein angeborenes „Sexsymbol" – eine Schere, die deutlich größer als die andere ist. Am Strand winken die Männchen mit dieser Schere, um auf sich aufmerksam zu machen.

WIE KÜMMERT SICH DER RIFFBARSCH UM SEINE EIER?

Die meisten Fische kümmern sich kaum um ihre Eier – sie laichen (Eier werden abgelegt und außerhalb des Körpers befruchtet) und schwimmen weiter. Riffbarsche bilden eine Ausnahme. Die Weibchen kleben ihre Eier an Felsen fest, während die Männchen die Eier bis zum Schlüpfen bewachen.

WINKERKRABBE

Weibliche Winkerkrabben wählen die Männchen mit der größten Schere (links).

RÄTSELFRAGE

WELCHE MEERESTIERE LEGEN IHRE EIER AN LAND?

Suppenschildkröten verbringen ihr Leben im Meer, kommen jedoch zur Eiablage an Land. Das Weibchen begibt sich zum Strand und gräbt im Sand ein Loch für die Eier (links). Die geschlüpften Jungschildkröten graben sich selbst aus dem Sand aus und stürzen sofort zum Meer.

SEEPFERDCHEN

In der Brutzeit balzen Seepferdchen-Paare mehrere Tage lang. Männchen und Weibchen können die Farbe wechseln und ihre Schwänze ineinanderhaken.

WELCHES FISCHMÄNNCHEN WIRD SCHWANGER?

Seepferdchen haben eine besondere Brutbiologie. Das Weibchen legt seine Eier in eine kleine Bauchtasche des Männchens, wo sich diese ungefährdet entwickeln können. Etwa einen Monat später findet ein erstaunliches Schauspiel statt, wenn das Männchen Hunderte winziger Seepferdchen zur Welt bringt.

Junge Meerestiere

BLAUWALKALB

Blauwalkälber ernähren sich in den ersten sechs Monaten nur von Muttermilch. Sie bilden eine enge Bindung zur Mutter aus und schwimmen an ihrer Seite.

Die meisten Fischarten überlassen ihre Jungen sich selbst. Daher legen sie viele Eier, damit wenigstens einige Nachkommen überleben. Meeressäuger gebären dagegen nur wenige lebende Junge, mit denen sie häufig enge Bindungen eingehen.

WELCHES TIER HAT DAS GRÖSSTE BABY?

Weibliche Blauwale, die größten Wale, haben auch die größten Babys. Ein neugeborenes Blauwalkalb ist 7 Meter lang und kann 2,5 Tonnen wiegen – so viel wie ein ausgewachsener Elefant! Das Kalb trinkt Unmengen von Muttermilch und legt sehr rasch an Gewicht zu. Im Alter von sechs Monaten kann es bis zu 13 Meter lang sein.

WIE LERNT EIN SEEOTTER, WERKZEUGE ZU GEBRAUCHEN?

Seeotter (Mutter und Junges, links) lernen oft spielerisch. Die Mutter bringt dem Jungen häufig einen verletzten Fisch zum Spielen. Wenn das Junge mit der geschwächten Beute spielt, erlernt es die Jagdfähigkeiten, die später unentbehrlich sind.

BLAUWALMUTTER

Etwa alle 2–3 Jahre gebiert das Blauwal-Weibchen nach einer Tragzeit von 10–12 Monaten ein Junges.

RÄTSELFRAGE

WELCHE MUTTER HAT DAS MAUL VOLL BABYS?

Nur wenige Fische betreiben Brutpflege, doch die Maulbrüter sind eine Ausnahme. Beispiele sind einige Buntbarscharten (Cichliden), die ihre Nachkommen schützen, indem sie sie im Maul verstecken. Die Jungfische schwimmen im Schwarm neben dem Kopf der Mutter; bei Gefahr flüchten sie zurück in ihr Maul (rechts).

WELCHER JUNGFISCH MUSS WEIT WANDERN?

Junge Lachse schlüpfen und wachsen in kleinen Flüssen im Binnenland heran. Nach ein paar Jahren schwimmen sie flussabwärts und verbringen ihr Erwachsenenleben im Meer. Zur Fortpflanzung wandern sie flussaufwärts, um im selben Fluss, in dem sie geschlüpft sind, ihre Eier zu legen (laichen).

WELCHER FISCH FRISST SEINE GESCHWISTER?

Die Jungen des Sandtigerhais schlüpfen bereits im Mutterleib aus dem Ei. Die Haiembryonen fressen sich gegenseitig auf, bis nur der kräftigste Junghai übrig bleibt.

Korallenriff

Korallenriffe bestehen aus winzigen Lebewesen, sogenannten Polypen, die in Kolonien oder Gruppen in tropischen Meeren leben. In Korallenriffen gibt es zahllose Tierarten.

FETZENFISCH

Der Große Fetzenfisch wirkt wie ein treibendes Stück Seetang.

WAS IST EIN GROSSER FETZENFISCH?

Der Große Fetzenfisch ist mit den Seepferdchen verwandt und lebt vor Australien. Durch die blattförmigen Auswüchse an seinem Körper, die wie Algenwedel wirken, ist der Fetzenfisch getarnt.

WORAUS BESTEHEN KORALLEN?

Die Polypen, die Korallenriffe bilden, ähneln kleinen Seeanemonen, besitzen jedoch ein becherförmiges Kalkskelett, um den Körper zu schützen. Wenn die Polypen absterben, bleibt das Skelett erhalten, und neue Polypen wachsen auf der Oberseite.

KORALLENRIFF

Die Korallenriffe im Roten Meer liegen vor der Küste von Israel, Ägypten und Saudi-Arabien.

WO IST DAS GRÖSSTE KORALLENRIFF DER WELT?

Das Große Barriereriff vor der Nordostküste von Australien ist das größte Korallenriff der Welt. Es ist über 2000 Kilometer lang und das größte von Lebewesen erschaffene Gebilde. In diesem Riff sind viele faszinierende Tiere heimisch, darunter allein 1500 verschiedene Fischarten.

WAS IST EINE TOTE SEEMANNSHAND?

Die Tote Seemanns- oder Meerhand ist eine Weichkoralle. Jede Korallenkolonie besteht aus Tausenden von Polypen, die eine gummiartige, oft handförmige Masse bilden. Wenn ein derartiges Korallenstück angeschwemmt wird, kann es recht gruselig aussehen!

RIFFBEWOHNER

Die Fischarten, die im Riff leben, sind oft genauso farbenfroh wie die Korallen selbst.

WIE VIEL KANN EINE MUSCHEL WIEGEN?

Riesenmuscheln leben auf Korallenriffen. Die Schalen sind bis zu 1,5 Meter lang und 250 Kilogramm schwer, im Inneren liegt der oft türkisblau gefärbte „Mantel“ (siehe Foto).

RIESENMUSCHEL

Riesenmuscheln sind stark gefährdet, da ihre Lebensräume zerstört und die Muscheln als Deko-Objekte verkauft werden.

Tropische Meere

Als tropische Meere bezeichnet man Ozeane, die nahe am Äquator liegen. Diese Gewässer sind ganzjährig warm und bieten Unmengen von Fischen, Säugern, Reptilien und anderen Meeresbewohnern Lebensraum.

WÜRFELQUALLE

Würfelquallen jagen ihre Beute aktiv, treiben also nicht passiv dahin wie andere Quallen.

WELCHES MEERESTIER KANN EINEN MENSCHEN MINUTENSCHNELL TÖTEN?

Viele Quallenarten besitzen Nesselzellen, deren Stich sehr schmerzhaft ist. Die Seewespe (Fleckers Würfelqualle) aus Südostasien ist so giftig, dass ihr Stich einen Menschen in vier Minuten töten kann. Die kleine Seewespe aus Australien hat angeblich den schmerzhaftesten Stich überhaupt.

TENTAKEL

Quallen ernähren sich von kleinen Fischen und Kleintieren, die sich in ihren Tentakeln verfangen.

WELCHER FISCH BENUTZT EIN SKALPELL?

Doktorfische besitzen scharfe kleine „Skalpelle“ auf der Schwanzwurzel, die normalerweise flach anliegen, aber bei Gefahr wie ein Klappmesser aufgerichtet werden können.

GIBT ES SEEJUNGFRAUEN?

Seeleute berichteten immer wieder von „Seejungfrauen“, Wesen mit Kopf und Oberkörper einer Frau, aber dem Schwanz eines Fischs. Man vermutet, dass diese Geschichten durch Dugongs (rechts) inspiriert wurden – Meeressäuger mit rundlichem Gesicht, die ihren Körper oft aufrecht im Wasser halten. Dugongs leben an den Küsten des Indischen Ozeans und Westpazifiks.

WELCHER TÖDLICHE FISCH ÄHNELT EINEM FROSCH?

Froschfische sind giftige Fische, die in warmen Ozeanen auf dem Meeresboden leben. Die hervorstehenden Augen, gefleckte Haut und der große Mund verleihen den Fischen ein froschähnliches Aussehen.

WELCHER FISCH HAT TEUFELSHÖRNER?

Der Mantarochen, der zu den Teufelsrochen gehört, hat zwei Kopfflossen, die an Teufelshörner erinnern. Der Rochen lenkt mit diesen „Hörnern“ Plankton ins Maul, während er am Meeresgrund entlangschwimmt.

WARUM SIND FEUERFISCHE SO AUFFÄLLIG GEFÄRBT?

Dieser Feuerfisch ist ein prächtiger, aber hochgefährlicher Fisch der tropischen Meere. Die langen harten Strahlen (Teil der Flossen) enthalten ein starkes Gift. Der Feuerfisch treibt langsam durch das Riff, doch nur wenige Fressfeinde wagen sich an ihn heran. Die auffälligen orangebraunen Querstreifen sind eine Warnfärbung.

FEUERFISCH

Feuerfische gehören zu den Skorpionfischen; das Streifenmuster soll Fressfeinde warnen.

Strand und Meeresboden

Tiere, die auf dem Meeresboden oder dem Strand leben, haben andere Überlebensstrategien entwickelt als die Tiere der Hochsee. Die Küstenbewohner müssen mit wechselndem Wasserstand zurechtkommen. Viele ernähren sich von Ausscheidungen sowie toten Tieren und Pflanzen.

WER WANDERT IM GÄNSEMARSCH IN DEN WINTERSCHLAF?

Westindische Langusten sind gewöhnlich Einzelgänger. Sie versammeln sich jedoch im Herbst, um in tiefere Gewässer zu wandern. Die Langusten bilden dabei eine lange Kette und marschieren auf dem Meeresboden.

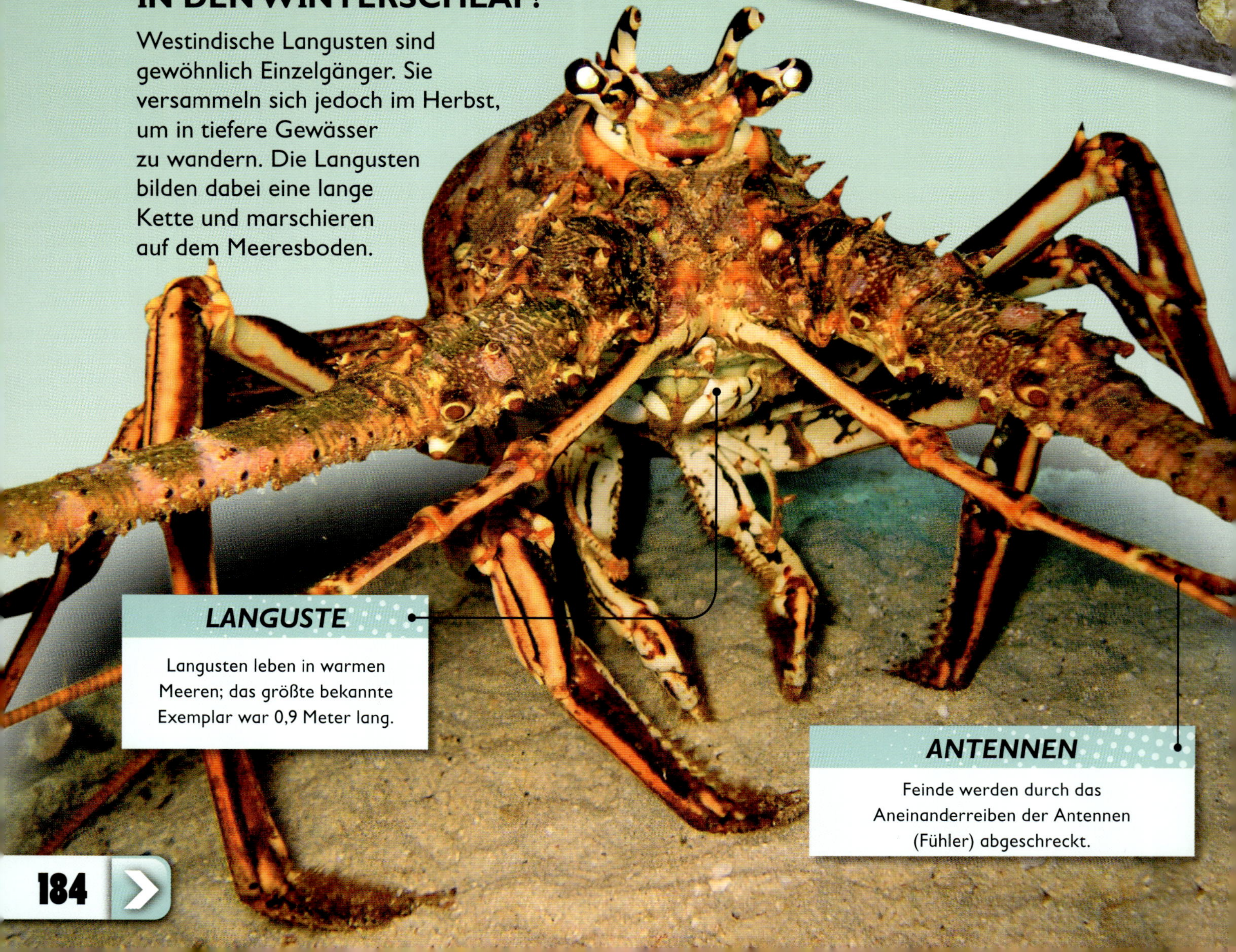

LANGUSTE

Langusten leben in warmen Meeren; das größte bekannte Exemplar war 0,9 Meter lang.

ANTENNEN

Feinde werden durch das Aneinanderreiben der Antennen (Fühler) abgeschreckt.

RÄTSELFRAGE

WIE HÄLT SICH DIE NAPF-SCHNECKE FEST?

Die Napfschnecke (links) klammert sich mit ihrem Fuß an Felsen und hält sich durch Saugwirkung fest. Sogar durch Wellenbewegung wird sie nicht abgerissen. Fressfeinde haben nur dann eine Chance, sie vom Felsen abzulösen, wenn sie die Napfschnecke überraschen.

WARUM LAUFEN KRABBEN SEITWÄRTS?

Krabben hasten seitwärts über Strand und Meeresboden. Durch diese Seitwärtsbewegung stolpern sie nicht über ihre eigenen Beine! Große Krabbenarten bewegen sich nur langsam, doch die kleinen Geisterkrabben rennen mit einem Affenzahn über den Strand.

WAS VERGRÄBT SICH IM SAND?

Viele Bewohner des Meeresbodens vergraben sich im Sand oder Schlick, um ihren Feinden zu entkommen. Krabben buddeln sich ein, bis nur mehr ihre empfindlichen Antennen sichtbar sind. Fische wie die Petermännchen verbergen sich genauso – bei ihnen sitzen die Augen auf der Kopfoberseite.

WELCHES TIER BESITZT FÜNF KIEFER?

Auf der Unterseite des stachligen Seeigelkörpers liegt der Mund, der einen fünfteiligen Kieferapparat besitzt. Seeigel kriechen über den Meeresboden und raspeln dabei Algen und Kleinstlebewesen als Nahrung von den Felsen ab.

SEEIGEL

Auf dem Meeresboden bewegt sich der Seeigel mit besonderen röhrenförmigen Saugfüßchen fort, von denen er Hunderte besitzt.

Haifische

Haie gehören zu den Knorpelfischen; typisch ist der stromlinienförmige Körper. Manche sind Räuber, die auf große Beute wie Robben, Tintenfische und Pinguine Jagd machen; einige wenige wie der Riesenhai ernähren sich von Plankton, das sie bei geöffnetem Maul durch die Kiemenspalten aus dem Wasser filtrieren.

WELCHER HAI IST DER GEFÄHRLICHSTE?

Unter den Meerestieren ist der Weißhai (Weißer Hai) am gefürchtetsten; er ist angeblich für die meisten Haiangriffe auf Menschen verantwortlich. Weißhaie werden bis zu 7 Meter lang. Doch auch Tiger- und Bullenhai gelten als gefährlich.

RIFFHAI

Riffhaie leben in tropischen Gewässern und ernähren sich von Fischen, Krabben, Kalmaren und Sepien.

RÄTSELFRAGE

WER HAT EIN REVOLVERGEBISS?

Die meisten räuberisch lebenden Haie besitzen ein „Revolvergebiss" – ein Gebiss aus bis zu 3000 scharfkantigen Zähnen, die in bis zu 20 Reihen hintereinanderstehen. Doch nur die Zähne der äußeren Reihe werden zum Ergreifen der Beute eingesetzt. Die inneren Zähne ersetzen die abgenutzten Zähne.

WER MUSS SCHWIMMEN, UM NICHT ZU VERSINKEN?

Bei den meisten Knochenfischen sorgt eine Schwimmblase mit dafür, dass sie nicht untergehen. Da dieses Organ bei Haien fehlt, müssen sie ständig Schwimmbewegungen machen, um nicht abzusinken. Dies garantiert zudem, dass ununterbrochen sauerstoffreiches Meerwasser durch die Kiemen fließt und die Atmung sichergestellt ist.

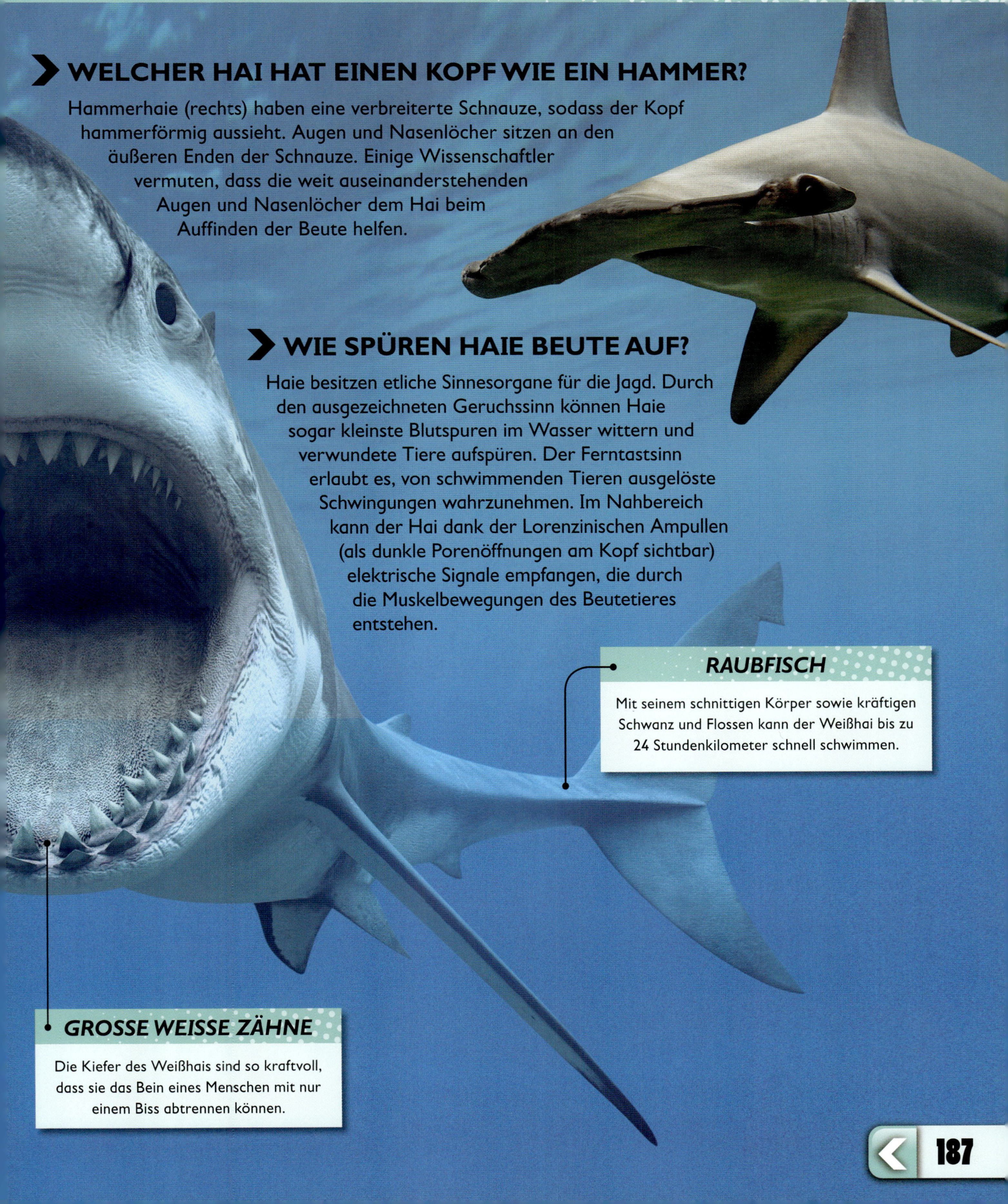

WELCHER HAI HAT EINEN KOPF WIE EIN HAMMER?

Hammerhaie (rechts) haben eine verbreiterte Schnauze, sodass der Kopf hammerförmig aussieht. Augen und Nasenlöcher sitzen an den äußeren Enden der Schnauze. Einige Wissenschaftler vermuten, dass die weit auseinanderstehenden Augen und Nasenlöcher dem Hai beim Auffinden der Beute helfen.

WIE SPÜREN HAIE BEUTE AUF?

Haie besitzen etliche Sinnesorgane für die Jagd. Durch den ausgezeichneten Geruchssinn können Haie sogar kleinste Blutspuren im Wasser wittern und verwundete Tiere aufspüren. Der Ferntastsinn erlaubt es, von schwimmenden Tieren ausgelöste Schwingungen wahrzunehmen. Im Nahbereich kann der Hai dank der Lorenzinischen Ampullen (als dunkle Porenöffnungen am Kopf sichtbar) elektrische Signale empfangen, die durch die Muskelbewegungen des Beutetieres entstehen.

RAUBFISCH

Mit seinem schnittigen Körper sowie kräftigen Schwanz und Flossen kann der Weißhai bis zu 24 Stundenkilometer schnell schwimmen.

GROSSE WEISSE ZÄHNE

Die Kiefer des Weißhais sind so kraftvoll, dass sie das Bein eines Menschen mit nur einem Biss abtrennen können.

Meeressäuger

Es gibt etwa 120 Meeressäugerarten, die in den Ozeanen leben oder ihre Nahrung aus dem Meer beziehen. Beispiele sind Wale, Delfine, Robben, Walross und Seeotter. Wie alle Säugetiere benötigen sie Sauerstoff zum Atmen und müssen daher zum Luftschöpfen an die Wasseroberfläche kommen. Säugetiere gebären lebende Junge, die sich zunächst von Muttermilch ernähren.

WELCHES TIER HÄLT DEN LANGSTRECKENREKORD?

Grauwale halten den Langstreckenrekord im Meer. Auf ihren Wanderungen von den Brutgebieten in den Tropen zu den Nahrungsgründen in der Arktis (hin und zurück!) legen sie jährlich bis zu 20 000 Kilometer zurück.

WARUM KOMMEN WALE UND DELFINE ZUR MEERESOBERFLÄCHE?

Wale und Delfine wirken aufgrund ihres stromlinienförmigen Körper zwar wie Fische, doch sie sind Säugetiere und benötigen Sauerstoff aus der Luft. Die Nasenöffnung ist in ein oder zwei Blaslöcher oben auf dem Kopf umgewandelt, sodass die Tiere atmen können, ohne den Kopf aus dem Wasser heben zu müssen.

BUCKELWAL

Ein ausgewachsener Buckelwal misst 12–16 Meter. Trotz dieser Größe heben Buckelwale bei ihren Sprüngen den Körper oft weit aus dem Wasser und landen mit lautem Knall wieder auf der Oberfläche.

FLIPPER

Die langen Flipper (Brustflossen) helfen dem Buckelwal beim Steuern.

WELCHES MEERESTIER IST AM SCHLAUSTEN?

Delfine (oben) gehören zu den intelligentesten Tieren der Welt. Bei Tests zeigte sich, dass sie neue Aufgaben rasch erlernen und das Erlernte weitergeben können. Auch Seeotter sind schlau und gehören zu den wenigen Tieren, die in der Lage sind, Werkzeuge zu gebrauchen. Sie können beispielsweise Krabbenpanzer und Muscheln mithilfe von Steinen öffnen.

WER JAGT MIT ECHOORTUNG?

Delfine jagen mithilfe ihres eigenen Schallmesssystems, einer Echoortung. Sie stoßen beim Schwimmen eine Reihe von Klicklauten aus, deren Echo zurückgeworfen wird, wenn sie auf ein Objekt, zum Beispiel einen Fisch, stoßen. Der Delfin kann Größe und Entfernung der Beute ausmachen, indem er das Echo analysiert.

WER SCHLÄFT IN EINEM SEETANGBETT?

Der Seeotter (unten) macht sich sein Bett in den Seetangwäldern des Ostpazifiks. Während der Otter ruht, wickelt er lange Tangwedel um seinen Körper, um nicht mit den Strömungen verdriftet zu werden.

Vögel

Schnabel, Flügel, Knochen, Füße

Heute leben weltweit etwa 10 000 Vogelarten. Vögel haben sich vor mehr als 100 Millionen Jahren aus Dinosauriern entwickelt. Vögel besitzen ein leichtes, jedoch kräftiges Skelett. Aus den vorderen Gliedmaßen entwickelten sich die Flügel. Die Form des Schnabels ist eine Anpassung an die Nahrungsbeschaffung.

WELCHER VOGEL HAT DIE LÄNGSTEN FLÜGEL?

Der Wanderalbatros hat eine Flügelspanne von etwa 3,3 Metern. Die größte je gemessene Flügelspanne von 3,7 Metern wurde bei einem Männchen ermittelt. Weibchen sind gewöhnlich kleiner.

ALBATROSFLÜGEL

Die langen Flügel eignen sich ideal für den Gleitflug über die Meere, wo Albatrosse nach Nahrung suchen.

WARUM BEUGEN SICH VOGELKNIE NACH HINTEN?

Sie tun es nicht! Was für uns wie das Knie aussieht, ist in Wirklichkeit das Fußgelenk, darauf folgt ein verlängerter Fußknochen, an dem die Zehen ansetzen.

WELCHE VÖGEL GEHEN ÜBER SCHWIMMBLÄTTER?

Blatthühnchen suchen auf den Blättern von Seepflanzen nach Insekten. Die langen Zehen verteilen das Gewicht gleichmäßig, sodass die Vögel nicht versinken.

WARUM HABEN MANCHE VÖGEL EINEN HAKEN-SCHNABEL?

Zum Ergreifen und Zerteilen der Beute. Falken, Adler, Geier und Eulen müssen ihre Beutetiere sicher ergreifen und zerteilen können. Ein Adlerschnabel kann Haut und Fleisch wie eine Schere zerschneiden. Möwen und Albatrosse haben einen Haken an der Schnabelspitze, um Fische festzuhalten.

SCHARFER SCHNABEL

Der kräftige Albatrosschnabel kann glitschige Fische gut festhalten. Albatrosse können sehr gut riechen und ihre Nahrung daher bestens aufspüren.

RÄTSELFRAGE

WARUM SIND VOGELKNOCHEN LUFTGEFÜLLT?

Die Röhrenknochen von Vögeln sind hohl, innen oft mit Strebenverbindungen und daher leicht, aber stabil. Doch nicht alle Vögel besitzen derart hohle und leichte Knochen – die Knochen stoßtauchender Vogelarten, wie Tölpel und Eisvögel, enthalten weniger Luft.

WEISSKOPF-SEEADLER

Die kräftigen Krallen und der scharfe Hakenschnabel dieses Adlers dienen zum Ergreifen und Zerteilen der Beute.

Bis auf wenige Ausnahmen können alle Vögel fliegen. Durch die Flugfähigkeit können Vögel Nahrung suchen oder Feinden entkommen. Form und Größe des Vogelflügels passen zur Art des Fluges – beispielsweise zum Gleit- oder Schwirrflug.

KOLIBRI

Kolibris ernähren sich von Blütennektar, den sie mit dem langen Schnabel und der Zunge direkt aus der Blüte aufsaugen.

WIE KANN EIN KOLIBRI AUF DER STELLE FLIEGEN?

Indem er seinen Körper fast senkrecht hält, während die Flügel vor und zurück schlagen. Tatsächlich erzeugt der Kolibri gerade so viel Auftrieb, dass er dadurch das Gewicht seines Körpers ausgleichen kann und auf der Stelle verharrt. Ein Rubinkehlkolibri, der nur 3 Gramm wiegt, muss mehr als 52 Mal pro Sekunde mit seinen Flügeln schlagen, um vor einer Blüte auf der Stelle zu schwirren.

WELCHER IST DER SCHWERSTE FLUGFÄHIGE VOGEL?

Die Riesentrappe aus dem östlichen und südlichen Afrika, die bis zu 20 Kilogramm wiegt. Sie fliegt nur im Notfall und über kurze Strecken, da ihr das Fliegen so schwerfällt.

WIE BLEIBT EIN VOGEL IN DER LUFT?

Durch die Flügelform: Die Oberseite des Flügels ist gebogen, sodass die darüberstreichende Luft schneller strömt als die Luft auf der Unterseite. Dadurch entsteht auf der Oberseite ein Unterdruck, auf der Unterseite hingegen ein Überdruck; deshalb erhält der Flügel Auftrieb.

WAS IST DER SCHNELLSTE VOGEL DER WELT?

Meistens gilt der Wanderfalke (rechts) als schnellster Vogel, im Geradeausflug erreicht er 100 Stundenkilometer. Den Weltrekord von 170 Stundenkilometern hält der Stachelschwanzsegler aus Asien. Im Sturzflug erreicht der Wanderfalke allerdings über 250 km/h.

KEILFORMATION

Gänse, Enten und Schwäne fliegen in Keil- oder V-Formation.

WIE BEEINFLUSST DIE FLÜGELFORM DEN FLUG?

Je nach Lebensweise und Flugstil besitzen die Flügel eine unterschiedliche Form. Um schnell zu fliegen, braucht man schmale Flügel wie die Schwalben; wenn man jedoch im Wald sicher und schnell manövrieren will, benötigt man kurze, abgerundete Flügel wie ein Rotkardinal.

WARUM FLIEGEN GÄNSE IN KEILFORMATION?

Wenn ein Vogel fliegt, wird die Luft hinter seinen Flügelspitzen aufgewirbelt. Wenn ein anderer Vogel in dieser turbulenten Luft fliegt, benötigt er etwa 15 Prozent weniger Energie, als wenn er allein fliegt. In einer Keilformation spart nur der Leitvogel keine Energie ein, er wird von Zeit zu Zeit von anderen Vögeln abgelöst, damit sich die Anstrengung gleichmäßig verteilt.

Federn

Alle Vögel tragen Federn; diese sind wesentlich für das Fliegen und um sie warm und trocken zu halten. An der Hautoberfläche sind weiche Daunenfedern, die isolierend wirken. Die Schwungfedern der Flügel und die Steuerfedern des Schwanzes helfen beim Steuern in der Luft.

WIE BEKOMMT EIN VOGEL WASSERDICHTE FEDERN?

Vögel putzen sich sehr viel, vor allem um ihre Federn zu reinigen, aber auch aus anderen Gründen: Beim Putzen wird aus der Bürzeldrüse ein öliges Sekret auf dem Gefieder verteilt, sodass dieses wasserdicht wird. Mithilfe des Schnabels können die Federäste von zerzausten Schwungfedern wieder wie ein Reißverschluss zusammengefügt werden.

WAS IST DIE MAUSER?

Das Bilden von neuen Federn und Abwerfen der alten. Bei vielen Vögeln passiert das einmal pro Jahr, bei anderen zweimal – besonders bei Arten, die in der Brutzeit ein anderes Federkleid als im restlichen Jahr tragen. Viele Zugvögel beginnen die Mauser, bevor sie den Brutplatz verlassen, unterbrechen diese während der Wanderung und schließen sie im Überwinterungsgebiet ab.

SCHWAN

Früher verwendete man die steifen Schwungfedern von Schwänen als Schreibfedern.

WIE VIELE FEDERN HAT EIN VOGEL?

Das hängt von der Vogelart, aber auch von der Größe des Vogels, seinem Alter, Gesundheitszustand und der Jahreszeit ab. Die wenigsten Federn – 940 – wurden bei einem Kolibri gezählt, die meisten bei einem Höckerschwan, der 25 216 Federn besaß.

WAS VERBINDET FEDERN UND DINOSAURIER?

Federn sind abgewandelte Schuppen und bestehen aus einem Eiweiß (Protein) namens Beta-Keratin, das ansonsten nur in der Haut von Reptilien vorkommt. Vögel stammen wahrscheinlich von befiederten Dinosauriern ab.

TRAGEN VÖGEL THERMO-UNTERWÄSCHE?

Daunenfedern sind die Thermounterwäsche der Vögel. Sie sind weich und bauschig; über der Daunenschicht liegt eine Federschicht, die den Wind abhält und den Vogelkörper als Isolierschicht umgibt. Vogelküken wie der Pinguin (rechts) haben eine sehr dicke Daunenschicht.

Sinne

Bei den meisten Vögeln sind die Augen die leistungsfähigsten Sinnesorgane. Alle Vögel nutzen ihr Gehör zur Kommunikation; bei den Nachtgreifvögeln wie Eulen ist das Gehör besonders empfindlich, um die Beute zu orten. Fast alle Vögel haben einen schlecht entwickelten Geruchssinn.

EULE

Eulen sind Nachtjäger. Sie können den Kopf um 180 Grad drehen und so auch Beute hinter ihrem Rücken erspähen.

BRIEFTAUBEN

Brieftauben können ihren Taubenschlag aus bis zu 1800 Kilometer Entfernung wiederfinden.

KÖNNEN VÖGEL DAS WETTER VORHERSAGEN?

Vögel können bereits geringe Luftdruckänderungen wahrnehmen. Das erlaubt ihnen, einen drohenden Wetterwechsel vorherzusehen und rechtzeitig wegzuziehen.

BENUTZT DIE BRIEFTAUBE EINEN KOMPASS?

Ja! In Versuchen mit Brieftauben konnte man zeigen, dass die Vögel das Magnetfeld der Erde wahrnehmen können und sich mit seiner Hilfe über große Entfernungen orientieren.

WARUM MUSS EINE EULE DEN KOPF DREHEN?

Eulen haben sehr große Augen, die ihnen ermöglichen, selbst bei sehr schwachem Licht noch scharf zu sehen. Doch derart große Augen lassen sich nicht in der Augenhöhle bewegen; als Ausgleich können Eulen den Kopf um 180 Grad drehen.

HAT DER ADLER „ADLERAUGEN"?

Es stimmt, dass Greifvögel sehr gut sehen können, doch bei den untersuchten Arten war das Sehvermögen nur beim Keilschwanzadler besser als beim Menschen, und zwar zweieinhalbmal so gut. Turmfalken und andere Falken können etwa so gut sehen wie wir.

WELCHE VÖGEL KÖNNEN HINTER IHREM RÜCKEN SEHEN?

Bei Waldschnepfen und vielen Enten stehen die Augen so an der Seite des Kopfes, dass die Vögel ein Gesichtsfeld von 360 Grad haben. Dadurch bemerken sie selbst beim Fressen, wenn sich Feinde von hinten nähern.

ENTE

Einige Enten schnattern; bei den meisten sind die Rufe jedoch abwechslungsreich und reichen vom Gurren bis zum Pfeifen.

Balz

Zur Brutzeit wählt normalerweise das Weibchen seinen Partner unter den Männchen aus. Zur Werbung um Weibchen führen die Männchen oft ein Balzritual auf. Oft sind dies Gesänge, doch einige Arten haben komplizierte Balzrituale wie Tänze entwickelt.

WARUM PUTZEN VÖGEL SICH GEGENSEITIG?

Das gegenseitige Putzen dient dazu, Stellen zu säubern, die der Vogel selbst nicht erreichen kann. Dies geschieht nur unter Vögeln derselben Familie oder sozialer Gruppe und kann daher als Teil des Bindungsprozesses angesehen werden.

WANN BLÄST SICH EIN FREGATTVOGEL AUF?

Fregattvogel-Männchen haben einen großen roten Kehlsack, den sie aufblasen, um Weibchen anzulocken; dabei stoßen sie einen glucksend wiehernden Ruf aus.

WARUM SINGEN VÖGEL?

Die zwei wichtigsten Gründe sind das Anlocken eines Partners und die Verteidigung des Reviers. Vögel erkennen den Gesang der eigenen Art: Weibchen werden vom kräftigen und komplexen Gesang eines Männchens angezogen, und andere Männchen werden aus dem Revier ferngehalten.

PFAU

Der Pfauenhahn stellt seine prachtvoll gezeichneten Schmuckfedern als Rad zur Schau, wenn er Weibchen anlocken will.

WARUM SIND VÖGEL ANGEBER?

Aus denselben Gründen, aus denen sie singen; doch die Betonung liegt noch mehr darauf, einen Partner zu finden und zu binden. Männchen balzen und kämpfen sogar, während die Weibchen zuschauen. Kampfläufer und Auerhähne balzen gemeinsam auf einem Balzplatz. Anschließend wählen die Weibchen die beeindruckendsten Männchen zur Paarung aus. Die spektakulärsten Balzrituale kennen wir von Paradiesvögeln und dem Pfau.

SCHMUCKFEDERN

Wenn ein Pfau seine „Schleppe“ zum Rad aufstellt, werden die fantastisch schimmernden „Augen“ sichtbar.

WELCHER VOGEL SAMMELT GLÄNZENDES?

Um die Weibchen anzulocken, schmücken die Männchen von Laubenvögeln ihren Balzplatz mit leuchtend gefärbten Blüten, Samen und sogar mit den Verschlüssen von Getränkebehältern.

SCHMUCK-LAUBE

Ein Laubenvogel-Männchen schmückt seine Laube mit Objekten in seiner Lieblingsfarbe.

Nester und Eier

WEBERVOGELNEST

Das Männchen des Maskenwebers baut für seine verschiedenen Partnerinnen jährlich bis zu 25 Nester.

Alle Vögel legen Eier. Die meisten Vögel wärmen sie, indem sie sich daraufsetzen, damit der Embryo sich entwickeln kann und schlüpft. Die Eier werden meistens in ein Nest gelegt; dies kann ein aus Zweigen oder Blättern gebautes Nest sein oder ein Erdhügel, eine Höhle oder eine kahle Bodenmulde.

WELCHE VÖGEL NISTEN IN GEMEINSCHAFTSNESTERN?

Manche Vögel, zum Beispiel die afrikanischen Siedelweber, bauen riesige Nester, in denen bis zu 100 Paare wohnen. Andere Vögel teilen ihr Nest sogar mit anderen Arten.
Das gewaltige 1,5 Meter breite und hohe Nest des Hammerkopfs ist so groß, dass gleichzeitig Graufalken und Schleiereulen darin brüten können.

WELCHE VÖGEL GRABEN HÖHLEN, UM DARIN ZU BRÜTEN?

Viele Vogelarten graben Bruthöhlen; Beispiele sind die Brutröhren von Eisvogel und Uferschwalbe in sandig-lehmigen Steilwänden oder die Baumhöhlen der Spechte. Papageitaucher nutzen alte Kaninchenbaue zum Brüten; der Quetzal gräbt Höhlen in morsche Baumstümpfe. Das Nestbauverhalten ist immer angeboren und wird nicht erlernt.

WAS IST SCHWALBENNESTERSUPPE?

Diese Delikatesse aus Fernost wird aus dem „Nestzement“ zubereitet, mit dessen Hilfe Salanganen (gehören zu den Seglern) Zweige und Federn beim Nestbau zusammenkleben. Einige Seglerarten verwenden dabei nur ihren Speichel – dieser Nestzement liefert angeblich die beste Suppe.

KOLIBRINEST

Eine Grünrücken-Zimtelfe hat ihr Nest auf einer Orangenfrucht gebaut.

WELCHE VÖGEL BAUEN DAS GRÖSSTE NEST?

Adler. Ein Weißkopf-Seeadler-Horst in Ohio, der über 35 Jahre benutzt wurde, wog 1,8 Tonnen und war über 2,5 Meter breit und 3,7 Meter hoch. Ein Horst in Florida war mit 6 Metern Höhe sogar noch größer.

ADLERHORST

Der Horst (Nest) eines Weißkopf-Seeadlers ist jahrelang in Gebrauch und wird jährlich erneuert.

RÄTSELFRAGE

WELCHER VOGEL LEGT DIE KLEINSTEN EIER?

Die Bienenelfe legt das kleinste Ei; es wiegt nur etwa 0,2 Gramm und ist 8 Millimeter lang. Das Ei des Kaiserpinguins wiegt nur 1 Prozent vom Körpergewicht seiner Mutter.

Aufzucht

Die Küken mancher Vogelarten können bereits wenige Tage nach dem Schlüpfen fliegen und einen Teil ihrer Nahrung selbst finden. Andere Küken bleiben bis zu sechs Monate im Nest und werden von einem oder beiden Elternvögeln versorgt.

WAS IST EIN EIZAHN?

Der sogenannte Eizahn, eine verhornte Erhebung auf der Spitze des Oberschnabels, dient dazu, die Eischale vor dem Schlüpfen von innen aufzubrechen.

WARUM SCHLÜPFT MAN AM BESTEN ZEITIG?

Beim Rebhuhn ist das Gelege mit 15 Eiern erst nach etwa drei Wochen komplett und wird erst danach bebrütet, sodass die Küken gleichzeitig schlüpfen. Eulen, Adler, Reiher und Möwen bebrüten ihre Eier hingegen, sobald das erste Ei gelegt ist, sodass die Küken zu verschiedenen Zeiten schlüpfen. Bei Nahrungsmangel stirbt das zuletzt geschlüpfte Küken.

DROSSEL

Junge Wanderdrosseln sperren ihre Schnäbel weit auf, um Futter zu erbetteln.

WELCHE KÜKEN SIND GRÖSSER ALS IHRE ELTERN?

Sturmtaucherküken dürfen nicht verhungern, während ihre Eltern auf hoher See tagelang (manchmal zehn Tage!) nach Nahrung suchen. Sie legen ein dickes Fettpolster an, um bis zur nächsten Fütterung durchzuhalten. Ihr Höchstgewicht, das sie mit etwa 80 Tagen erreichen, ist deutlich höher als das der Elternvögel. Während der letzten zehn Tage im Nest werden sie nicht mehr gefüttert und verlieren dadurch so viel Gewicht, dass sie flugfähig werden.

KIEBITZKÜKEN

Kiebitze sind schon beim Schlüpfen befiedert.

WELCHE KÜKEN VERLASSEN DAS NEST MÖGLICHST FRÜH?

Kiebitze sind ein typisches Beispiel für sogenannte Nestflüchter: Die Küken verlassen das Nest, sobald sie laufen können, bleiben jedoch noch mit einem Elternvogel zusammen. Die „Nesthocker“ bleiben als Küken viel länger im Nest – bei Aras drei Monate lang.

RÄTSELFRAGE

WELCHES ELTERNTEIL BEBRÜTET DAS EI?

Bei den meisten Arten teilen die Eltern sich die Bebrütung der Eier (siehe rechts). Bei polygamen Arten, bei denen die Männchen mehrere Partnerinnen haben, bebrütet das Weibchen die Eier.

Nahrungserwerb

Die Nahrung der Vogelarten unterscheidet sich sehr stark und reicht von Nektar, Früchten, Blättern oder Samen bis zu anderen Tieren und sogar Vögeln. Schnabel, Füße und Flügel eines Vogels sind bestens an die Art der Nahrungssuche angepasst.

WAS IST EIN GEWÖLLE?

Unverdauliche Nahrungsreste (wie Knochen, Muschelschalen, Gräten, Fischschuppen oder Haare) werden vom Vogel als wurstförmige Gebilde, die Gewölle oder „Speiballen“, wieder ausgewürgt, statt sie in den Darm gelangen zu lassen.

GEBRAUCHEN VÖGEL WERKZEUGE?

Ja. Der Spechtfink verwendet Kaktusstacheln, um Insektenlarven aus Verstecken herauszustochern. Schmutzgeier ergreifen Steine und lassen sie herunterfallen, um Straußeneier zu zerbrechen.

RÄTSELFRAGE

WIE FANGEN VÖGEL FISCHE?

Mithilfe des Schnabels, der oft eine Hakenspitze oder eine gesägte Kante besitzt, um die Beute zu ergreifen, oder mit den Füßen, wie der See- oder der Fischadler. Die Füße tragen Krallen und besitzen zum besseren Zupacken zusätzlich eine sehr raue Unterseite.

FISCHADLER MIT FISCH

Um einen Fisch zu schlagen, stürzt der Fischadler mit ausgestreckten Füßen hinab und taucht bis zu 1 Meter tief.

WARUM BEKOMMT DER SPECHT KEINE KOPFSCHMERZEN?

Auf der Suche nach Insekten klopfen Spechte (rechts) gegen Baumstämme. Sie setzen ihren Kopf als Hammer und den Schnabel als Meißel ein, doch eine weiche Knochenstruktur zwischen Kopf und Schnabel absorbiert den Schock.

WIE PROFITIEREN EICHELHÄHER UND EICHEN VONEINANDER?

Eichelhäher erbeuten die Jungvögel anderer Vogelarten, ernähren sich aber auch von Eicheln. Wenn es im Herbst viele Eicheln gibt, werden diese zum Teil als Vorrat vergraben, aber nicht immer wiedergefunden; aus diesen Eicheln können neue Eichenbäume heranwachsen.

BLAUHÄHER

Mit seinem kräftigen Schnabel kann der Blauhäher Nüsse, Insekten, Getreide und andere Sämereien zerkleinern.

Vogelzug

Manche Vogelarten wandern jedes Jahr in andere Erdteile, um passende Klimabedingungen zu finden. Viele Vogelarten verbringen Frühling und Sommer in gemäßigten oder polaren Breiten, wo sie brüten. Im Winter wandern sie oft in die Tropen, um wärmeres Wetter zu finden.

WOHER WISSEN VÖGEL, WANN SIE WEGZIEHEN MÜSSEN?

Die meisten Vögel wandern lange vor dem Wintereinbruch ab: Sumpfrohrsänger ziehen im August weg. Ihr Körper vermittelt ihnen das Abflugdatum, da die hormonellen Veränderungen dazu führen, dass als Vorbereitung für den Abflugzeitpunkt Fett gespeichert wird. Auslöser für den Wegzug ist die abnehmende Tageslänge im Herbst.

GÄNSE

Blässgänse brüten rund um die Arktis und überwintern viel weiter südlich in Nordamerika, Europa und Asien.

WIE SCHNELL FLIEGEN VÖGEL AUF IHREM ZUG?

Radarmessungen zeigen, dass Kleinvögel, beispielsweise Grasmücken, auf dem Zug etwa 32 Stundenkilometer, Enten dagegen 65 Stundenkilometer erreichen. Zugvögel fliegen normalerweise sechs oder acht Stunden pro Tag. Ein in England beringter Knutt (siehe S. 214) wurde bereits acht Tage später in Liberia wieder gefangen – in 5600 Kilometer Entfernung; der Vogel hatte also pro Tag rund 700 Kilometer zurückgelegt.

WARUM ZIEHEN MANCHE VÖGEL SO WEIT WEG?

Um aus den geeigneten Brutgebieten in Gegenden zu wandern, wo sie im Winter überleben können. Sie kehren ins Brutgebiet zurück, weil es dort im Sommer reichlich Nahrung gibt, um die Jungen aufzuziehen.

WARUM BLEIBEN MANCHE VÖGEL ZURÜCK?

In Schweden ziehen die weiblichen und die jungen Buchfinken zum Überwintern nach Süden, doch einige Männchen bleiben zurück. Die Amseln benehmen sich ähnlich (links). Anscheinend ziehen die Männchen im Winter nicht weg, um sich die besten Brutreviere zu sichern.

RÄTSELFRAGE

WELCHER VOGEL HAT IMMER SOMMER?

Die Küstenseeschwalbe (unten) brütet im Sommer der Nordhalbkugel bis in die Arktis und zieht dann südwärts, um den Südsommer in der Antarktis zu verbringen – sie legt also pro Jahr eine Höchststrecke von 38 300 Kilometern zurück.

Flugunfähige Vögel

Etwa 60 Vogelarten können nicht fliegen, sondern müssen sich auf ihre Lauf- oder Schwimmkünste verlassen. Die größten flugunfähigen Vögel gehören zur Familie der Strauße, hierzu zählen auch Emus, Nandus und Kasuare.

PINGUIN

Alle Pinguinarten (rund 20 Arten) jagen Fische und andere Meerestiere.

WARUM KÖNNEN EINIGE VÖGEL ZEITWEILIG NICHT FLIEGEN?

Da sie während der Mauser ihre Gefieder wechseln. Gänse, die im hohen Norden brüten, können den wenigen Fressfeinden schwimmend entkommen; daher mausern sie alle Schwungfedern dann, wenn auch die jungen Gänse ihre ersten Schwungfedern bekommen.

RÄTSELFRAGE

WELCHER VOGEL VERHÄLT SICH WIE EIN NASENBEUTLER?

Nasenbeutler sind kleine Beuteltiere, die in den Wäldern von Australien und Neuguinea leben. In Neuseeland, wo es keine heimischen Beuteltiere gibt, hat der Kiwi den „Job" des Insektenfressers übernommen.

WELCHER VOGEL FLIEGT UNTER WASSER?

Pinguine sind hervorragende „Flieger". Ihre schmalen Flügel ähneln den Schwingen eines Seglers, und dank des stromlinienförmigen Körpers kann sich der Vogel rasch fortbewegen und hervorragend manövrieren.

WARUM TRÄGT DER KASUAR EINEN HELM?

Der Vogel benötigt den Helm, um sich vor Dornen und Ästen zu schützen, wenn er durch das Unterholz läuft. Die Schwungfedern sind bis auf die Schäfte zurückgebildet, die wie schwarze Stacheln hervorragen; die übrigen Federn sind haarartig und borstig, dies bietet Schutz im Gestrüpp.

STRAUSS

Der Strauß ist der schnellste Laufvogel der Welt; er frisst hauptsächlich Pflanzen, manchmal auch Insekten.

WIE SCHNELL KANN EIN STRAUSS LAUFEN?

Ein Biologe, der in Kenia mit seinem Auto neben einem rennenden Strauß herfuhr, konnte 65 Stundenkilometer auf dem Tachometer ablesen.

Vögel und andere Tiere

Einige Vögel haben gelernt, in enger Gemeinschaft mit anderen Tieren zu leben und von einer gegenseitigen Beziehung zu profitieren. Beziehungen zwischen Vögeln und Menschen bestehen von alters her. Enten und Hühner können vom Menschen als Eier- und Fleischlieferanten, Papageien und Kanarienvögel als Haustiere gehalten werden. Doch manchmal gelten Vögel schlicht nur als Schädlinge.

WIE KANN EIN VOGEL EIN DÜSENFLUGZEUG ZUM ABSTURZ BRINGEN?

Es besteht die Gefahr, dass ein großer Vogel oder ein Vogelschwarm in das Triebwerk gesaugt wird, sodass dieses ausfällt.

WAS IST EIN HONIGANZEIGER?

Eine kleine afrikanische Vogelart, die sich von Bienenlarven und Honig aus den Nestern von Wildbienen ernährt. Der Vogel hat gelernt, dem Honigdachs, aber auch dem Menschen die Bienennester zu zeigen, indem er Mensch und Honigdachs flatternd und rufend zum Folgen auffordert. Wird die Bienenwabe geöffnet, gibt es eine freie Mahlzeit für den Honiganzeiger.

BLAUMEISE

Wissenschaftler vermuten, dass Blaumeisen durch Beobachten gelernt haben, wie sich Milchkappen öffnen lassen.

WELCHER VOGEL IST EIN SCHLECKERMAUL?

Die Sahnevorliebe der Blaumeisen wurde 1929 entdeckt, als man in England begann, Milch und Sahne in Glasflaschen mit Alukappen auszuliefern. Niemand weiß, wie die erste Blaumeise entdeckte, auf welche Weise sie an die Milch gelangen konnte, doch sehr schnell hatten Meisen im ganzen Land diesen Trick übernommen.

KRÄHEN

Krähen folgen dem Pflug, um Würmer und Insekten in der frisch gepflügten Erde zu erbeuten.

WARUM FOLGEN KRÄHEN DEM PFLUG?

Die Krähen tun dies, weil sie gelernt haben, dass beim Umwenden der Erdschollen viele „Leckerbissen“ freigelegt werden.

WARUM SITZEN VÖGEL AUF NASHÖRNERN?

Madenhacker ernähren sich oft von den Hautparasiten großer Säugetiere. Doch die Vögel haben scharfe Schnäbel und Krallen. Aber die Säugetiere ertragen das Kratzen und sogar die Angewohnheit der Madenhacker, ihnen zum Nestbau Haare auszuziehen, da die Madenhacker lästige Parasiten entfernen.

Vogelbeobachtung

Die Ornithologie oder Vogelkunde beschäftigt sich unter anderem mit Verhalten und Evolution von Vögeln. Für viele Menschen ist das Beobachten von Vögeln ein schönes Hobby.

WAS IST EIN SONAGRAMM?

Dies ist eine Darstellung der Vogelgesänge, um diese zu untersuchen. Im Sonagramm werden Zeitverlauf und Frequenzanteile des Lautes dargestellt. Auf diese Weise können unterschiedliche Balzrufe und Reviergesänge bestimmt werden.

WIE ZÄHLT MAN VÖGEL?

Eine Methode, die sogenannte Beringung, besteht darin, einen kleinen nummerierten Metall- oder Plastikring am Bein (rechts) oder Flügel des Vogels anzubringen, sodass man diesen wiedererkennen kann. Bei anderen Methoden ist einfach genaues Beobachten gefragt. Vogelpopulationen lassen sich am zuverlässigsten während der Brutzeit erfassen, wenn die Altvögel sich am Nest aufhalten.

MÖWEN

Meeresmöwen gelten oft als Wetterpropheten, besonders bei Seeleuten.

WARUM BEHALTEN FISCHER DIE MÖWEN IM BLICK?

„Wenn die Möwen zum Land fliegen, werden wir Sturm kriegen“, so lautet eine volkstümliche Regel, und sie enthält ein Körnchen Wahrheit. Wenn der Wind kräftig landeinwärts weht, kommen die Möwen oft an Land, um nach Nahrung zu suchen – für Fischer ist das die denkbar schlechteste Wettervorhersage.

WAS IST EIN JAPANNETZ?

Ein feines, großes Netz, um Vögel zu fangen und zu beringen. Das Material ist so dünn, dass die Vögel es nicht rechtzeitig sehen, um dem Netz auszuweichen.

WAS SIND DARWINFINKEN?

Eine Gruppe von Finkenarten, die auf den Galapagosinseln leben. Sie unterscheiden sich von Insel zu Insel. Als Charles Darwin die Inseln 1835 besuchte, entdeckte er die Unterschiede zwischen den Finken. Diese Beobachtungen beeinflussten Darwin angeblich bei der Entwicklung der Evolutionstheorie.

FINK

Bei den Darwinfinken hat jede Art eine andere Schnabelform, die sich in Anpassung an die Nahrung entwickelt hat.

Glossar

Äquator
Gedachte Linie, die in der Mitte zwischen den Polen mitten um die „dickste“ Stelle der Erde verläuft.

Arterie
Blutgefäß, das Blut vom Herzen wegtransportiert.

Asteroid
Ein Gesteinsbrocken im Sonnensystem, dessen Größe zwischen einem Staubkorn und einem Objekt mit mehreren Hundert Kilometern Durchmesser variieren kann.

Atmosphäre
Eine Gashülle rund um einen Planeten, die von der Schwerkraft an Ort und Stelle gehalten wird. Die Erdatmosphäre ist mehr als 800 Kilometer mächtig.

Atom
Galt früher als kleinste Einheit der Materie. Inzwischen wissen wir, dass sich Atome aus noch kleineren, sogenannten subatomaren Teilchen aufbauen.

Aussterben
Wenn eine Art ihren Lebensraum (zum Beispiel durch Abholzung oder Klimawandel) verliert, zu stark bejagt oder anders gefährdet wird, kann sie aussterben.

Bedroht
Tier- oder Pflanzenart mit so geringer Individuenzahl, dass die Art vom Aussterben bedroht ist.

Beute
Tier, das von einem anderen Tier als Nahrung gejagt wird.

DNA
Kurzbezeichnung für Desoxyribonukleinsäure. Die DNA ist spiralförmig in einer sogenannten Doppelhelix angeordnet. Sie enthält die genetischen Bauanweisungen für die Bestandteile aller Zellen.

Elektrizität
Unter „Elektrizität“ fassen wir alle Erscheinungen zusammen, die durch elektrische Ladungen und ihre elektromagnetischen Felder hervorgerufen werden. Die Bewegung von Elektronen führt zu einem elektrischen Strom, der als Energiequelle genutzt werden kann.

Elektron
Ein subatomares Teilchen. Zusammen mit Protonen und Neutronen bilden Elektronen Atome. Elektronen tragen eine negative elektrische Ladung und spielen eine entscheidende Rolle bei Elektrizität und Magnetismus.

Evolution
Vorgang, durch den sich Tiere und Pflanzen über viele Generationen anpassen und verändern. Individuen, die am besten an ihre Umwelt angepasst sind, überleben und pflanzen sich fort, während andere aussterben.

Fäzes
Abfallprodukte des Verdauungstrakts, beim Menschen auch Stuhl und bei Tieren Kot genannt.

Flosse
Körperteil von Fischen, der zum Schwimmen eingesetzt wird.

Fressfeind
Tier, das andere Tiere jagt und frisst.

Galaxie
Eine Ansammlung von Millionen Sternen, die von der Schwerkraft zusammengehalten wird.

Gemäßigte (temperierte) Breiten
Regionen zwischen Tropen und Polarregionen mit mildem Klima und vier Jahreszeiten.

Gift
Schädliche Stoffe oder Flüssigkeiten, die von einigen Tieren oder Pflanzen zur Verteidigung oder zum Beutefang produziert werden.

Habitat (Lebensraum)
Umgebung, wo ein Tier oder eine Pflanze lebt.

Herbivoren
Auch als Pflanzenfresser bezeichnet; Tiere, die Pflanzen fressen.

Herde
Große Gruppe von Huftieren, die zusammenleben.

Klima
Typische Witterung in einem Gebiet. Pflanzen und Tiere sind an ihr heimisches Klima angepasst.

Kolonie
Gruppe von Tieren, die auf engem Raum zusammenlebt.

Kraft
Ein Drücken oder Ziehen, das dazu führt, dass ein Objekt beschleunigt oder verlangsamt wird.

Krebstiere
Tiere ohne Rückgrat (Wirbelsäule), deren Körper von einem äußeren Skelett (Exoskelett) bedeckt ist. Zu den Krebstieren gehören Krabben, Hummer, Flusskrebse, Garnelen, Seepocken, Krill und Ruderfußkrebse.

Molekül
Ein Teilchen, das aus zwei oder mehr Atomen besteht, die eine chemische Bindung eingegangen sind.

Mond
Der Begleiter eines Planeten.

Muskel
Teil des Körpers, der kontrahieren (verkürzen) und sich wieder entspannen kann. Bei der Kontraktion wird Bewegung erzeugt.

Nadelbaum
Baum mit nadelförmigen Blättern.

Nerv
Ein Bündel Nervenfasern, das elektrische Signale zum und vom Gehirn leitet.

Neutron
Ein subatomares Teilchen im Atomkern. Neutronen tragen keine elektrische Ladung.

Organ
Teil eines Tieres oder einer Pflanze, der eine bestimmte Aufgabe erfüllt. So pumpt das Herz beispielsweise Blut durch den Körper.

Plankton
Winzige schwebende Pflanzen und Tiere, die im freien Wasserkörper leben.

Polar
Bezieht sich auf die kalten Regionen rings um Nord- und Südpol.

Polare Eiskappen
Eis- und Schneeschichten, die Nord- und Südpol bedecken.

Proton
Ein subatomares Teilchen im Atomkern. Protonen tragen eine positive elektrische Ladung.

Regenwald
Dichte Waldgebiete in Äquatornähe, in denen es sehr viel regnet.

Satellit
Jedes Objekt, das um einen Planeten kreist und von dessen Schwerkraft festgehalten wird.

Säugetier (Säuger)
Warmblütiges Tier mit einer Wirbelsäule, das gewöhnlich behaart ist. Weibliche Säugetiere bilden Milch, um ihre Jungen zu säugen.

Schnabel
Verhornter Kiefer des Vogels; dient zum Fressen und ersetzt die „Hände".

Schwerkraft
Die Anziehungskraft zwischen zwei beliebigen Objekten, beispielsweise zwischen Erde und Mond.

Sinne
Mithilfe ihrer Sinne nehmen Mensch und Tier ihre Umwelt wahr. Menschen haben fünf Sinne: Sehen, Hören, Schmecken, Riechen und Tasten.

Skelett
Das Gerüst, das den Körper stützt. Man unterscheidet zwischen Innen- und Außenskelett.

Sonnensystem
Der Teil des Universums, der die Sonne, die sie umkreisenden Planeten sowie sämtliche Monde und Asteroiden dazwischen umfasst.

Tarnung
Körperfärbung oder -gestalt, die dem Tier ein Verschmelzen mit dem Hintergrund ermöglicht.

Treibhauseffekt
Erwärmung der Erde, die durch „Treibhausgase" in der Erdatmosphäre, vor allem Kohlendioxid, verursacht wird. Diese Treibhausgase führen dazu, dass die Wärme nicht mehr aus der Erdatmosphäre entweichen kann. Luftverschmutzung (zum Beispiel durch Verbrennen von Erdöl und Kohle) verstärkt den Treibhauseffekt.

Tropen
Regionen in Äquatornähe, in denen es ganzjährig heiß ist.

Vene
Blutgefäß, das Blut zurück zum Herzen transportiert. Größere Venen sind mit Ventilen ausgestattet, die verhindern, dass das Blut in die falsche Richtung fließt.

Verdauung
Der Körperprozess, bei dem Nahrung im Darmtrakt zu kleinen Teilchen abgebaut wird, die resorbiert (vom Blut aufgenommen) werden können. Über den Blutstrom versorgen sie den Körper mit Nährstoffen.

Verdunstung
Der Übergang eines Stoffes vom flüssigen in den gasförmigen Zustand, ohne dass er dabei siedet.

Wirbeltiere
Alle Tiere, die ein Knochenskelett und eine Wirbelsäule besitzen. Tiere ohne Wirbelsäule werden als wirbellose Tiere bezeichnet.

Register

Register

T

U, V

W, X, Y, Z

Bildnachweis

o = oben, u = unten, l = links, r = rechts, m = Mitte

1 Wei Send Chen/Dreamstime.com, 2 Richard Griffin/Dreamstime.com, 3 Sebastian Kaulitzki/Dreamstime.com, 4–5 Mark Karasek/Dreamstime.com, 6–7 Luke Pederson/Dreamstime.com, 8–9 ESA/NASA/SOHO/JPL, 10 NASA/JPL/Caltech, 11o Eraxion/Dreamstime.com, 11u NASA, 12 ESA/NASA/SOHO, 12–13 Girts Pavlins/Dreamstime.com, 13 Laurent Dambies/Dreamstime.com, 14 NASA, 15l NASA/JPL/USGS, 16l NASA, 16r Liaj/Dreamstime.com, 17 Johnny Lye/Dreamstime.com, 18 NASA, 19l and b Steve Albers/NASA, 19r Hinode JAXA/NASA/PPARC, 20–21 Luke Pederson/Dreamstime.com, 21o Marbo/Dreamstime.com, 21m Hinode JAXA/NASA, 21b NASA/SOHO, 22–23 NASA/JPL, 22 Beriliu/Dreamstime.com, 23 NASA/JPL/Caltech, 24–25o NASA/JPL/USGS, 24–25u NASA/JPL/Arizona State University, 25 und 26 NASA/JPL, 27o NASA/JPL/University of Arizona, 27u NASA/JPL, 28–29 NASA, 29o NASA/JPL, 29u NASA/JPL/University of Colorado, 30 and 31l NASA, 31o NASA/JPL/Caltech, 31r ESO/Getty Images, 32–33 David Gilder/Dreamstime.com, 32 NASA, 33l T. Rector (University of Alaska Anchorage), Z. Levay und L. Frattare (Space Telescope Science Institute) und National Optical Astronomy Observatory/Association of Universities for Research in Astronomy/National Science Foundation, 33r NASA Johnson Space Center, 34–35 NASA/ESA, 36 COBE Project/DMR/NASA, 37l and r NASA/Adolf Schaller for STScI, 38 and 39o NASA/ESA, 39u NASA/JPL/Caltech/SSC, 40–41 Andreus/Dreamstime.com, 41o Fermi National Accelerator Laboratory, 41u United States Federal Government, 42 NASA/Jeff Hester and Paul Scowen Arizona State University, 43o NASA/JPL/Hubble, 43ul NICMOS Group (STScI, ESA)/NICMOS Science Team (University of Arizona)/NASA, 43um JPL/NASA/NOAO/ESA und The Hubble Heritage Team (STScI/AURA), 43ur NASA/C.R. O'Dell und S.K. Wong (Rice University), 44l Serge Brunier/NASA, 44r Thomas Tuchan/iStockphoto, 45 NASA/ESA/Hubble Heritage (STScI/AURA)-ESA/Hubble Collaboration, 46–47 Manfred Konrad/iStockphoto, 46 URA/STScI/NASA/JPL, 47 NASA/ESA/A. Field (STScI), 48 NASA/J. P. Harrington and K. J. Borkowski University of Maryland, 49t NASA/JPL/Caltech, 49b NASA/ESA, 50o NASA, 50u NASA/ESA/AURA/Caltech, 51 Shaun Lowe/iStockphoto, 52o NASA, 52u und 53 NASA/ESA/The Hubble Heritage Team (STScI/AURA), 54–55 HST/NASA/ESA, 55l NASA/JPL/Caltech, 55r Dave Long/iStockphoto, 56t NASA/CXC/SAO, 56b J. Bahcall (IAS, Princeton)/M. Disney (Univ. Wales)/NASA, 57 Manfred Konrad/iStockphoto, 58–59 Endi Dewata/iStockphoto, 59l NASA/JPL, 59r NASA, 60–61 SMC Images/Getty Images, 62–63 Fabrizio Zanier/iStockphoto, 63o Dorling Kindersley/Getty Images, 63u Getty Images, 64–65 Tatiana Nikolaevna Kalashnikova/Dreamstime.com, 65o Photowitch/Dreamstime.com, 65u Topical Press Agency/Getty Images, 66 Mark Schneider/Getty Images, 66–67 Ian Wilson/Dreamstime.com, 67 Hulton Archive/Getty Images, 68–69 Panoramic Images/Getty Images, 69l Sergey Rogovets/Dreamstime.com, 69r Johnny Lye/Dreamstime.com, 70 NASA/MSFC, 71l Kelpfish/Dreamstime.com, 71r Mat Monteith/Dreamstime.com, 72–73 Yory Frenklakh/Dreamstime.com, 72 Ivan Mateev/iStockphoto, 73 Vladimir Lukovic/Dreamstime.com, 74 Zoom-zoom/Dreamstime.com, 75l iStockphoto, 76l Rade Lukovic/iStockphoto, 76r Ilya Rabkin/Dreamstime.com, 77o Ken Lucas/Getty Images, 77u Victor Boswell/National Geographic/Getty Images, 78 Andrea Danti/Dreamstime.com, 79o Dobresum/iStockphoto, 79u AFP/Getty Images, 80–81 Andrew Edelstein/iStockphoto, 81o Darren Baker/Dreamstime.com, 81u Trevor Fisher/iStockphoto, 82–83 Sebastian Kaulitzki/Dreamstime.com, 83o Martin McCarthy/iStockphoto, 83u Dan McCoy/Rainbow/Getty Images, 84–85 Lance Michaels/Dreamstime.com, 84 David Hancock/Dreamstime.com, 85 Oliver Sun Kim/iStockphoto, 86–87 Oli Tennent/Getty Images, 88 NASA, 89o David Coleman/Dreamstime.com, 89u Jeff Hower/iStockphoto, 90–91o Brandon Laufenberg/iStockphoto, 90–91u Rafa Irusta/iStockphoto, 91 Marcin Kempski/Dreamstime.com, 92l Steven Wynn/iStockphoto, 92r Anders Aagesen/iStockphoto, 93o Romilly Lockyer/Getty Images, 93u Gabigarcia/Dreamstime.com, 94 und 95u NASA, 95o Drazen Vukelic/Dreamstime.com, 96o Andrey Pali/Dreamstime.com, 96u Andra Cerar/Dreamstime.com, 96–97 Jinyoung Lee/Dreamstime.com, 97 Chiya Li/Dreamstime.com, 98 Richard Griffin/Dreamstime.com, 98–99 Gary Vestal/Getty Images, 99 Norman Pogson/Dreamstime.com, 100l Paul Phillips/Dreamstime.com, 100r Adam Gryko/Dreamstime.com, 101l Katharina Wittfeld/Dreamstime.com, 101r Lukasz Tymszan/Dreamstime.com, 102 Cammeraydave/Dreamstime.com, 103 Gofer/Dreamstime.com, 104 Feng Yu/Dreamstime.com, 104–105 Martin Eaves/Dreamstime.com, 105 Shannon Neal/Dreamstime.com, 106 Josef Bosak/Dreamstime.com, 107o Francis Black/Dreamstime.com, 107u Hong Siew Mee/Dreamstime.com, 108 iStockphoto, 109o Irochka/Dreamstime.com, 109u Dreamstime.com, 110 Pixhook/iStockphoto, 111 Javarman/Dreamstime.com, 112–113 Peter Dazeley/Getty Images, 114 Dr. Don Fawcett/Getty Images, 115o Clouds Hill Imaging Ltd/Corbis, 115u Anette Linnea Rasmussen/Dreamstime.com, 116 3D4Medical.com/Getty Images, 117l Carolina K. Smith M.D./Dreamstime.com, 117r Peterfactors/Dreamstime.com, 118 3D4Medical.com/Getty Images, 119o Bobby Deal/Dreamstime.com, 119u Emir Memedovski/Dreamstime.com, 120 Dannyphoto80/Dreamstime.com, 121l Andres Balcazar/iStockphoto, 121r Sebastian Kaulitzki/Dreamstime.com, 122 Tihis/Dreamstime.com, 122–123 Dan McCoy/Rainbow/Getty Images, 123 Ryszard Bednarek/Dreamstime.com, 124 Kutay Tanir/iStockphoto, 125o Dannyphoto80/Dreamstime.com, 125u Rosemarie Gearhart/iStockphoto, 126l David Davis/Dreamstime.com, 126r Gordana Sermek/Dreamstime.com, 127 3D4Medical.com/Getty Images, 128 Visuals Unlimited/Corbis, 129l Tracy Hebden/iStockphoto, 129r Oguzaral/Dreamstime.com, 130–131 Kennan Harvey/Getty Images, 131o Vlad Turchenko/Dreamstime.com, 131u 3D4Medical.com/Getty Images, 132–133 Sebastian Kaulitzki/Dreamstime.com, 133l Sgame/Dreamstime.com, 133r Dannyphoto80/Dreamstime.com, 134 Sebastian Kaulitzki/Dreamstime.com, 134–135 Pete Saloutos/Corbis, 135 Stephen Coburn/Dreamstime.com, 136–137 Devan Muir/iStockphoto, 137l Jenna Duetsch/iStockphoto, 137r Koi88/Dreamstime.com, 138–139 J.A. Kraulis/All Canada Photos/Getty Images, 140–141 Henk Van Mierlo/Dreamstime.com, 141o Dmitry Pichugin/Dreamstime.com, 141u iStockphoto, 142–143 Eric Isselée/Dreamstime.com, 143l Pixelite/Dreamstime.com, 143r Jim Parkin/Dreamstime.com, 144o Sburel/Dreamstime.com, 144u Robert F. Sisson/National Geographic/Getty Images, 144–145 Dmitry Pichugin/Dreamstime.com, 146–147 Uwe Halstenbach/iStockphoto, 146 Diane Diederich/iStockphoto, 147 Mark Atkins/Dreamstime.com, 148–149 David Ciemny/iStockphoto, 148 Vincent Vanweddingen/iStockphoto, 149 Eric Boucher/Dreamstime.com, 150 Julia Britvich/Dreamstime.com, 151o Avner Richard/Dreamstime.com, 151u Carmentianya/Dreamstime.com, 152–153 Sergey Anatolievich/Dreamstime.com, 152 Gail Johnson/Dreamstime.com, 153 Lauren Jones/Dreamstime.com, 154–155 Andrei Calangiu/Dreamstime.com, 155o Simone van den Berg/Dreamstime.com, 155u Christophe D./Dreamstime.com, 156o Geopappas/Dreamstime.com, 156u Tom Davison/Dreamstime.com, 157 Bronwyn8/Dreamstime.com, 158 Kenneth McIntosh/iStockphoto, 159t Vinicius Tupinamba/Dreamstime.com, 159b Tradkelly/Dreamstime.com, 160 Joseph C. Justice Jr./iStockphoto, 161l Co Rentmeester/Time & Life Pictures/Getty Images, 161r iStockphoto, 162–163o Kai Zhang/Dreamstime.com, 162–163u Deborah Benbrook/Dreamstime.com, 163 Kwest19/Dreamstime.com, 164–165 Stephen Frink/Getty Images, 166–167 iStockphoto, 167t 2005 Richard Ling, 167b Dennis Sabo/Dreamstime.com, 168–169 Harald Bolten/Dreamstime.com, 169o Stephen Frink/Getty Images, 169u Anthony Hall/Dreamstime.com, 170 Peter Pinnock/Getty Images, 171o Peter David/Getty Images, 171b Reinhard Dirscherl/Getty Images, 172t Tom_robbrecht/Dreamstime.com, 172b Asther Lau Choon Siew/Dreamstime.com, 173 Stacy Barnett/Dreamstime.com, 174 Gary Bell/zefa/Corbis, 175o Ligio/Dreamstime.com, 175u Asther Lau Choon Siew/Dreamstime.com, 176o Gert Very/Dreamstime.com, 176u Steffen Foerster/Dreamstime.com, 177 Zepherwind/Dreamstime.com, 178–179 Andreas Tille/GNU, 178 Arthur Morris/Corbis, 179 Bill Curtsinger/National Geographic/Getty Images, 180–181 Matthias Weinrich/Dreamstime.com, 180 Regien Paassen/Dreamstime.com, 181 Asther Lau Choon Siew/Dreamstime.com, 182 Albert Cheng/iStockphoto, 183o Dejan Sarman/iStockphoto, 183u Wei Send Chen/Dreamstime.com, 184o Susan McManus/iStockphoto, 184u NOAA, 185 Yulia Birzhanova/Dreamstime.com, 186 Carol Buchanan/Dreamstime.com, 186–187 Denis Scott/Corbis, 187 Ian Scott/Dreamstime.com, 188–189 Brett Atkins/Dreamstime.com, 189o David Schrader/Dreamstime.com, 189u Blphotocorp/Dreamstime.com, 190–191 Grant Faint/Image Bank/Getty Images, 192 MDF/GNU, 192–193 Armin Rose/Dreamstime.com, 193 Andreas Resch/Dreamstime.com, 194 KTS/Dreamstime.com, 195t John Pitcher/iStockphoto, 195b Gino Santa Maria/Dreamstime.com, 196 Jaroslaw Brzychcy/Dreamstime.com, 197l Feng Yu/Dreamstime.com, 197m Pixhook/iStockphoto, 197r Jeremy Wee/Dreamstime.com, 198 Dariusz Miszkiel/Dreamstime.com, 198–199 Chris Zwaenepoel/Dreamstime.com, 199 Olga Prokopova/Dreamstime.com, 200 John Loader/Dreamstime.com, 200–201 Mark Karasek/Dreamstime.com, 201 Martin Harvey/Corbis, 202 Johannes Gerhardus Swanepoel/Dreamstime.com, 203o Brian Grant/Dreamstime.com, 203u George D. Lepp/Corbis, 204 Maunger/Dreamstime.com, 205o Vchphoto/Dreamstime.com, 205u Steve Brace, 206 Steve Byland/Dreamstime.com, 207o Npage/Dreamstime.com, 207u Frank Cezus/Getty Images, 208–209 Eric Gevaert/Dreamstime.com, 209o Brian Lambert/Dreamstime.com, 209u Roy Longmuir/Dreamstime.com, 210 Maungatautari Ecological Island Trust, 210–211 Olga Solovei/Dreamstime.com, 211 Lu Zhang/Dreamstime.com, 212–213 Constantin Opris/Dreamstime.com, 213l Kim Taylor/Dorling Kindersley/Getty Images, 213r Chris Fourie/Dreamstime.com, 214–215 Norbert Rehm/Dreamstime.com, 214 Svetlana Kashkina/Dreamstime.com, 215 Morten Elm/Dreamstime.com, 216o NASA Johnson Space Center, 216u Armin Rose/Dreamstime.com, 217 Gabigarcia/Dreamstime.com, 218 Kenneth McIntosh/iStockphoto.